掌尚文化

Culture is Future

尚文化·掌天下

山东乡村振兴
蓝皮书

(2019—2020)

BLUE BOOK OF RURAL REVITALIZATION IN
SHANDONG PROVINCE (2019－2020)

中国社会科学院哲学研究所
中共山东省委党校（山东行政学院）／编
山东乡村振兴研究院

主 编／冯颜利　朱光明
副主编／惠　鸣　徐清照　董德利

经济管理出版社
ECONOMY & MANAGEMENT PUBLISHING HOUSE

图书在版编目（CIP）数据

山东乡村振兴蓝皮书.2019—2020/冯颜利，朱光明主编.—北京：经济管理出版社，2021.7

ISBN 978-7-5096-8141-1

Ⅰ.①山…　Ⅱ.①冯…　②朱…　Ⅲ.①农村—社会主义建设—研究报告—山东—2019-2020　Ⅳ.①F327.52

中国版本图书馆 CIP 数据核字（2021）第 136589 号

策划编辑：宋　娜
责任编辑：宋　娜　张鹤溶　王　倩
责任印制：黄章平
责任校对：张晓燕

出版发行：经济管理出版社
　　　　　（北京市海淀区北蜂窝 8 号中雅大厦 A 座 11 层　100038）
网　　　址：www. E-mp. com. cn
电　　　话：（010）51915602
印　　　刷：唐山昊达印刷有限公司
经　　　销：新华书店
开　　　本：720mm×1000mm /16
印　　　张：22.75
字　　　数：295 千字
版　　　次：2021 年 9 月第 1 版　2021 年 9 月第 1 次印刷
书　　　号：ISBN 978-7-5096-8141-1
定　　　价：298.00 元

《山东乡村振兴蓝皮书》
编委会

主要编撰者简介

冯颜利　湖南岳阳人，哲学博士，教授，博士生导师，中央"马工程"首席专家，中国社科院创新工程首席研究员，中国社科院哲学研究所纪委书记、副所长，《世界哲学》杂志主编，中国社会科学院大学首批特聘教授。中国辩证唯物主义研究会副会长、法人兼秘书长，中国历史唯物主义学会副会长，马克思恩格斯哲学研究会副会长，教育部大中小学教材审定委员会委员，全国吴玉章哲学社会科学奖评审委员，国家社科基金后期与学术外译项目评审专家，国家科学名词审定委员会马克思主义名词审定委员，国家社科基金与博士后科学基金项目通讯评审专家，国家社科基金结项成果评审专家，《中国社会科学》等杂志论文匿名评审专家，《马克思主义研究》编委。山东乡村振兴研究院理事长。在《中国社会科学》《哲学研究》《马克思主义研究》《政治学研究》《人民日报》《光明日报》等发表论文200多篇，被新华文摘、中国社会科学文摘与人大复印等全文转摘50多篇，出版著作15部。主持并完成国家社科基金青年项目1项、一般项目2项、重点项目2项，主持在研国家社科基金重点项目2项，多次获省市部级科研奖。

朱光明　安徽人，大学本科，一级巡视员，兼任山东乡村振兴研究院副理事长。主要从事传统文化、行政管理研究，主持多个国家级、省部级课题，主编、参编《政治制度史》《山东省志》等，在《中国行政管理》《领导科学》等国家核心期刊或省级以上刊物发表论文数十篇。

惠　鸣　中国社会科学院中国文化研究中心副研究员，中国社会科学院大学哲学院硕士生导师，山东乡村振兴研究院副院长。主要从事文化产业、文化政策和文化哲学研究。文化蓝皮书《中国少数民族文化发展报告》执行主编。主持或参与了"体育文化的时代内涵和实现路径研究""中国少数民族文化发展战略研究""现代文化市场体系建设"等多个国家级和部委级项目研究工作。发表相关学术论文和研究报告数十篇，出版专著《文化强国：理念与实践》《全面构建现代文化市场体系》（合著）等。

徐清照　研究生学历，山东省委党校新动能研究院教授、硕士生导师。主要从事农村经济和社会保障方面的研究和教学。曾出版专著《农村经济改革与发展》，参与了十几部著作的编写，在省级以上刊物发表论文90余篇，参与和主持完成的国家、省、全省党校系统及省内各厅局课题几十项。多年来为本校市厅班、人大政协班、县处班、县委班、专业理论班、硕士研究生班等班次开设县域经济、农村经济方面的专题，曾获全省党校系统科研成果一等奖和优秀教学奖。

董德利　经济学博士，山东省委党校新动能研究院副院长、教授。主要从事制度经济学、区域经济学方面的研究。出版专著一部，参编著作多部，主持或参与省部级以上课题十多项，在省级以上刊物发表论文四十余篇。

序　言

王伟光[*]

2017 年 10 月，中国共产党第十九次全国代表大会提出实施乡村振兴战略，明确中国未来乡村振兴、乡村发展的总体要求是"产业兴旺、生态宜居、乡风文明、治理有效、生活富裕"。在此基础上，2018 年 2 月中共中央、国务院发布了中央一号文件《关于实施乡村振兴战略的意见》，2018 年 9 月印发了《乡村振兴战略规划（2018—2022 年）》，对实施中国乡村振兴战略做出具体部署，明确要求到 2035 年中国乡村振兴取得决定性进展，农业农村现代化基本实现；到 2050 年，中国乡村全面振兴，"农业强、农村美、农民富"全面实现。

实施乡村振兴战略，是党在新时期、新形势下提出的具有长期性、系统性、战略性的伟大工程，其关键在于产业支撑，核心在于保护和调动农民积极性，目的在于实现农民富裕。就乡村振兴战略的实施而言，一是必须坚持党的领导，加强基层组织建设，发展、巩固、扩大农村集体经济组织；二是必须重塑城乡关系，走城乡融合发展之路；三是必须巩固和完善农村基本经营制度，走共同富裕之路；四是必须深化农业供给侧结构性改革，走质量兴农之路；五是必须坚持人与自然和谐共生，走乡村绿色发展之路；六是必须传承发展提升农耕文明，走乡村文化兴盛之路；七是必须创新乡村治理体系，走乡村善治之路；

---

　　[*] 王伟光，十三届全国政协常务委员、民族和宗教委员会主任，中国社会科学院原院长，中国辩证唯物主义研究会会长。

八是必须打好精准脱贫攻坚战，走中国特色减贫之路。

当然，走中国特色社会主义乡村振兴道路，离不开全国上下的大胆实践和努力探索，特别是要因地制宜推进体制机制创新，强化乡村振兴制度性供给。近年来，在各地深入实施乡村振兴战略的实践中，山东发挥农业大省优势，坚决扛稳粮食安全重大责任，坚持农业农村优先发展，乡村产业融合步伐加快，农业高质量发展成效显著，农村改革探索扎实推进，乡村振兴实践不断丰富，在打造乡村振兴齐鲁样板上取得积极进展。2020年，山东农林牧渔业总产值首次突破1万亿元，成为全国首个农业总产值过万亿元的省份，山东农业综合生产能力不断迈上新台阶，乡村面貌不断发生新变化。

山东农村与全国有很强的同构性和相似性，总结和研究好山东省的乡村振兴实践经验及存在的问题，对山东乃至全国全面乡村振兴规律总结、路径模式选择和进一步培育乡村发展新动能具有典型意义。正是在这个意义上，《山东乡村振兴蓝皮书（2019—2020）》一书正当其时。

凡是过往，皆为序章。期待山东继续牢记总书记嘱托，"在全面建成小康社会进程中走在前列，在社会主义现代化建设新征程中走在前列，全面开创新时代现代化强省建设新局面。"

是为序。

2021年4月

摘　要

本书是中国社会科学院哲学研究所与中共山东省委党校（山东行政学院）、山东乡村振兴研究院合作编著的 2020 年山东乡村振兴蓝皮书。

2017 年，党的十九大提出实施乡村振兴战略。本书总报告梳理了 2019 年以来山东乡村振兴的重大历史成就，分析了山东乡村振兴所面临的挑战和问题，提出了相关对策建议。

近年来，山东省委、省政府牢记习近平总书记的嘱托，高度重视实施乡村振兴战略，坚持高标准谋划、高质量推动，不断健全完善乡村振兴、城乡融合发展的体制机制和政策体系，努力探索适合山东农业大省、人口大省全面推进乡村振兴的新路径、新模式，在打造乡村振兴齐鲁样板方面取得了明显成效。目前，山东已经初步建立起推动乡村振兴的政策规划体系，已形成推动乡村振兴的有效工作机制和清晰工作思路，"五个振兴"各放异彩，全面乡村振兴取得了阶段性进展。乡村振兴战略的实施使农业、农村、农民发生了可喜变化：农业综合实力在提升，农业新动能正蓄势待发；农业生产经营方式在转变，传统农民在加快转型；农民收入不断增加，生活水平在持续提升。同时，山东乡村振兴战略实施以来，广大干部群众勇于实践，创造了许多新鲜经验和好的做法，这些好经验、好做法的拓展和发扬无疑对山东乃至全国乡村振兴产生了积极的影响。

乡村振兴是一场深刻革命，现阶段山东全面推进乡村振兴面临着许多挑战：例如，推动乡村振兴的制度体系有待进一步完善和细化；

城乡发展不平衡的问题仍较突出；农业新动能仍需强化；农业现代化仍存在短板；城乡融合发展水平仍然不高；农民在乡村振兴中的主体作用发挥仍不充分；等等。

针对上述问题，本书认为：山东应以完善乡村振兴的制度体系和工作机制为重点，增强山东乡村振兴的助推力，尤其要重视县委"一线指挥部"的作用，让县委书记用主要精力抓乡村振兴；要以推动农村资产资源市场化为核心纵深推进农村全面改革；要以农业"锻长板、补短板和厚底板"为抓手，推动农业高质量发展；还要以实施乡村建设行动为契机，着力提升农村现代化水平；充分发挥农民在乡村振兴中的主体作用，着力提升农民素质；构建党组织领导的乡村治理体系，提高乡村善治水平。

山东乡村振兴蓝皮书《山东乡村振兴蓝皮书（2019—2020）》是研究山东乡村振兴的综合性年度报告。全书由"总报告""产业振兴篇""生态宜居篇""文化繁荣篇""现代治理篇""人才兴旺篇""案例篇"七部分组成，全书从产业振兴、生态振兴、文化振兴、人才振兴、组织振兴等多个角度，对山东乡村振兴政策、理论和实践进行了全方位、多视角、跨学科的综合研究，是了解山东乡村振兴发展现状和成就的重要窗口，对于各地实施和推进乡村振兴战略具有重要的借鉴意义，也是从事乡村振兴研究的重要参考。16篇分报告从不同视角深入分析，全方位展示了2019—2020年山东乡村"五个振兴"的现状和成就，并有针对性地提出了下一步发展的对策建议；多篇案例研究展示了山东乡村振兴的新亮点和新突破；山东乡村振兴大事记则记录了2019年以来山东推动乡村振兴的主要事件。

目　录

总　报　告
General Report

产业振兴篇
Industrial Revitalization Report

山东农业产业化与规模化发展报告

山东新型农业经营主体发展报告

山东乡村新业态及市场体系建设报告

生态宜居篇
Ecological Livability Report

山东农业绿色发展报告

文化繁荣篇
Cultural Prosperity Report

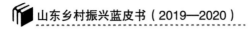

现代治理篇
Modern Governance Report

山东乡村基层党组织建设报告

山东乡村治理体系建设创新报告

山东乡村脱贫攻坚报告

人才兴旺篇
Talent Boom Report

案例篇
Case Report

总报告
General Report

内容提要

习近平总书记在党的十九大上提出实施乡村振兴战略，之后给山东提出"打造乡村振兴的齐鲁样板"的政治任务。近年来，山东省委、省政府牢记习近平总书记的嘱托，高度重视实施乡村振兴战略，坚持高标准谋划、高质量推动，不断健全完善乡村振兴、城乡融合发展的体制机制和政策体系，努力探索适合山东农业大省、人口大省全面推进乡村振兴的新路径、新模式，在打造乡村振兴齐鲁样板方面取得了明显成效。目前，山东已经初步建立起推动乡村振兴的政策规划体系，已形成推动乡村振兴的有效工作机制和清晰工作思路，"五个振兴"各放异彩，全面乡村振兴取得了阶段性进展。乡村振兴战略的实施使农业农村农民发生了可喜变化：农业综合实力在提升，农业新动能蓄势待发；农业生产经营方式在转变，传统农民在加快转型；农民收入不断增加，生活水平在持续提升。同时，山东乡村振兴战略实施以来，广大干部群众勇于实践，创造了许多新鲜经验和好的做法。乡村振兴是一场深刻革命，现阶段山东全面实施乡村振兴也面临着许多问题：如推动乡村振兴的制度体系都有待进一步完善和细化；城乡发展不平衡的问题仍较突出；农业新动能仍需强化；农业现代化仍存在短板；城乡融合发展水平仍然不高；农民在乡村振兴中的主体作用发挥仍不充分。这些都需要在下一步推进乡村振兴中着力解决。

山东乡村振兴的成就、挑战与对策

徐清照　朱光明*

摘　要： 习近平总书记在党的十九大上提出实施乡村振兴战略，之后给山东提出"打造乡村振兴的齐鲁样板"的政治任务。近年来，山东省委、省政府牢记习近平总书记的嘱托，高度重视实施乡村振兴战略，坚持高标准谋划、高质量推动，不断健全完善乡村振兴、城乡融合发展的体制机制和政策体系，努力探索适合山东农业大省、人口大省全面推进乡村振兴的新路径、新模式，在打造乡村振兴齐鲁样板方面取得了明显成效。目前，山东已经初步建立起推动乡村振兴的政策规划体系，已形成推动乡村振兴的有效工作机制和清晰工作思路，"五个振兴"各放异彩，全面乡村振兴取得了阶段性进展。乡村振兴战略的实施使农业、农村、农民发生了可喜变化：农业综合实力在提升，农业新动能蓄势待发；农业生产经营方式在转变，传统农民在加快转型；农民收入不断增加，生活水平在持续提升。同时，山东乡村振兴战略实施以来，广大干部群众勇于实践，创造了许多新鲜经验和好的做法。乡村振兴是一场深刻革命，现阶段山东全面实施乡村振兴也面临着许多问题：例如，推动乡村振兴的制度体系都有待进一步完善和细化；城乡发展不平衡的问题仍较突出；农业新动能仍需强化；农业现代化仍存在短板；城乡融合发

---

* 作者简介：徐清照，女，中共山东省委党校（山东行政学院）教授；朱光明，中共山东省委党校（山东行政学院）一级巡视员，山东乡村振兴研究院副理事长。

展水平仍然不高；农民在乡村振兴中的主体作用发挥仍不充分等。这些都需要在下一步推进乡村振兴中着力解决。

关键词：山东；乡村振兴；齐鲁样板

2017年，党的十九大作出了实施乡村振兴战略的重大决策，提出"要坚持农业农村优先发展，按照产业兴旺、生态宜居、乡风文明、治理有效、生活富裕的总要求，建立健全城乡融合发展体制机制和政策体系，加快推进农业农村现代化"①。2018年中央一号文件对实施乡村振兴战略进行了详细阐述和全面部署。2018年3月，习近平总书记在参加十三届全国人大一次会议山东代表团审议时就实施乡村振兴战略作了深刻阐述，要求山东充分发挥农业大省优势，推动产业振兴、人才振兴、文化振兴、生态振兴、组织振兴，打造乡村振兴的齐鲁样板②。2018年6月，习近平总书记视察山东时，再次强调："要扎扎实实实施乡村振兴战略，发挥农业大省优势，扛牢农业大省责任，打造乡村振兴齐鲁样板。"山东省委、省政府牢记习近平总书记的嘱托，高度重视实施乡村振兴战略，坚持高标准谋划、高质量推动，不断健全完善乡村振兴、城乡融合发展的体制机制和政策体系，努力探索适合山东农业大省、人口大省全面推进乡村振兴的新路径、新模式，全省农业农村发展呈现出良好势头，在打造乡村振兴的齐鲁样板方面取得了明显成效。

一、山东实施乡村振兴战略取得的成就

山东是农业大省，山东用占全国6%的耕地和1%的淡水，生产了占全国8%的粮食、9%的肉类、13%的蔬菜、12%的水果、14%的水产品和

---

① 习近平.决胜全面建成小康社会 夺取新时代中国特色社会主义伟大胜利［M］.北京：人民出版社，2017.
② 中共山东省委理论学习中心组.推动"五个振兴"全力打造乡村振兴齐鲁样板［J］.求是，2018（11）.

19%的花生，是全国蔬菜水果出口第一大省，农产品出口交易额占全国22%，连续21年领跑全国。山东是人口大省，人口密度大，常住人口过亿，在全国名列前茅。山东域内地形地貌多样，各地自然条件、风土人情和区域经济发展的基础差别很大。近年来，山东坚持农业农村优先发展，在实施乡村振兴战略、打造乡村振兴齐鲁样板方面取得了初步成效。

（一）山东已经初步建立起推动乡村振兴的政策规划体系

山东省委、省政府从一开始就十分重视对乡村振兴谋篇布局，2018年初制定了山东省贯彻落实中央决策部署实施乡村振兴战略的意见，2018年5月在全国省级层面率先出台了乡村振兴战略规划，为保证规划确定的目标任务落实落细，省直五大主管部门围绕"五个振兴"配套出台了五个专项工作方案。为推动各项工作的开展，省直有关部门还出台了一系列专项文件：例如，为鼓励和规范新业态发展，制定《山东省农业"新六产"发展规划》《山东省农业"新六产"发展监测指标体系》；为改善乡村环境、建设各具特色的"鲁派民居"，出台了《山东省农村人居环境整治三年行动实施方案》《山东省美丽村居建设"四一三"行动推进方案》等。围绕破解"人、地、钱"难题，出台了《关于加快推进省级涉农资金统筹整合的实施意见（试行）》《推进乡村人才振兴若干措施》和《山东省人才发展促进条例》；为集合政策优势支持新型农业经营主体发展，出台了《关于加快构建政策体系培育新型农业经营主体的实施意见》。针对山东省乡村振兴实践中出现的规划引领作用不强，土地资源挖潜不够，人才"引不来、留不住"等问题，出台了《关于加快推动乡村振兴和巩固提升脱贫攻坚成果的支持政策》《关于加强全省农业农村干部人才队伍建设的若干措施》等务实管用的政策举措。为做到打造乡村振兴齐鲁样板有标可依，制定了符合山东实际的"五个振兴"标准体系，设置了 32 项监测指标。为强化责任担当，充分调动各级推动乡村振兴的积极性，出台了市县党政领导班子和领导干部推进乡村振兴战略实绩考核实施细则，建立并完善了考核体系。为增强目标引领，制定乡村振兴的指标体系和监测体系。与此同时，注重制度创新体系建设，以"农村集体产权制度改革整省试点"为抓手，不断推进农村改革，首个国家农业开放发展综合试验区在潍坊设立，为全国农业开放发展打造先行先试样板。为贯彻落实中央和省委推动乡村振兴的决策部署，近年来省级以下各级政府及相关部门也根据本地区特点出台乡村振兴规划及一系列贯彻落实的政策文件，由此形成了"1+1+5+N"政策规划体系，初步建立起了全省推进乡村振兴的"四梁八柱"。

（二）山东已形成推动乡村振兴的有效工作机制和清晰工作思路

在乡村振兴这盘大棋中，村是基础，乡是关键，县是主体，市要统筹，省负总责，必须五级书记"靠上抓"。目前，山东已形成了省市县乡村五级书记一起抓乡村振兴的工作格局。山东省委高度重视对乡村振兴的组织领导，在 2019 年春季，成立打造乡村振兴齐鲁样板 5 个工作专班，每个专班由 2 名省级领导同志任组长，2—3 个省直部门为牵头单位，统筹推动乡村振兴重点任务落实落地。同时，组织召开了全省农村工作会、推进乡村振兴暨脱贫攻坚现场会、乡村产业振兴推进现场会、全省乡村振兴座谈会等一系列会议，研究制定了贯彻《中国共产党农村工作条例》实施意见和五级书记抓乡村振兴责任实施细则等制度文件，建立健全了省负总责、市县乡抓落实的乡村振兴工作机制。2019 年，山东省委、省政府与农业农村部签署了《共同打造乡村振兴齐鲁样板合作框架协议》，高点推进打造乡村振兴齐鲁样板。

在推动乡村振兴过程中，山东已形成较清晰的工作推进思路。即发挥典型示范引领作用，搭建一批乡村振兴示范平台，努力做到

"点、线、片、面"的结合。"点"上重点创建美丽乡村示范村，2017年以来，省级每年创建示范村 500 个，到 2019 年底将达到 2000 个左右。"线"上重点实施美丽村居"四一三"行动，打造胶东、鲁中、鲁西南、鲁西北 4 大风貌区，建设 10 条风貌带，培育 300 个美丽村居试点。"片"上重点创建乡村振兴齐鲁样板示范区，统筹推进乡村"五个振兴"，形成基础设施相通、优势特色产业相连、特色风貌凸显、传统文化相融、生态环境优美的共建格局。"面"上实施乡村振兴"十百千"工程，利用 3 年时间，打造 30 个乡村振兴示范县、300个示范乡镇、3000 个示范村。① 通过串点成线、以线连片、聚片成面，带动实现整体提升。

（三）山东"五个振兴"各放异彩，全面乡村振兴取得了阶段性进展

1. 乡村产业更加兴旺

近年来，山东省勇于担当保障粮食安全的政治责任，突出抓好粮食生产，全面完成 5600 万亩粮食生产功能区和棉花生产保护区划定任务。2019 年，累计建成高标准农田 5548.5 万亩，粮食总产达到 1071.4亿斤，再创历史新高，粮食生产连续 6 年稳定在千亿斤以上。肉蛋奶总产量达到 1377.2 万吨，居全国首位。聚力打造产业高质量发展的平台载体，"烟台苹果""寿光蔬菜"获批创建千亿级国家优势特色产业集群，获批国家现代农业产业园 8 个、省级 52 个，国家级农业产业融合发展示范园 9 个，海洋牧场示范区 44 处，农业产业强镇 59 个。积极培育新型农业经营主体，年销售收入 500 万元以上的农业龙头企业发展到 1 万家，家庭农场 7.3 万家，农民合作社 21 万家。做大做强优势特色产业，获批创建国家级特色农产品优势区 13 个、省级 35 个，

---

① 山东发挥农业大省优势 坚持农业农村优先发展 聚焦聚力"五大振兴"，澎湃新闻，https://www.thepaper.cn/newsDetail_forward_7885503。

认定知名农产品区域公用品牌 60 个、企业产品品牌 500 个，"三品一标"有效用标总数达 9170 个，山东农产品整体品牌形象不断提升。山东农产品市场竞争力持续提升，2019 年全省农产品出口额 1234.5 亿元，同比增长 7.3%，连续 21 年领跑全国。①

2. 乡村人才队伍不断壮大

近年来，为推动人才向乡村聚集：山东省出台了《推进乡村人才振兴若干措施》；注重深化人才体制机制创新，出台了《关于加强全省农业农村干部人才队伍建设的若干措施》。在 14 市试点推行职业农民职称制度，3000 余人获得基层专业技术职称，1 万余人通过"直评直聘"获得中高级职称。大力派驻引进各类人才，组建乡村振兴服务队 638 个，选派科技副镇长和省级园区副主任 232 名，累计聘请专家 400 多位、注册科技特派员 7000 余名，组建覆盖大宗农产品及优势特色产业的现代农业产业技术体系创新团队 27 个，每年遴选 3000 名基层高校毕业生纳入后备人才库。积极培养农村实用人才，实施农业经理人培养和新型农业经营主体带头人轮训，已培训各类高素质农民 3.5 万人，累计为 137 万农村转移就业劳动力提供就业创业服务②。

3. 乡村文明呈现新气象

近年来，山东省注重强化思想引领，全省基本实现了"一县一道德品牌"目标，建成乡村社会主义核心价值观四德主题公园（广场）、文化墙 1 万多个，建成县级新时代文明实践中心 176 个，镇级新时代文明实践分中心 1746 个，村级新时代文明实践站（所）44062 个，29 个县（市、区）获批新时代文明实践中心全国试点。积极培育文明乡风，2019 年开展红白理事会骨干培训、"新农村新生活新农民"培训等 1.5 万余场，全省文明达标村覆盖率达 83.77%。发展乡村文化事业，全省建成农家书屋 7.2 万个，镇街综合文化站建成率达到 99.6%，

①② 山东发挥农业大省优势 坚持农业农村优先发展 聚焦聚力"五大振兴"，澎湃新闻，https：//www.thepaper.cn/newsDetail_forward_7885503。

行政村（社区）基本建成综合性文化服务中心①。全省乡村除旧布新，呈现出勃勃生机。

4. 乡村生态环境持续改善

近年来，山东省深入开展农村人居环境综合整治，创建美丽乡村省级示范村 1500 个，截至 2020 年 6 月底，全省农村无害化卫生厕所已完成 1075 万户，85% 的乡镇（街道）城乡环卫一体化实行市场化运作，城乡生活垃圾焚烧处理率达 75% 左右，完成生活污水治理的行政村累计占比达到 23.96%。为全面防治面源污染，改善农村生态，山东大力发展绿色农业，化肥施用量连年平稳下降，农药使用量持续实现负增长，全省绿色防控覆盖面积达 2 亿亩次，畜禽粪污综合利用率达到 87%，农作物秸秆综合利用率达到 91% 以上。农村林木覆盖率达到 22.8%，入海河流及省控断面水质全部达标。获评国务院 2019 年农村人居环境整治成效明显激励省份。②

5. 乡村治理水平不断提升

近年来，山东省持续加强农村基层党组织建设，充分发挥农村基层党组织的政治功能和服务功能，为乡村振兴提供坚强组织保障。开展"万名干部下基层"活动，其中选派 6654 名干部、组成 638 个乡村振兴服务队，服务 3310 个村（社区）。累计选派 5 万余名第一书记，帮助农村抓党建、促发展。③2019 年，调整不合格、不胜任、不作为的村党组织书记 2124 名，7273 个软弱涣散村开展党组织集中整顿。统筹推进乡村治理，村书记、村主任"一人兼"比例达到 64.8%，县域内行政村村级组织运转经费每年平均不低于 10.5 万元。推动村集体经济提档升级，全省空壳村已基本实现"清零"，村党组织领办合作社发展到 16536 家。党组织统领"发展、治理、服务"三融合成为新常态，农村网格化服务管理实现全覆盖，民主协商议事、村级法律顾问、

---

①②③　山东发挥农业大省优势　坚持农业农村优先发展　聚焦聚力"五大振兴"，澎湃新闻，https://www.thepaper.cn/newsDetail_forward_7885503。

村级事务监督等制度普遍实施，乡村善治迈出坚实步伐。2020 年底，集体收入 10 万元以上村达到 30% 以上。昌乐的"党员社员村民积分制"、荣成的"信用乡村建设"等首创经验被推向全国。

（四）山东乡村振兴战略的实施使农业、农村、农民发生了可喜变化

1. 农业综合实力在提升，农业新动能正蓄势待发

从产业体系看：2014 年以来，粮食总产连年稳定在千亿斤以上，蔬菜、水果、肉蛋等农产品产量稳居全国第一，2020 年农产品出口总额占全国 23.9%，医养健康、农村电商、智慧农业等新业态蓬勃发展。2019 年，全省乡村旅游接待 5.4 亿人次、实现消费 2709.9 亿元，培育了一批乡村旅游集群片区、精品旅游小镇、乡村旅游示范园区。开发建设了山东省农业智慧云平台，济南、青岛、潍坊 3 市智慧农业试验区建设加快推进。

从生产体系看：近年来，农业物质技术装备条件大幅改善，2019 年建成高标准农田 5548.5 万亩；农业科技进步贡献率达 64.6%，高于全国 5.4 个百分点；国家现代农业产业技术体系岗位专家数量居全国第一。"济麦"系列小麦品种在黄淮北部麦区占 40% 以上，"济麦 22"创单产最高、年推广面积最大、适用范围最广三个全国之最；山东省研发的花生单粒精播技术创世界单产纪录。2020 年，山东农机总动力居全国第一，农业综合机械化率达到 87.9%，高于全国 17 个百分点。主要农作物良种覆盖率达到 98% 以上，增长 2 个百分点以上。这些都意味着山东省农业有较强的发展后劲，山东省正加快从农业大省向农业强省转变。

2. 农业生产经营方式在转变，传统农民在加快转型

截止到 2019 年底，全省土地流转面积 3890.4 万亩，土地流转率达到 42.3%。农业社会化服务体系不断完善，2019 年全省农业生产托管服务面积已达到 1.46 亿亩次。有关专家根据目前的土地流转面积和

生产托管面积测算，山东土地经营规模化率已超过60%。① 新型农业经营主体不断壮大，全省家庭农场7.3万家，农民合作社21万家，全省销售额500万元以上农业龙头企业达到9600家，其中国家级重点龙头企业106家、省级901家，参与产业化经营的农户超过1800万户。国家级海洋牧场示范区数量两年翻了一番，占全国40%。农业产业化、规模化、集约化经营持续提升。在不少地方，无人机撒药、APP种菜、院士与农民做邻居、农民为专家实验，已不是新鲜事。千百年来"面朝黄土背朝天"的耕作方式正逐步成为历史。农业农村正朝着"经营规模化、服务社会化、生活社区化"转变。②

一方面，农村劳动力向第二、第三产业转移呈加速趋势，两年转移200多万人，农村居民工资性收入两年增加1096元，对农民增收的贡献率超过41%。工资性收入占比达40.3%，表明农民非农收入持续增长，依赖土地生存的传统方式在加快改变。另一方面，农民职业化趋势明显增强，两年培育高素质职业农民8.5万人，返乡创业人员达到62.2万人。习近平总书记曾点赞的耿店村"棚二代"，他们的大棚面积又翻了一番，吸引了86名农民工和大学生返乡创业。不少地方农民越来越像工人，农活越来越像工活，农田越来越像车间。

3. 农民收入不断增加，生活水平在持续提升

2018年底，山东省就已基本完成脱贫攻坚任务。③ 2019年，农村居民人均可支配收入高出全国10%以上，两年增长17%，增长率居全国前列。增幅连年高于城镇居民收入，提前实现比2010年"翻一番"目标。城乡居民收入比由2017年的2.43∶1缩小到2019年的2.38∶1，收入倍差缩小0.05，好于全国平均水平。

随着收入的增加，农民生活质量逐年提高，恩格尔系数两年下降

---

①② 山东农村土地流转加快 土地经营规模化率已超过60%，新浪网新浪财经，http：// sd. sina. com. cn/news/2020-06-17/detail-iirczymk7486802. shtml。

③ 山东省已基本完成脱贫攻坚任务，如何巩固提升？新浪网新浪财经，https：//finance. sina. com. cn/test/2019-08-03/doc-ihytcerm8284157. shtml。

0.8个百分点，稳定在"富足"区间。以智能手机和家用汽车为例，2019年农村每百户拥有智能手机154.7部，两年增长近80%；每百户拥有汽车39.4辆，高出全国平均水平的11%，两年增长21.6%。农村基本公共服务逐步提升，居民基本医疗保险财政补助标准达520元，两年提高70元。所有乡镇均已建立起临时救助备用金制度，农村低保标准提高到每人每年5196元，两年提高947元，基本实现应保尽保，农民群众获得感、幸福感、安全感不断增强。

4. 农村整体面貌在改观，文明乡风正在形成

近年来，山东省农村硬设施加快提升。乡镇卫生院、村卫生室基本达到建设标准，县域医共体实现全覆盖；截至2020年10月，山东全省学前三年毛入园率达到90.4%，两年提高5.4个百分点；近三年新增乡村教师3.5万名，所有县（市、区）全部通过义务教育发展基本均衡国家评估认定，实现了"满堂红"，成为全国整体通过人口最多、县（市、区）数量最多的省份。农村"七改"（改路、改房、改水、改电、改圈、改厕、改灶）工程扎实推进，无害化厕所改造90%以上，城乡环卫一体化实现全覆盖，完成污水处理的村两年翻了一番；截至2020年11月底，山东省三年累计新改建农村公路4.3万公里，全省已有6.4万个行政村实现农村通户道路硬化，占行政村总数的93%。与此同时，山东农村软环境持续改善，县乡新时代文明实践中心基本全覆盖，文明达标村覆盖率8.8%；建成农家书屋7.2万个、儒学讲堂2.2万个。优秀文化扎根田野乡间，法治、民主、科技等现代意识越来越深入人心，公序良俗、勤俭节约、宽容和睦等文明风尚日益浓厚。

同时，山东省乡村振兴战略实施以来，全省广大干部群众勇于实践，创造了许多新鲜经验和好的做法，举例如下：

土地托管服务模式——由山东省供销社系统首创并在全国推广。农民将"耕种管收"等托管给社会化服务组织，对"谁来种地、地怎

么种"进行了有益探索，也是对农村基本经营制度的丰富和实践创新。截至 2019 年底，全省土地托管已达 1.5 亿亩次。目前，这一模式不断发展：托管方由基层供销社为主，发展为专业合作社、涉农企业、专业公司等多元主体；被托管方也由单个农户，拓展到各类农业经营主体；托管内容由"耕种管收"，延伸到技术、信息、加工、贮运、融资等多方面；托管时间也由单季短期，向常年长期转变。这种模式可以与不同的农业生产力水平、不同的农户个性化服务需求相适应，是在坚持家庭承包经营前提下实现土地规模经营的有效方式，是对农村基本经营制度的丰富和实践创新。实践证明，土地托管服务模式直接带来了两大效应：一是促进了土地的规模化经营，有利于农业先进技术推广，提高了农业的专业化水平；二是促进了农村劳动力转移，使更多农民从土地上解放出来，有利于增加非农收入。这种模式尤其适合于粮食等大田作物，对粮食主产区更具有推广借鉴意义。

党组织领办合作社模式——通过党组织领办新型合作经济组织，构建集体与农户之间新的利益联结机制，搭建起农民进入市场的重要桥梁，是发展农村经济组织和社会化服务的积极探索。截至 2021 年 1 月底，全省党组织领办合作社发展到 3.7 万家，入社成员达到 286 万户，走在全国前列。烟台市最具有典型示范意义：他们从 2018 年开展百村示范，2019 年做到千村覆盖，2020 年推进全域提升，已有 48% 以上的行政村党组织领办合作社。其主要特点：一是以"党建引领"为主导，党支部担当"主心骨"，好人里头选能人，选出能人领办社。二是以"组织起来"为基础，深入动员群众，帮助群众算细账，吸引群众入社忙。三是以"共同富裕"为目标，重塑利益联结，社员都有股，大家一起富。单个社员出资比例不得超过 20%，集体"金股"不低于 10%，保留决策权和否决权，鼓励吸收贫困户和老弱病残群众入社，确保小康路上不落一人。四是以"规范运营"为保障，建立社务、财务等"六统一"机制，处处讲规矩，事事有章法。这种模式的现实意义在于：有利于提升基层党组织的组织力，实现由过去"土地分到户、不要党支部"到现在"入社想致富、离不开党支部"的转变；有利于推动资源高效利用。烟台市通过发展合作社，连片平整后新增集体土地1.76万亩，村均新增80亩左右；有利于提高科技水平，推广"良田、良种、良法、良品"，解决了一家一户效益低、升级难问题；有利于农户与集体双增收，先富带后富，共帮贫困户，逐步实现共同富裕。

"乡村共同体"模式——截至2020年上半年全省已发展到1.8万家"乡村共同体"，顺应乡村发展内在需求，突破原有村庄界限，在更大范围内推动产业聚合、资源整合、组织联合，是促进城乡融合发展方式的创新，以兰陵县代村为典型。现已初步摸索出强村带动、村企共建、特色小镇、田园综合体等路径。从代村实践看，"乡村共同体"的突出特点是一个"合"字：①产业聚合，围绕发展现代农业，在办好国家农业公园的基础上，建设了农业企业园，培育出了农文旅商多种业态。城乡融合，发挥地处城乡接合部优势，推动就地城镇化；新开业的沂蒙老街"印象代村"，成为新的网红打卡地。资源整合，联合周边区域共同建设总面积20平方千米的田园新城。新建了社区医院、便民服务中心等，60岁以上老人全部入住老年公寓。②组织联合，与周边11个村庄成立联合党委，放大代村党组织优势，带动周边群众一起富。他们还创设了"新农人培训中心"，累计吸引1.2万名以上外来人口创业就业。③"乡村共同体"是城乡融合、产业融合发展的产物，尽管实现形式不同，但共同点是城乡融合发展体制机制创新，让资源变资产、资金变股金、村民变股民，靠"经营村庄"激活农村"沉睡"的资源，实现农村资产市场化、公司化运营，让集体和村民共同受益。

农科"三联三化"模式——推动科技联结农业、科研院所联结农村、科技专家联结农民，逐步实现农业智慧化、优质化、品牌化。这一模式的实质是深化科教体制机制改革，通过科技加持让农业越来越有含金量。近年来，山东省推出一系列改革"硬招"：创新农业科研院所和高校管理体制，大力推行"四不像"模式；实行重大项目"揭榜制"、首席专家"组阁制"、项目经费"包干制"；改革职称评定方式，两年多来有1万多名"土专家""田秀才"获评中、高级职称，改革激活了科技兴农的"一池春水"。截至2020年上半年，全省国家级农业科技园区已发展到20个，居全国首位。仅山东省农科院在全省就建立了55个产业技术研究院。总之，通过一系列创新举措，把科技"翅膀"插到了农民田间地头、插到了新型经营主体、插到了农业产业园区，架起了科技和农业结合的桥梁。

基层治理"双基多维"模式——就是适应农村社会结构和治理方式的新变化，创新基层组织设置和活动方式，通过强化基层党组织政治功能和组织力，实现治理体系重塑。"双基"即党组织着重在基层社会化服务和基层社会治理中发挥引领力和组织力；"多维"即把党的组织和党的活动嵌入到农村社会各领域，做到哪里有群众、哪里就有党的工作，哪里有党员、哪里就有党的组织。这一模式主要实现形式是"三化推进"，最重要的是建立功能型党组织，把党组织嵌入产业链、合作社等。三涧溪的经验就是党组织和党员"领着农民干、做给农民看、帮着农民赚"，他们先后兴办了土地、旅游车辆、商贸、巾帼等多个合作社，把支部建在产业链上、建在合作社里，组织群众抱团发展，集体收入由2018年的263万元增长至2019年的300多万元，村民人均收入达到2.6万元，增长10%以上。

与此同时，"诸城模式""潍坊模式""寿光模式"等一批老典型在乡村振兴中焕发了新活力，诸城建成国家级农林科技孵化器，潍坊谋划建设乡村振兴示范片区，寿光引进30多家世界知名育种研发企业，建成了全国蔬菜质量标准中心。"莱西会议"经验、九间棚村等在新时代丰富了新内涵，总书记曾点赞的代村、耿店等不断展现新作为。

总之，山东省在推动农业农村发展方面取得较大进展。截至2019

年底，国家乡村振兴战略规划 22 项指标，山东省有 16 项提前三年达到或超过全国 2022 年目标值，全省乡村正在发生积极深刻的变化。按照中央的总体部署，山东省打造乡村振兴齐鲁样板应分"三步走"：第一步是到 2020 年底乡村振兴取得重要进展，建成一整套政策体系、制度体系、标准体系和考核体系，这一步已基本完成；第二步是到 2035 年，乡村振兴取得决定性进展，基本实现农业现代化，乡村振兴齐鲁样板全面形成；第三步是到 2050 年乡村全面振兴，"农业强、农村美、农民富"全面实现。山东省现在所处的阶段，正是第一步基本完成开始迈向第二步的转折期，在未来 3—5 年，将是一个极为重要的"换道升位"阶段；是点上经验向面上拓展、创新模式丰富提升、制度体系健全完善、齐鲁样板崭露头角的阶段。

二、山东全面推进乡村振兴中面临的挑战

近年来，虽然山东省在推进乡村振兴方面开局有力，成效显著，但与党的十九届五中全会提出的"实现农业农村优先发展，全面推进乡村振兴"的要求相比，与"走在前列""打造乡村振兴的齐鲁样板"的目标相比，与解决城乡发展不平衡这个山东最突出的问题相比，仍然存在巨大差距，同时乡村振兴是一场深刻革命，不仅是生产方式的变革，也必将对传统思想观念和僵化的体制机制造成冲击。现阶段山东全面实施乡村振兴遇到的问题来自方方面面，但都是我们必须面对并逐步解决的。具体来说，有以下几点：

（一）统筹推进乡村振兴的工作机制尚未完全理顺

近年来，山东省在健全乡村振兴工作推进机制上下了大功夫。比如：落实五级书记抓乡村振兴责任。省市县党委均成立了由书记任主任的农业农村委员会，省级还组建五个工作专班，都由省级领导同志

牵头负责。乡村振兴纳入市县综合考核和省直部门绩效考核,建立定期报告制度和约谈机制。坚持差异化分类推进,实施"十百千"工程和"四一三"行动,带动全域整体提升。但乡村振兴的工作机制尚不够顺畅,在调研中基层反映,省级层面推进乡村振兴头绪繁多、工作较散,五大专班协作推进不够,乡村振兴齐鲁样板村、美丽乡村、美丽宜居乡村、"十百千"工程、"百园千镇万村"等建设工程分属不同部门管理,内容交叉重叠,还有农村人居环境整治、农村"七改"、"四好"农村路等任务割裂、分散、碎片化等问题,导致基层应接不暇、顾此失彼、无所适从。同时,一些地方统筹的乡村振兴资金,用在产业发展上的不多,大头都花在了基础设施、公共服务和村容村貌改善上,资金投向不够科学,用于产业发展的明显偏低。总之,目前来看,"五个振兴"统筹推进还不够有力,推进乡村振兴的整体性、系统性还不强,工作片面化、碎片化现象依然存在。另外,农民主体作用和首创精神尚未得到充分发挥,一体化推进乡村建设、产业发展、土地利用、环境保护等方面的力度尚需进一步加大。

(二) 制度和政策体系尚有待进一步细化和完善

近年来,山东省在推进乡村振兴工作中注重建章立制,比如,及时制定了全省实施乡村振兴战略的意见,在全国率先制定出台了全省乡村振兴战略规划及"五个振兴"工作方案,形成"1+1+5+N"政策规划体系,搭起了推进乡村振兴的"四梁八柱"。同时,在推动制度创新方面也走在了全国前列,比如,设立 28 个省级农村改革试验区,探索有效制度供给。基本完成全国农村集体产权制度改革整省试点。另外,山东省也十分注重强化人才和资金方面政策保障。设立省级重大专项,两年整合财政资金 1653 亿元。引导金融资本、社会资本向乡村振兴倾斜,全省普惠型涉农贷款增速高于各项贷款平均增速,工商资本投资乡村振兴过千亿。但从基层调研情况看,各项制度体系都有待进一步完善和细化。目前，束缚山东省农业农村发展的体制机制障碍仍然存在，重点领域和关键环节改革力度还不够大，改革的系统性、整体性和协调性还不够强，农业农村发展活力还不够足。农村土地制度改革、农村集体产权制度改革、集体经营性建设用地入市改革、宅基地"三权分置"改革、农村集体经营性资产股份合作制改革、农村金融制度改革、农业保险制度改革的力度还需加大。城乡融合发展体制机制、集体经济运行新机制、集体经营性建设用地入市增值收益分配机制、农民与集体利益联结长效机制、乡村治理机制等还有待进一步健全和完善。这些体制机制上的缺憾，在实践中具体体现为，山东乡村振兴中"人地钱"方面仍存在较大的制约。

（三）城乡发展不平衡的问题仍很突出

1. 城乡居民收入的绝对差距还在持续扩大

近年来，山东省农民收入增速趋缓，2010 年农村居民人均纯收入 6990 元，比上年增长 14.2%。2018 年农村居民人均可支配收入 16297 元，比上年增长 7.8%，2019 年 17775 元，比上年增长 9.1%。[①] 另外，虽然山东农村居民人均可支配收入高出全国近 10%，增长率居全国前列，连年高于城镇居民收入增幅，但城乡居民人均收入差距的绝对量一直在拉大，2011 年差距是 14550 元，到 2019 年扩大到 24554 元。城乡收入比值一直保持在 2.4 以上，当前农村居民收入只相当于城镇居民 2007—2008 年的水平，农民收入水平要落后城市居民十年之久。山东农民人均可支配收入与发达省份相比有较大差距，2019 年山东 17775 元，浙江 29876 元[②]，江苏 22675 元，广东 18818 元。

[①] 2010、2018、2019 山东省国民经济和社会发展统计公告，山东省统计局官网，http：// tjj. shandong. gov. cn/art/2020/2/29/art_6196_8865096. html。

[②] 2019 浙江省国民经济和社会发展统计公告，浙江省统计局官网，http：//tjj. zj. gov. cn/art/ 2020/3/5/art_1229129205_519875. html。

2. 农村地区基础设施和公共服务水平尚有待提升

近两年山东多措并举，着力缩小城乡在基础设施和公共服务方面的差距，如 2019 年新增乡村教师 3.5 万名，所有县（市、区）通过义务教育基本均衡发展国家督导评估认定，成为全国整体通过人口最多、县（市、区）数量最多的省份。但山东省同其他省份一样，对农村地区基础设施和公共服务的欠账积累日久，不是短时间可以弥补回来的，比如，目前农村居民大多参加了城乡居民社会保险，但缴费的档次和享受的待遇水平都较低。农村居民缴纳的养老保险在 12 个档次中以低档的 300 元和 500 元居多，两者加起来占比近 80%。[①] 农村居民医疗保险，也大多选择当地缴费标准的最低档次。2019 年山东省居民基本养老保险基础养老金最低标准是每月 118 元，而企业退休人员基本养老金月人均 2852.5 元。更何况，对绝大部分农村地区而言，公共服务的可及性与便利性与城市没法比。目前，山东人口流动以从乡到城的向上流动为主，就直接与此有关。现在有些农村地区十室四空，主要原因是农村医疗教育等公共服务不能满足居民的要求，居民出于对更高质量的教育和医疗资源的需求才举家向市、县城和中心镇迁移。当然，这些年农村居民对公共服务的急需性目标也是在转换的。2017 年山东省经济社会综合调查数据显示，农村居民急需的前三项基础设施依次是道路建设、集中供暖、自来水净化，针对这些难点和痛点，2019 年山东省扎实推进农村"七改"工程，2019 年山东省无害化厕所改造 90% 以上，城乡环卫一体化实现全覆盖，两年新建改造"四好农村路" 4 万千米，2020 年底，基本实现硬化道路"户户通"，城乡供水基本做到"同质、同网、同源"，山东省在对农村硬环境改善方面确实下了不少功夫。目前农村居民认为最需要政府提供的基础设施和服务项目是安全饮水、污水处理等。2019 年全省完成生活污水治理的行政村 7756 个，累计占比 23.52%。因此，急需探索适合全省农村的饮

---

① 侯小伏等. 山东社会形势分析与预测（2019）［M］. 北京：社会科学文献出版社，2019.

用水安全和污水处理方式，着力解决农村面源污染问题。山东省是农业大省，农产品产量大，农业集约化程度高，农资投入量大，农药和农膜使用量居全国第一，化肥施用量居全国第二，畜禽粪便、秸秆等农业废弃物也随着种植业产量的增加而增加。山东省是人口大省，人口密度大，农民收入高，但伴随农民消费能力的提升，农村生活污水的排放量加大，生活垃圾也呈总量增加、类别复杂化趋势。化肥、农药等的过量使用及农业废弃物、农民生活垃圾的不当处置、生活污水的不当排放正是农村面源污染的主要根源。因此，现阶段有计划、有步骤地消减农村面源污染是满足广大农村居民对美好生活向往需要重点解决的事项。

3. 城乡要素资源流动仍以由乡向城的单向流动为主

近年来，山东省为保障乡村振兴要素支撑做了很多工作，比如，引导金融资源向乡村振兴倾斜，全省银行机构普惠型涉农贷款增速高于各项贷款平均增速。加强乡村振兴用地保障，单列 1 万亩新增建设用地计划指标支持乡村振兴；盘活农村闲散土地 30 余万亩。但从全省面上看，由于农村地区基础设施和公共服务普遍落后于城市，现代化程度低，对城市的资金、技术、人才等要素总体上缺乏吸引力，因此，无法避免农村资源流出。目前，对相当一部分农村地区来说，大量青壮年到城市打工和置业、"农二代"不愿回乡，"人出钱不回"等现象依然突出，经济业态普遍面临产业层次低、增值产品少、"双招双引"难等困境，从而导致农村优质资源要素短缺，发展动力不足。与此同时，乡村内部资源市场化配置渠道不畅，如宅基地等土地资源由于政策落实不利、农民产权观念落后和"乡愁情结"原因，流转整合制约因素多，财产变现能力弱，使农业用地占比和乡村就业人口占比的关系难以优化，从而影响了城乡要素资源双向流动，降低了资源配置效率。[1]

---

[1] 侯小伏. 山东社会形势分析与预测（2019）[M]. 北京：社会科学文献出版社，2019.

（四）农业新动能发育不足

山东省将现代高效农业列入新旧动能转换十强现代优势产业集群。2019 年 12 月山东还与农业农村部签署部省合作框架协议，共同打造乡村振兴齐鲁样板，并被确定为全国五个率先基本实现农业农村现代化试点省份之一。但从目前看，山东省农业新动能仍发育不足，农业现代化仍存在明显短板。

1. 新产业、新业态发展不够强劲

2017 年中央一号文件把壮大新产业、新业态作为推进农业供给侧结构性改革的重大举措，这些新产业、新业态的产生主要来自于对农业农村多功能性的拓展。农业除了满足人类基本食物的生产功能，同时还具备经济、生态、文化等多元功能，开发农业的多功能是逐渐将传统农业改造为现代农业以及实现农业现代化的关键。因此，要充分发挥乡村各类物质与非物质资源富集的独特优势，利用"旅游+""生态+"等模式推进农业、林业与旅游、教育、文化、康养等产业的深度融合，大力发展乡村休闲旅游产业。新产业、新业态的发展，将成为农业农村发展的新增长点，成为农民持续较快增收的新动力源。为壮大新产业、新业态，2017 年一号文件还提出要推进农村电商发展，促进新型农业经营主体、加工流通企业与电商企业全面对接融合，推动线上线下互动发展。加快发展现代食品产业，培育宜居宜业特色村镇等。

2018 年 5 月，山东省政府发布了《山东省新旧动能转换现代高效农业专项规划（2018—2022）》，着重强调要加快农业领域新旧动能转换，把以前主要依靠化肥农药等这些生产资料的高投入换取高产出的"老动能"转换成绿色增产的新技术，积极发展农业"新六产"，实现从单一产业向全链条，第一、第二、第三产业融合的新模式、新动能转换。

如前所述，山东省新业态、新产业、新模式的发展是有一定成效的，例如，培育了一批乡村旅游集群片区、精品旅游小镇、乡村旅游示范园区。仅 2019 年，全省乡村旅游接待 5.4 亿人次、实现消费2709.9 亿元，农村第一、第二、第三产业融合发展初见成效，农产品市场流通体系更加健全，网络化、标准化、规模化的冷链物流体系初步构建。此外，在集群化、园区化发展理念指引下，全省积极推进现代农业产业园建设，现代农业四级联创、梯次推进的格局基本形成。与此同时，特色小镇发展颇有成效。但与实现两个走在前列的目标相比，与打造乡村振兴齐鲁样板的要求相比，山东农业新模式、新业态的发展力度还远远不够强劲。突出表现为农村第一、第二、第三产业融合度不高。尽管全省各地出现了一些农村产业融合发展的亮点，但总体上仍比较分散。同时，从全省来看，大多数农户仍把重心放在提高产量和追求上市时间上，对农产品质量和安全性的重视不足。另外，虽然全省拥有很多地标品牌，比如烟台苹果和樱桃、沾化冬枣等，但其含金量却普遍不高。在注重品质、注重品牌方面，很多外省的地标品牌，如五常大米、阿克苏苹果、赣南脐橙等早已走在山东前面。与此同时，农业产业链发育不全，很多第一、第二、第三产业融合多终止于第二产业，加工增值链条短，涉农企业多以种养殖业或农产品初加工为主，精深加工水平不高，随之而来的是附加值不高。最后，与江苏、浙江相比，山东农村第三产业特别是文化创意农业、休闲观光农业、农村养老产业等产业的发展尚显不足，农业生产活动和生产环境中的生态价值、社会价值、文化价值尚没有得到充分挖掘。①

出现这种状况的深层次原因是农业新业态、新产业的发展遭遇到了用地、融资、人才、基础设施等方面的制约。例如，发展乡村特色的民宿和休闲农业、乡村旅游、乡村养老等新产业新业态用地需求旺盛。虽然 2017 年中央一号文件提出，通过村庄整治、宅基地整理等节

① 侯小伏等. 山东社会形势分析与预测（2019）［M］. 北京：社会科学文献出版社，2019.

约的建设用地，可采取入股、联营等方式，支持乡村休闲旅游养老等产业和农村三产融合发展。但在实践中，这需要以宅基地、集体建设用地使用权确权为基础。从全国来看，这项工作推进很艰难。2010年以来，中央一号文件多次对宅基地、集体建设用地使用权确权登记工作作出部署和要求。但直到2019年《中共中央　国务院关于建立健全城乡融合发展体制机制和政策体系的意见》（中发〔2019〕12号）仍然要求"加快完成房地一体的宅基地使用权确权登记颁证"。近年来，山东省对农村集体经济组织资产情况进行了摸底，基本完成了全国农村集体产权制度改革整省试点，并完成清产核资。山东省这块工作走在了全国前列，山东省在宅基地确权方面的进展情况是：全省宅基地共有2280万宗，应登记1929万宗，现已累计登记约60%。从全国来看，国家对相关制度和政策的调整也在加快。如2020年1月1日实施的《中华人民共和国土地管理法》对农村宅基地管理制度的法律条款进行修改完善，规定"国家允许进城落户的农村村民依法有偿退出宅基地，鼓励农村集体经济组织及其成员盘活利用闲置宅基地和闲置住宅"。但从农村现状看，宅基地等土地资源资产受农民落后产权观念和乡愁情结等影响，流转整合制约因素多，全面盘活并不容易。这些都影响到了农村沉默资产资源的活化，进而影响新产业、新业态的发展。

2. 新型经营主体带动力偏弱

习近平总书记指出：发展多种形式适度规模经营，培育新型农业经营主体，是建设现代农业的前进方向和必由之路。[①] 2020年中央一号文件强调，重点培育家庭农场、农民合作社等新型农业经营主体，培育农业产业化联合体，通过订单农业、入股分红、托管服务等方式，将小农户融入农业产业链。家庭农场、农民合作社、农业社会化服务组织等各类新型农业经营主体和服务主体根植于农村，服务于农户和

---

① 农业农村部关于印发《新型农业经营主体和服务主体高质量发展规划（2020—2022）》的通知，农业农村部官网，http://www.moa.gov.cn/gk/tzgg_1/tz/202003/t20200306_6338371.htm。

农业，是在传统一家一户的小规模经营难以实现与大市场对接、难以抵御市场风险、难以接受科技新成果的背景下应运而生的。相比传统农业经营主体而言，其规模大，效益高，市场竞争力强，集约化、专业化和社会化程度高，在破解"谁来种地、如何种好地"难题、提升农业生产经营效率等方面发挥着越来越重要的作用。因此，应大力推进农业新型经营主体发展，发挥其在建设现代农业和推动乡村振兴中的主力军作用，多年来，在各级政府大力推动下，山东省新型农业经营主体发展较快。2019年山东新型农业经营主体数量位居全国第一①。

目前，山东省各类农业新型经营主体、农业龙头企业虽然数量不少，但其产业化经营能力、融合带动能力和集聚集中能力还有待于进一步提升。2018年农业产业化龙头企业500强排行（按照2016年营业收入进行排名）榜中，山东省共有80家企业入围，数量最多，但相对于山东农业大省的地位而言，具有辐射带动力强的农业龙头企业仍然偏少。在2019年全国第六批农业产业化国家重点龙头企业入选名单上，山东省有18家企业入选，江苏省16家入选②，说明山东省航母级龙头企业偏少，与山东农业大省的地位尚不相称。山东省由于种粮大户和家庭农场的实力不强，规模化生产和多元化经营能力欠缺，其参与融合的能力以及对小农户及其他农业主体的带动能力尚待提高。

3. 农业科技创新有待进一步提升

2019年，山东64.6%的农业科技进步贡献率虽高于全国5.4个百分点，但与欧美发达国家一般85%以上的农业科技进步贡献率相比，尚有较大差距，尤其是农业育种技术方面还有很大的提升空间，而山东省农村劳动力素质低、人才短缺也制约着农业科技的进步、推广和应用。

---

① 山东培育新型农业经营主体为乡村振兴"主力军"，搜狐焦点，https://jn. focus. cn/zixun/7d9201e2e7cc4e36. html。

② 关于公布第六批农业产业化国家重点龙头企业名单的通知，中华人民共和国农业农村部网站，http://www. moa. gov. cn/gk/tzgg_1/tz/201912/t20191203-6332742. htm。

（五）农业现代化仍存在短板

1. 农业机械化、水利化、规模化水平仍需提升

山东省主要农作物耕种收综合机械化率超过 87.9%，高出全国平均水平近 17 个百分点，山东省农业机械化的确取得了骄人成绩，但与世界其他发达国家相比，与山东省农业大省、农业强省的发展要求相比，仍存在较大差距。比如，山东省农业机械化发展的创新能力较差，缺乏大量高素质的农机科研人才，相应的科技创新体系也不够完善，这会在很大程度上制约农业机械化方面的科技创新。另外，虽然山东省在种植业耕整地环节机械化水平较高，但具体到不同作物、不同生产环节上，发展并不平衡。例如，当下山东小麦机播机收水平都已经超过 95%，但是丘陵山区机械化作业、花生联合收获等方面依旧处于起步、探索阶段。设施农业的装备水平也基本处在"初级阶段"，机械化率亟待提高。当然，一般而言，农业机械化率提升在一定程度上有赖于土地适度规模经营。因土地细碎化对农业机械化产生不了很大需求，因此，通过土地流转发展规模化经营是加快农业机械化的重要环节。目前，山东省人均耕地为 1.5 亩左右，农村劳动力在第一产业的就业比重约占 1/3，小农户分散耕作方式约占 1/3，土地经营规模化率接近 2/3。由此可见，推动土地流转发展规模化经营仍有一定空间。另外，水是农业的命脉，山东省虽然是农业大省，但水资源严重短缺。全省人均、亩均水量仅为 315 立方米、263 立方米，分别不足全国平均量的 1/6、1/7。目前水肥一体化技术在山东省有些地方有所应用，但普及率和应用水平不高，灌排工程体系建设和抗御旱涝灾害能力亟待提升。

2. 小农户与现代农业衔接的难题未完全破解

近年来，山东省家庭农场、农民专业合作社等新型农业经营主体不断涌现，数量均居全国前列，农业龙头企业超过 10000 家。国家级海洋牧场示范区数量两年翻了一番，占全国 40%。但如前所述，没有参加土地流转即承包土地未转出也未转入的农户仍占 1/3 以上，这说明普通小农户的家庭经营仍是全省农业生产经营基本形式之一。乡村振兴必然伴随着农村人口向城市转移和农业生产经营的规模化，小农生产何去何从？如何处理好适度规模经营与小农生产的关系？据测算，当粮食种植规模达到 200—300 亩时综合效益最高。但小农作为本源性制度，即便到 2035 年基本实现现代化，仍有其存在的现实合理性。对山东省而言，即便城镇化率超过 70%，仍将会有 3000 多万人生活在农村，户均耕地规模也仅 12 亩左右，山东省"大省小农"的状况将长期存在。

市场经济条件下，小农户分散经营状态与现代农业产业分工体系存在严重的结构性矛盾。如何解决小农户经营过程中的资金短缺、市场信息闭塞、相关服务缺失的问题，建立支撑小农户发展的集融资、信息和服务功能于一体的管理服务系统；如何解决小农户生产经营中技术进步问题和农产品质量控制体系缺失问题，构建一整套针对小农户的农产品生产质量认证体系，使小农户产品也能拥有产品质量标签，获得市场信誉，占有市场份额；如何解决小农户成长中品牌缺失问题，构建区域性的小农户产品品牌化发展的战略和策略。[①] 在这些方面，山东一些地方已经在尝试并取得一些成效，但从全省情况看，如何使小农户与现代农业发展有机衔接的难题并没有被完全破解。

3. 农村人才匮乏

山东省农村人口老龄化问题突出，农业生产主体普遍年龄偏高，从受教育程度来看，根据 2018 年山东省经济社会综合调查数据，农村居民中初中以下文化水平的占比近 70%，高中水平的占比不到 10%，技校（职高）、大专（高职）和大学及以上文化程度的占比介于 1%—

---

① 侯小伏等. 山东社会形势分析与预测（2019）［M］. 北京：社会科学文献出版社，2019.

2%。① 这样一个群体接受新品种、新技术、新事物的意愿及能力总体不强。推进乡村振兴，实现农村第一、第二、第三产业融合发展，依赖于具有较高素质且能使用现代技术装备的农业从业者和大量有专长、有经验的第二、第三产业从业人员。因为，农村第一、第二、第三产业融合发展是生产、生活、生态融合发展的过程，其对人才素质的要求远高于以往单纯的农产品加工，它需要大量规划设计、经营管理、生态农业、市场营销、旅游开发等方面的复合型人才，也急需电商交易平台综合服务以及支撑服务等电子商务专业人才，而目前农村人才匮乏，人才引进难、留住难等问题使得乡村振兴对较高农民素质和科学文化水平的要求难以满足，极大地制约了农村第一、第二、第三产业的融合发展。

（六）城乡融合发展水平还不高

目前，城乡二元体制的影响尚在，导致人口土地配置错位、人才资源流入城市，严重影响了全省的城乡融合发展。例如，乡村振兴中能够带动农村经济发展的产业，往往是以旅游业为代表的非农产业，但这些新产业、新业态的用地要求在现有制度下尚不能得到充分满足。而农村土地浪费严重，农村常住人口减少，有相当多的房屋长期闲置无人居住，但居民点用地不仅不减反而不断增加。根据 2018 年山东省经济社会综合调查数据，3000 个农民家庭户的平均宅基地面积为 296 平方米，超出省规定的 264 平方米上限。2018 年，全省农村居民总用地规模为 123.1 万公顷，相当于同期全省城镇建设用地面积 71.0 万公顷的 1.73 倍。与此同时，城镇建设用地紧张，建设指标却遭遇"天花板"。如此严重的人口土地配置错位问题，凸显了启动农村宅基地"三权分置"改革、盘活农村建设用地资源的迫切性。山东省于 2018

---

① 侯小伏等 . 山东社会形势分析与预测（2019）［M］. 北京：社会科学文献出版社，2019.

年确定了宅基地改革试点，但从各地情况看，宅基地制度改革并不顺利。其症结在于，作为宅基地制度改革核心的自由处置和有偿使用制度没有完全落地，在受让方受到严格管控的情况下，宅基地退出大多要依靠政府或者集体经济组织出资回购，从眼下看不太现实，从长远看难以持续。同时，在封闭市场条件下，价格确定要靠协商，不但降低了资源的配置效率，还有可能造成土地出让冲突。①

另外，推进城乡融合发展和建设美丽宜居乡村，必然涉及建设用地增减挂钩政策。习近平总书记 2017 年就指出，"建立高标准农田建设等新增耕地指标和城乡建设用地增减挂钩节余指标跨省域调剂机制，将调剂收益用于巩固脱贫攻坚成果和支持乡村振兴。"② 近年来，山东省个别地方在农村社区建设中曾出现偏差，但不能因此对增减挂钩政策产生质疑。事实证明，这一政策在促进土地集约节约利用、保护耕地、改善农村人居环境、优化建设用地布局等方面发挥了重要作用。好政策关键在于能不能用好，不能因为执行中有问题就否定政策，更不能因噎废食、忌讳和避用增减挂钩政策，这样损失会更大。应通过进一步规范实施条件和操作流程。比如，对不同类型的乡村制定节地率标准、对社区住房（楼）建设制定导则、对指标收益制定使用监管办法等，让好政策释放更大效应、给农民带来更多红利。

（七）农民主体作用发挥不充分

2018 年中央一号文件在对实施乡村振兴战略进行全面部署时，强调了在乡村振兴中"要坚持农民主体地位"原则。然而，目前山东农村老龄化形势严峻，青年人力资本流失严重，农业发展后备力量不足。被多次转移筛选过的农村留守劳动力文化素质普遍较低，很多人难以

---

① 侯小伏等．山东社会形势分析与预测（2019）［M］．北京：社会科学文献出版社，2019．
② 中共中央 国务院关于实施乡村振兴的战略，新华网，http：//www.xinhuanet.com/politics/2018-02/04/c_1122366449.htm。

与现代农业技术手段匹配，也难以成为农业规模化经营的合格主体。如此一来，农村居民构成情况严重影响着农民在乡村振兴中主体作用的发挥。另外，在调研中很多基层同志反映，有些地方的乡村振兴主要靠政策倾斜、资金扶持等外力"输血"，农村自身"造血"功能不足，村级党组织发动群众、组织群众、凝聚群众的作用和农民主体作用发挥都不充分。有的村级党组织年龄老化、结构欠佳、能力不强，全省256.48万名农村党员中，61岁及以上的占45%、初中及以下学历的占62%。全省摸排的党组织软弱涣散村和工作相对后进村还有7273个，引领乡村振兴的能力不能很好地适应新的形势任务要求。有的村民对乡村振兴的知晓度、参与度不高，存在"等靠要"思想和"政府干、群众看"等现象，还没有实现从"要我振兴"到"我要振兴"的思想转变，这表明农民在乡村振兴中的主体作用没有有效发挥。那么，到底是什么原因让大量农民被动消极？如何更好地发挥农民在乡村振兴中的主体作用，这是一个仍需从理论上和实践中探索的课题。

乡村振兴的目的是使生活在乡村的农民受益。农民应该是乡村振兴的重要主体。但目前乡村振兴在确保农民主体性地位上，仍面临着一些体制性困境，抑制着农民经济主体性、政治主体性、文化主体性和社会主体性的发挥，造成了农民主体性地位的一定缺失。比如，在经济主体性方面，人口、土地、资金等要素流动性不足限制着农民经济主体性的发挥。再比如，在文化主体性方面，由于推进城市化过程中形成的城市中心主义价值取向引发了乡村文化自卑，使乡村建设中盲目模仿城市，贪大求洋，将中国乡村传统意义上的田园特色、生态特色的乡村审美渐次抛弃。社会主体性缺失则主要体现在城乡二元供给体制导致城乡基础设施和公共服务的机会不均等，并由此产生了城乡居民生活疏远和农民市民化进展慢的问题。[1]

---

① 王春光. 关于乡村振兴中农民主体性问题的思考 [J]. 社会发展研究，2018 (1)：31-40.

三、山东全面推进乡村振兴的对策建议

（一）以完善乡村振兴的制度体系和工作机制为重点，增强山东乡村振兴的助推力

事务发展过程中，制度发挥着"管长远、管根本"的作用。党的十九大提出实施乡村振兴战略以来，一方面通过推进农村经营制度、农村土地制度、农村集体产权制度、农业支持保护制度等各项制度的改革，让农村内部闲置沉睡的资源要素开始整合并重新释放活力；另一方面又通过农业农村优先发展的制度安排，引导全社会优质资源向农业农村倾斜，在一定程度上奠定了乡村振兴资源要素优化配置的制度基础。如今的现实情况是，城乡资源要素配置不合理的状况并无根本改变。从国家治理层面看，实现"农业强、农村美、农民富"的乡村振兴目标，迫切需要进一步推进乡村振兴制度建设。乡村振兴的制度建设最突出的作用就是整合社会资源，即通过建立一整套完整的制度体系来优化配置资源要素，依靠制度力量促进更多资源要素在城乡之间、乡村内部自由流动、平等交换，由此推动乡村的全面振兴。从中观层面看，促进农业生产方式变革也离不开制度发挥催化作用。我国从传统农业向现代农业转变，种植结构不断优化、农业产量不断增加、机械对劳动力的替代率不断提高，关键是制度发挥着对农业新技术广泛应用及激活经营主体积极性的作用。从这个意义上来讲，农业现代化首先是农业制度现代化。从以往经验看，当制度设计与农业农村的内在运行机制相容时，制度供给就是有效的、高质量的，能有效激发农民的积极性、主动性、创造性，并充分释放农村内在动力与活力。这种相容度越高，

农民主观能动性就越强烈、主体作用发挥就越充分。① 因此，推进乡村振兴战略实施，从国家到各级政府无一不重视制度建设。

从山东省情况看，目前乡村振兴制度体系应主要从五个方面去构建：一是政策体系，尽快出台山东省《乡村振兴促进条例》（2020 年 12 月 1 日《山东乡村振兴促进条例（草案）》在山东省十三届人大常委会第二十四次会议初次审议，并在网上发布公开征求意见），保障依法依规推进各项工作。梳理现有"1+1+5+N"政策体系，及时立改废。二是规划体系，结合"十四五"规划编制，制定"十四五"乡村振兴专项规划和 2035 年中长期规划，坚持多规合一，形成一套涵盖全面、有机衔接、符合省情民意的规划体系，开展"乡村规划师"制度试点。三是标准体系，对乡村振兴中适合标准化实施的事项，列出清单，如垃圾污水处理设施、鲁派民居等，鼓励各地探索制定地方标准，争取参与制定国家标准。例如，山东省汶上土地托管服务、朱家林田园综合体等，都创出首个国家标准，应总结推广。四是考核体系，由省委考核办、农办牵头完善考核标准。制定考核标准时应把握好两个原则：一方面要把群众满意不满意、认可不认可作为重要尺度，设计具体办法；另一方面厘清考核界限，该考的要考实考准，不该考的坚决不考，引导各级把握工作的时度效。五是监测体系，选取国际国内通用和国家考核的指标、体现山东特色与发展方向的指标、补齐短板的指标等，建立科学的指标评价体系，每年指数化测量评估乡村振兴的质量和效益。

从乡村振兴的工作机制看，打造乡村振兴齐鲁样板作为全省"一号工程"，山东省委高度重视，制定了符合山东实际的工作指导原则和政策，但在实际工作中正确的原则和政策不一定完全传导落实到位。为此我们建议：一方面，强化省级统筹指导，发挥省委农业农村委牵

---

① 把握乡村振兴制度建设着力点，求是网，http://www.qstheory.cn/llwx/2020-04/01/c_1125798914.htm。

头抓总、省委农办综合协调作用，整合"五大专班"力量，联合办公、握指成拳，防止多头指导。同时，为避免增加基层负担和增强政策的针对性，对乡村振兴各类创建活动和称号，进行统一规范，并分类制定差异化乡村振兴实施工作方案。另一方面，压实各级工作责任，特别重视县委"一线指挥部"作用，让县委书记用主要精力抓乡村振兴。为压实责任，省委编办会同省委农办应建立市县乡党委政府乡村振兴责任清单、负面清单。把各级实施乡村振兴战略情况纳入巡视巡察。

（二）以推动农村资产资源市场化为核心纵深推进农村全面改革

多年的实践证明，改革是经济社会发展的动力，也是乡村振兴的重要法宝。实施乡村振兴战略以来，"三权分置""两权抵押"等制度改革，为经营主体提供了有力的政策支持，推动了农业产业提档升级；而土地确权、保持土地承包关系稳定并长久不变等制度设计，让农户预期更加稳定、流转意愿更高、发展空间更大，农业生产率得以有效提高。这些都表明，通过乡村振兴制度体系的建设、执行和变革，在很大程度上能够推进我国农业生产方式转变。

当前建立健全城乡融合发展体制机制仍然是改革的关键。"推动城乡要素平等交换、双向流动"，创造条件赋予农民更多财产权利是改革的重中之重。中国还有5亿以上农民、农村还有几百万亿元未盘活的资源资产这一客观现实，决定了没有农民的积极参与、没有农村资产资源的自由流动，农村的市场化是很有限的，社会主义市场经济体制是不完善的。正是在此背景下，党的十七届三中全会就明确提出，"搞好农村土地确权、登记、颁证工作"。2010年以来，中央一号文件多次对宅基地、集体建设用地使用权确权登记工作作出部署和要求。虽几经强调，但从全国来看宅基地确权工作很难推进，因此，直到2019年《中共中央　国务院关于建立健全城乡融合发展体制机制和政策体系的意见》仍然要求，"加快完成房地一体的宅基地使用权确权登记颁证"。2020 年底《自然资源部关于加快宅基地和集体建设用地使用权确权登记工作的通知》（自然资发〔2020〕84 号）明确要求，"各地要以未确权登记的宅基地和集体建设用地为工作重点，按照不动产统一登记要求，加快地籍调查，对符合登记条件的办理房地一体不动产登记"。

在推动农村集体产权制度改革工作中，山东省是走在前列的。2018 年 4 月，中共中央、国务院就出台了《中共中央　国务院关于稳步推进农村集体产权制度改革的实施意见》；2018 年 6 月，山东省成为农业农村部确定的农村集体产权制度改革整省试点省份之一，在全省全面推开产权改革，将改革范围扩大到所有涉农乡镇（街道），目前已基本完成全国农村集体产权制度改革试点任务，完成了清产核资，超过 98% 的村（组）完成集体资产折股量化。在宅基地制度改革方面，全省宅基地共有 2280 万宗，应登记 1929 万宗，现已累计登记约60%，后续推进力度将更大。为推进农村宅基地三权分置改革，2020年 1 月 1 日实施的《中华人民共和国土地管理法》对涉及农村宅基地管理制度的法律条款进行了修改完善，规定"国家允许进城落户的农村村民依法有偿退出宅基地，鼓励农村集体经济组织及其成员盘活利用闲置宅基地和闲置住宅"。农业农村部对农村闲置宅基地和闲置住宅盘活利用方式也做了相关规定，提出可以"利用闲置住宅发展符合乡村特点的休闲农业、乡村旅游、餐饮民宿、文化体验、创意办公、电子商务等新产业新业态。利用闲置住宅发展农产品冷链、初加工、仓储等第一、第二、第三产业融合发展项目。采取整理、复垦、复绿等方式，开展农村闲置宅基地整治，依法依规利用城乡建设用地增减挂钩、集体经营性建设用地入市等政策，为农民建房、乡村建设和产业发展等提供土地等要素保障"。[①] 这些都为农村资产资源的自由流动

---

① 中央农村工作领导小组办公室　农业农村部关于进一步加强农村宅基地管理的通知，农业农村部官网，http://www.moa.gov.cn/gk/tzgg_1/tz/201909/t20190920_6328397.htm。

提供了基础条件和政策依据。

我国已到了工农互促、城乡互补、协调发展、共同繁荣的发展阶段，当前解决"三农"问题的关键是：如何启动农村发展的内生动力，如何实现农村资源要素的内在价值，如何使农民由单个的少资产的弱势群体转化为有组织、有资产、能"自主发展"的真正市场主体。只有全方位挖掘乡村的多种功能，全面推动农村资源资产市场化，充分发挥农民在乡村振兴中的主体作用，大幅度地增加农民收入，特别是财产性收入和可支配现金流，党的十九届五中全会提出的全面乡村振兴，实现农业农村现代化的目标才能实现。因此，现有的改革举措只要是有助于将农村沉寂的资产资源活化为流动的市场要素，有助于将农民塑造成真正的市场主体，有助于提高农民的组织性，就都不失为一种积极的有益的探索。

从实践中看，扫清各种障碍、营造改革氛围可能比改革本身更重要。例如，农村宅基地"三权分置"改革，当前更重要的是创造改革条件，而不是盲目推进。建议一方面深入开展宅基地专项清理规范，重点整治乱占、超占、"一户多宅"等乱象。有的地方确权颁证进行不下去，问题就出在这里。下一步，山东推进全省宅基地确权工作，需要在清理整治基础上，建立公平合理的制度规范。另一方面抓紧进行村庄整理。据抽样测算，通过对村头荒、未登记用地、废弃宅基地等进行整理，全省可新增农村建设用地几百万亩，这是一笔很大的资源。

另外，针对目前农村改革碎片化、分散化问题，应开展乡村振兴齐鲁样板综合集成改革试点，16市各确定1个试点县，统筹推进农村集体产权制度、土地制度、经营体系、乡村治理等改革，每年推出一批省级农村重点改革事项，形成集成效应。只有如此，才能顺应现阶段山东省城乡融合发展的迫切要求。

（三）以农业锻长板、补短板和厚底板为抓手推动农业高质量发展

1. 锻优农业长板

之所以有全国农业看山东之说，不仅是因为山东农业总产值连续多年位居全国第一，主要农产品产量位居全国前列，还因为多年来山东为全国贡献了农业产业化、农业国际化、科教兴农等山东经验，这些经验可以说就是山东农业的长板。现阶段山东要做的是继续锻造这些长板，并尽可能使它们互相融合、互为支撑。

近年来，山东在推动农业产业化方面，注重顺应产业发展规律，立足各地特色资源，优化产业布局。尤其是注重科学安排现代农业优势产业集群布局，培育省级现代农业园区 30 个、省级特色农业强镇 30 个、农业产业化联合体 30 家。同时实施家庭农场培育行动，开展农村合作社高质量提升整县推进试点。值得一提的是，近年来，山东特别重视科技园区在推动农业发展中的作用，为此，山东构建了国家农业高新技术产业开发区、国家农业科技园区、省级农业高新技术产业示范区、省级农业科技园区四级体系，从发展效率和效能来讲，农业科技园区的山东模式，能促进传统农业向现代农业转型，为打造乡村振兴齐鲁样板提供了科技方案。由于园区广泛聚集了政策、资金、信息、技术、品牌等要素，科技人员在诸如农业科技园区这样的空间，能够最大限度地激发创新活力和创新热情，更快地实现农产品品种的更新迭代，而如果单靠企业单打独斗，要做到这一点，其成本和周期则比较长。例如，山东邹城国家农业科技园就汇集了国内外 30 多家科研院所在园区内协同攻关，快速解决了很多困扰农业发展的技术问题。政府通过打造科技创新平台，把手中的资源变成了企业财富，变成了企业发展的原动力。目前，山东所有涉农县（区）已经实现农业科技园区全覆盖，全省一半的农业高新技术企业来自园区，产值达到几百

亿元。

从全国来看，山东十分重视科技在推动农业发展中的作用，尤其在"藏粮于技"等方面做得是比较好的。但对比发达国家农业科技进步贡献率已高达85%的情况，山东还有不小差距。只有加快科技进步，才能突破山东农业资源环境约束，扛起确保国家粮食安全的责任；才能"促进农业高质高效、农村宜居宜业、农民富裕富足"早日实现，为农业强、农民富、农村美筑牢坚实基础。为此，山东应在重视基础科学研究的前提下，按照质量兴农、绿色兴农的要求，攻克制约农业发展的关键核心技术。比如，攻克育种关键技术，可以实现粮食作物优质、高效生产，并能解决一些重要园艺作物品种以及主要畜禽品种对外依存度高引发的种业安全问题；加快研发农业节水灌溉技术、土壤改造与质量提升技术、循环农业技术，可以推动农业实现可持续发展；支持新一代农业设施与信息设备等技术研发，可以加快精准农业和智慧农业进程，加快全程农业机械化等技术研发可以加快提升农业机械化水平。总之，只有"为农业插上科技的翅膀"，才能使山东农业飞得更高、飞得更快、飞得更远。

另外，农业国际化也是山东省的优势。2018年11月，国务院批复同意设立潍坊国家农业开放发展综合实验区，以此为契机，山东省农业开放的步伐持续加快。建议今后山东在全省布局建设3—5个省级农业开放发展综合试验区，探索农业融入国内国际两个循环的有效途径。制定激励扶持政策，重点培育一批出口导向型农业龙头企业，建设提升一批境外农业合作基地，打造一批有国际影响力的农产品品牌，推动全省农业国际化再上新台阶。

2. 补齐农业短板

山东是较早注重农业品牌化建设的。早在2016年，山东率先在全国发布省级农产品整体品牌，推出了"齐鲁灵秀地、品牌农产品"山东农产品整体品牌形象。然而，从目前看，相对于农业大省的地位而言，山东在全国叫得响的农产品品牌仍然较少。山东省除了习近平总书记曾提到的13个特色农产品，还有一大批特色地标农产品，要有针对性地策划实施"振兴计划"，逐一制定发展规划和扶持政策。当然，想要挖掘更大的价值，还要不断拉长农业产业链。要以产业园区为载体，推动智能设备制造、食品精深加工、冷链物流等行业与生产企业深度融合，这不仅能实现农业的全产业链、全供应链融合，还有助于全利益链、全生物链融合。同时要加强农田水利、冷链物流等设施建设，大力培育农业新动能，发展基于物联网的新型农业产业模式，并完善利益联结机制，让农民更多分享产业增值收益。最后，要推动城市天然气配气管网向乡镇和城郊村延伸、5G网络向重点乡镇核心镇区覆盖，提升农村基础设施和公共服务水平，为农业新业态的发展和城乡人员流动创造条件。

3. 加厚农业底板

山东是农业大省、人口大省，资源环境承载力已近极限，农村面源污染防治和生态修复任务重。从2018年起，山东省开始实施农村人居环境整治三年行动，立足山东村多量大等特点，扎实开展村庄清洁行动，一批批生态美、环境优，生产美、产业强、生活美、家园好的美丽乡村正在逐步显现，成为生态山东的亮点，齐鲁样板的底色。山东还实施了名山、名水、名村、名居、名木"五名保护行动"，加强农业文化遗产保护和农耕文明传承，留住记忆和乡愁，这些都为发展乡村旅游等农业新业态、新模式创造了条件。近年来，山东开展农业绿色发展行动，成效显著。截至2019年底，无公害农产品、绿色食品、有机农产品和农产品地理标志获证产品10110个，比上年增长9.1%，在提升农村特色生态建设水平的同时，也实现了农民增收。比如，山东省泰安的某茶厂用沼气炒茶，用沼液、沼渣来肥田，使茶品质得到提升，所得茶叶叶面厚、芽头壮、耐冲泡，比市场价格高两倍左右。可见生态循环农业在改善农村环境的同时，也成为农民增收的有效途径。

（四）以实施乡村建设行动为契机着力提升农村现代化水平

党的十九届五中全会提出，实施乡村建设行动，把乡村建设摆在社会主义现代化建设的重要位置。为什么这次会议在乡村振兴战略下还要专门强调乡村建设行动？主要是乡村建设方面历史欠账多、发展基础弱、农民呼声高，如果不抓紧行动起来、通过一段时间集中建设，就难以补上农村现代化的短板。农村基础设施和公共服务落后，是城乡差距最直观的一个表现，也是农民反映最强烈的民生痛点。现在城市道路四通八达、公交出行便利，但有些农村行政村通组道路还不顺畅，农民工参加城镇医疗保险的比例还较低，农村居民养老金水平和低保标准远低于城市居民，新农合与城镇居民医保差距还很大，农村学校、卫生院与城市差距也不小。如果"一边是繁荣的城市、一边是凋敝的农村"，不符合我们党的执政宗旨和社会主义本质要求，也不能达到全面现代化的目标。但"实施乡村建设行动"不是口号，不是概念，而是要落实到具体工程项目上，真正体现到真金白银的支持上。① 同时还要坚持规划先行。这些年乡村建设中出现了一些问题，没有规划或不按规划来是一个重要原因。要加快村庄规划工作，统筹县域内城镇、乡村布局，指导有条件的村科学编制好村庄建设规划。2020 年 7 月山东出台了《关于加快推动乡村振兴和巩固提升脱贫攻坚成果的支持政策》，提出 2020 年在县域层面基本完成村庄布局、有条件的村可单独编制村庄规划等目标要求，2019 年底基本完成村庄分类；目前有些村庄已编制村庄规划。要加快改善农村基础设施，城里有的农村也要有，标准可以有差异，但应逐步实现大体相当。要启动

---

① 韩长斌. 贯彻落实党的十九届五中全会精神 全面推进乡村振兴［N/OL］. 农民日报，2020-11-26. http：//cpc. people. com. cn/n1/2020/1126/c64102-31945599. html.

实施村庄基础设施建设工程，全面改善农村水电路气房讯、物流等条件。还要实施新一轮农村人居环境整治。在原来三年行动取得明显效果的基础上，继续抓好农村生活污水、生活垃圾处理，改善村容村貌，建设宜居宜业的美丽乡村。要推进县、乡、村公共服务一体化，促进教育、医疗、文化等资源优化配置，向乡村覆盖，让农民享受到基本和城镇居民一样的公共服务。这其中，关键是要提升县城、乡镇所在地和一些中心村的公共服务能力。经过五到十年的努力，争取农村公共设施和公共服务再有一个明显进步，让农民群众有更多获得感、幸福感、安全感。

对于山东来说，在实施乡村建设行动中，一定要注意抓重点。目前，山东省常住人口城镇化率接近62%，户籍城镇化水平超过50%，每年有上百万农村人口转移。可以预见，未来乡村将是"县城—中心镇（一般城镇）—特色小镇（田园综合体）—村庄（居民点）"的多层次空间结构。就一个区域来说，哪个层次应该重点发展，哪个地方的基础设施投入最容易获得最大效益，取决于其城镇化和产业基础等因素，不能一概而论。总体来看，在农业农村现代化进程中，我们应跳出村庄、超越村庄来看待乡村建设，宜保留则保留、宜提升则提升、宜迁建则迁建、宜集中则集中，既不能人为加速、强行实施，也不能漠视群众愿望、放任自流，而应当尊重规律、顺势而为、稳妥推进。

习近平总书记指出，"特色小镇建设对经济转型、新型城镇化建设都具有重要意义"。① 山东省应把发展功能性特色小镇作为实施乡村振兴、打造齐鲁样板的重要抓手。理由有三：其一，特色小镇是产城人文"四位一体"、生产生活生态"三生融合"的重要功能区域，能实现资源要素的有效集聚。其二，特色小镇是推进城乡公共服务均等化的重要平台，现有不少村庄因条件局限，面临公办教师和医生留不住、人才引进难等现实问题，特色小镇既有接近城市的服务功能，又

---

① 姚金伟. 特色小镇建设正当时［N］. 中国城市报，2016-11-21（27）.

有乡村特有的生态环境，具有较强的吸引力。其三，有利于城乡基础设施一体化。现有分散的村庄布局，导致"不投入群众有需求、投入了又闲置浪费"的尴尬局面，很多村庄出现通公交很少人坐、有污水处理设施收集难等现象，说明一些投入是不经济的，这种矛盾只有靠优化布局来解决。而特色小镇是破解这些难题的重要抓手。同时，小镇的聚集功能还会催生新产业新业态，创造更多的就业岗位。

为此，应在全省加快实施 100 个高品质特色小镇培育计划，让更多特色小镇成为齐鲁样板的战略支点。培育特色小镇，关键把握两条：一要有产业支撑，不能搞圈地炒房。济宁尼山小镇、烟台葡萄酒小镇、聊城阿胶小镇等，都是因为产业支撑，显示出旺盛生命力。二要有区位优势，能聚集人气和资源要素，应重点选择城郊、交通枢纽地带、未来的工业聚集区、科教区、风景名胜区和文化旅游特色区等，有序引导和支持其发展。

（五）充分发挥农民在乡村振兴中的主体作用，着力提升农民素质

农民是乡村振兴的见证者、最直接的受益者，也是最公正的评判者，乡村振兴事关国家发展、事关农村发展，农民不仅不能缺席，而且要在其中发挥其他群体不能替代的主体性作用。2018 年中央一号文件曾着重强调在乡村振兴中"要坚持农民主体地位"原则。然而，在实施乡村振兴战略过程中，出现了一些值得关注的现象：有些地方存在部分农民袖手旁观"等人送小康"和"干部干，群众看"的问题，也有个别地方基层政府急于求成、搞强迫命令违背农民意愿的问题，从而使农民在乡村振兴中的主体作用没有得到有效发挥，乡村振兴战略的实施效果打了折扣。如何在提升农民素质的同时充分发挥农民在乡村振兴中的主体作用？这是现阶段乡村振兴中最迫切需要解决的问题。笔者认为应从以下方面入手：

第一，为发挥农民在乡村振兴中的主体作用营造良好的社会氛围。首先，领导干部要对城乡关系有正确的理解，真正认识到农村在保障粮食安全、涵养生态、传承文化、维护稳定等方面的价值和功能；充分认识到农村在当前"逐步形成的以国内大循环为主体、国内国际双循环互相促进的新发展格局"中的地位和作用，才能真正以经营城市的热情去经营农村，才能以耐心细致的工作去启发农民的主体意识，并最终唤醒广大农民对乡村振兴的认同感、归属感和责任感。其次，要以有效措施去落实农民的主体地位。例如，鼓励公众积极参与到乡村建设规划制定及相关各项工作中，有助于激发公众的主体意识。这方面日、韩两国已有成熟经验。此外，要引导农民积极参与合作社等农民专业合作经济组织，提高农民的组织性，也能从宏观层面帮助农民主体作用的发挥。最后，通过完善相关法律法规，让农民对乡村事务享有充分参与权、知情权与监督权，也有助于农民主体作用的发挥。因为，从根本上说，广大农民对家乡发展现状及面临的问题，感受最真实，也最有发言权。实践中，只有尊重农民的主体地位，维护农民合法权益，积极呼应农民的利益关切，才能有效化解乡村振兴中遇到的各种利益矛盾和冲突，才能为乡村振兴创造良好的社会环境。

第二，改善农村生产、生活条件稳定和巩固农民主体。首先，聚政府社会之力为农民在家乡搭建合适的就业、创业平台，让农民看到在家乡发展的前景。当下，如果农村没有相应的就业门路和创业机遇，就难以遏制农村青壮年劳动力流失的趋势，也就难以形成乡村振兴稳固又坚强的主体。如何留住农民？那就要发展产业。产业振兴是乡村振兴的基础，不光是因为产业振兴是实现农村经济社会发展、农民生活富裕的根本所在，还因为农村产业转型是生活转型的前提，没有生产方式的转变，就不可能实现生活方式的转变。农村年轻人不愿留在乡村，很大程度上是因为乡村提供不了他们理想中的生活方式。另外，乡村产业振兴还是乡村人才振兴的关键，有了产业才能吸引人才。只有乡村产业振兴了，才能吸引青壮年农民留在乡村，才能缓解日益严重的乡村空心化和"三留守"问题。其次，改善乡村生活环境和条件吸引农民回乡。宜居的农村环境和良好的生活条件能够让农民在家乡安居乐业。现在有些农村地区十室四空，主要原因是农村医疗、教育等公共服务不能满足居民的要求，居民出于对更高质量的教育和医疗资源的需求，才举家向市、县城和中心镇迁移。为此，要加快城乡公共服务均等化进程，努力提高农村社会保障水平和就医、上学便利化水平，才能缓解农民为子女教育或就医便利而进行的"移民"趋势。

第三，重构农村居民主体也是发挥农民在乡村振兴中主体作用的途径。重构农村居民主体的实质是未来农村居民由谁构成的问题。笔者认为，应突破城乡二元户籍制度的限制，探索建立符合市场经济规律的人口自由流动机制，既能让"村民进城"，也允许乡村振兴所需要的各类人才下乡，允许有乡村情结的"市民"有条件在乡间长期居住，发挥乡贤在乡村治理中的"情治"作用和对农民的榜样作用。为此，建议顺应山东城乡要素流动的新趋势、新特点，在全省实施"三返三进"人才振兴计划，鼓励大学生、外出农民工、退休公职人员返乡，引导农民"进课堂、进园区、进网店"。从长远看，这对农民提升主体意识、发挥主体作用是大有益处的。当然，要做到这一点，需要尽快改善农村的硬环境和软环境，除了前述的加快城乡公共服务均等化进程，还要继续加大对农村基础设施的投入，现阶段尤其要注重"新基建"向乡村的延展。要注重对乡村的规划设计，强化对乡村基础设施的统一管理、运营，提高农村生活垃圾和生活污水处理能力，全面改善乡村生态。另外，还需要相关制度的改革加快跟进，例如，要建立起宅基地普遍确权之后的自由处置和有偿使用制度等，为城乡人员自由流动营造良好的制度环境。

第四，着力提高农民素质。齐鲁样板的"气质"，取决于农民群众的整体素质，而培育高素质职业农民，必须创新农民教育培训体系。

现在的问题是，一方面山东省涉农院校不直接面向农民群众，也缺乏培养职业农民的专业课程；另一方面很多地方有积极性，自建了一些乡村振兴学院，但师资力量、技术培训等满足不了农民需求。建议有以下几点：一是确定一批涉农高校、农科院所进行试点，由政府提供适当补贴，开设定向专业，向有需求的农民敞开大门。二是将农民教育纳入职业教育体系，加快建设高素质职业农民培育"云平台"，鼓励开办网络职业学校，让农民能获取技能、取得学历。三是支持社会力量兴办农民实习实训基地和创业孵化基地，同时对各地兴办的乡村振兴学院进行规范清理，制定办学条件和标准，防止盲目跟风。总之，在对农民培训方面要通过创新政策机制，做到有计划、有步骤、可操作、可评估。

（六）构建党组织领导的乡村治理体系，提高乡村善治水平

2020 年 12 月，在中央农村工作会议上，习近平总书记指出：要加强党对"三农"工作的全面领导。坚持把解决好"三农"问题作为全党工作重中之重，举全党全社会之力推动乡村振兴。强调"要加强和改进乡村治理，加快构建党组织领导的乡村治理体系，深入推进平安乡村建设，创新乡村治理方式，提高乡村善治水平"。[1]

现阶段，加快构建党组织领导的乡村治理体系有其现实紧迫性。因为今天的农村不是传统的农村，它是一个复杂的流动的社会。面对这种复杂的情况，面对利益难以协调的老百姓，需要党组织整合各个条块的资源来进行乡村治理，需要通过组织保障、通过党建来调动社会积极分子，而党建引领也不是简单地只抓党建，而是把整个党建的统领作用运用发挥在所有的工作流程当中，比如，为推动产业振兴、提升基层组织凝聚力发展集体经济等。有党建引领，有党组织保护，

---

[1] 习近平出席中央农村工作会议并发表重要讲话，中华人民共和国中央人民政府网，http://www.gov.cn/xinwen/2020-12/29/content_5574955.htm。

把集体经济做起来，基层干部才有胆略和底气来维护公序良俗，在公共服务体系构建过程中党员才能走在前面。在这个前提下才能把群众发动起来，群众才有一个畅通的决策利益表达机制，而群众在乡村振兴中的主体地位也才有可能实现。那么，如何加快构建党组织领导的乡村治理体系？

第一，要充分发挥基层党组织领导核心作用。以基层党建引领社会治理，要求基层党组织要充分发挥组织力、号召力以及资源整合力，来推动乡村振兴战略的实施，以保证乡村振兴事业健康发展和乡村现代化的方向。这就必须加强党组织的领导力。近年来，山东省持续加强农村基层党组织建设，陆续出台了《关于进一步加强农村村级党组织建设的若干意见》《山东省推动乡村组织振兴工作方案》，注重提升农村党组织的组织力，确立基层党组织在基层治理体系中的领导地位，并推动村党支部书记通过法定程序担任村委会主任和其他经济组织负责人。强化乡村组织发挥作用的保障，持续推进村级集体经济发展，基本实现空壳村"清零"目标，建立村级组织运转经费保障和正常增长机制等。山东在强化基层党组织建设、统筹推进乡村社会治理方面有很多好的做法，创立了很多值得推广的经验，全省农村基层党组织的战斗堡垒作用进一步彰显。但从全省面上看，仍存在一些漏洞与缺失，今后基层党组织建设仍需要按照中央精神继续查遗补缺、强根固基。

第二，要进一步强化基层党组织的服务功能。从原来的计划体制向现代社会转型过程中，农村承包制和人员以外流为主的流动，使农村和城市一样都面临着社区社会重构的问题。在这个过程中有很多新组织出现，如各种非公经济组织和社会组织，同时不同利益群体发展也非常快。在这个时候特别需要超越这些利益之上的党组织在基层发挥统揽全局、协调各方的作用。因此，基层党组织建设和基层社区治理要融在一起，党的建设要贯穿在基层治理的全过程。目前乡村治理的短板和弱项主要在民生服务方面，这就要求乡镇、村党委特别是乡镇党委，把工作的重心转移到基层党组织建设上来，做好乡村公共服务、公共管理、公共安全工作，为经济发展提供良好的公共环境。而基层党组织则要把更好地服务乡村改革与发展、服务乡村民生改善、服务乡村群众与乡村党员作为自己的工作重点。

第三，基层党组织要促进社会建构，提高乡村善治水平。现阶段农村基层党组织要具备两个功能，一个是主体补位功能，一个是社会建构功能。之所以要有主体补位功能，是因为大部分农村地区小散和非组织化，农民自治组织、合作经济组织等都不是很强，因此，现阶段要集合群众并提升其组织性，需通过基层党组织补位来实现，即通过政党来发挥其资源集成和资源整合能力，来引领社会、凝聚社会，创建新的农村社会秩序，提供乡村公共服务。但在基层党建引领的同时，一定要注重去培育社会，而不是包办社会，未来齐鲁样板不是完全靠政府自上而下地去推动，靠政府的财政投入，还是要靠激发社会的活力，要发挥市场的作用，要发挥社会的主体性作用。即补位不是基层党建的目的，最主要的还是要去培育社会。现在村干部越来越多，工作越来越重，大部分人收入不高，影响到工作积极性，如果社会自治能力不增强，这个问题就很难解决，最终形成恶性循环，越来越多地依靠政府。所以，从未来发展趋势看，一定是要通过基层党建去引领社会、培育社会，充分激发社会的活力，这样，在遇到乡村社会秩序问题、公共服务问题时，就可以通过乡村自治组织以及乡村合作经济组织、社会组织自我解决，就会大幅度地降低行政管理成本，而现阶段则要通过充分发挥基层党组织的作用，培育社会、建构社会，逐步创新乡村治理方式，提高乡村的善治水平。

结　语

实施乡村振兴战略以来，山东在打造乡村振兴齐鲁样板方面取得了重大进展。未来的3—5年，将是山东乡村振兴一个极为重要的"换道升位"阶段，是点上经验向面上拓展、创新模式丰富提升、制度体系健全完善、齐鲁样板崭露头角的阶段。

2021年是中国共产党成立100周年，是"十四五"规划开局之年，是全面建设社会主义现代化国家新征程开启之年。在这特殊之年，山东要瞄准"农业高质高效、农村宜居宜业、农村富裕富足"的目标，落细落小，扎实推进。首先要确保担当起保障国家粮食安全应有的政治责任，着力解决种子和耕地两个要害问题；其次要持续深化农村改革，加强政策、资金集成，着力破解要素制约，培育壮大特色优势产业；再次要着力加强精神文明建设，实施乡村建设行动，加快推动城乡融合发展；最后要强化各级各部门责任担当，加强"三农"干部队伍建设，使县委书记真正把主要精力放在"三农"工作上，当好乡村振兴的"一线总指挥"。总之，要尽最大努力，争取在全面推进乡村振兴和加快农业农村现代化方面开好局、起好步。

参考文献

［1］习近平．习近平关于"三农"工作论述选编［M］．北京：中央文献出版社，2019．

［2］侯小伏等．山东社会形势分析与预测（2019）［M］．北京：社会科学文献出版社，2019．

产业振兴篇
Industrial Revitalization Report

内容提要

　　产业振兴是乡村振兴的基础和关键。2020年，山东省农林牧渔业总产值首次突破1万亿元，成为全国首个农业总产值过万亿元的省份，全省农业综合生产能力不断迈上新台阶。山东省农业发展取得以上成绩，主要得益于：一是牢牢抗稳粮食安全重大政治责任。作为农业大省，山东省粮食总产量连续7年稳定在千亿斤以上，蔬菜、水果、畜产品、水产品产量多年居全国首位。二是在全国较早开始实施农业产业化发展战略。近两年，山东着力在创新发展理念、推进产业融合、提升发展质量、搭建发展平台、完善利益机制等方面下功夫，持续深化、拓展、创新、提升产业化、规模化经营模式，发展势头良好，成效显著。全省农产品出口额连续21年全国第一，建设了全国数量最多、面积最大、种类最全的出口食品农产品原料种养殖基地，建成全国首个出口食品农产品质量安全示范省。三是大力培育农业新型经营主体。近两年，山东省积极践行新发展理念，重点围绕规模经营、绿色发展和社会化服务方面，着力解决农业现代化和小农户如何对接大市场的难题，大力培育农业新型经营主体和高素质农民，发展多种形式的适度规模经营，农民合作社、家庭农场等一大批新型农业经营主体发展壮大，一批龙头企业做大做强，产业带动作用初见成效。四是农村市场体系不断完善。伴随山东农业"新六产"快速发展和农业供给侧结构性改革，全省乡村第一、第二、第三产业融合和农村创新创业渐成趋势，乡村新业态层出不穷，市场体系不断完善。

　　当然，山东省乡村产业发展中也存在一些问题和不足：一是粮食生产方面，存在农民种粮积极性不高，农业生产与水资源矛盾突出，农业产业链价值链存在短板等问题。二是农业产业化方面，面临如何进一步提高农业产业发展质量、增强技术支撑、提高农民参与积极性、推动农民持续增收等难题。三是新型农业经营主体发展方面，存在新型农业经营主体发展规模有限、缺乏必要的产业支撑、与农户间利益链接机制不稳定、社会化服务仍需加强等问题。四是乡村新业态和市场体系建设方面，存在发展不平衡，同质化竞争现象；发展不规范，创新水平有待提升；政策刚性，用地保障问题突出；人才短缺，转型升级困难等问题。

山东粮食生产和主要农产品发展报告

丁萃华　董德利*

摘　要： 山东是我国粮食主产区，也是我国种植业的发源地之一。作为农业大省，山东省粮食总产连续 7 年稳定在千亿斤以上，蔬菜、水果、畜产品、水产品产量多年居全国首位。2020 年，山东农林牧渔业总产值首次突破 1 万亿元，成为全国首个农业总产值过万亿元的省份，山东省农业综合生产能力不断迈上新台阶。但也存在农民种粮积极性不高、农业生产与水资源矛盾突出、农业产业链价值链存在短板等问题。对此，建议完善政策支持体系，提升农民种粮积极性；加快农业全产业链建设，提升农业整体效能；加快农业科技应用，推动科技创新赋能；推进农业社会化服务，创新农业生产经营模式。

关键词： 粮食生产；主要农产品；山东

山东四季分明，气候温和，光照充足，热量丰富，雨热同季，适宜多种农作物生长发育，是我国种植业的发源地之一。主要作物有小麦、玉米、地瓜、大豆、高粱、谷子、水稻、棉花、花生、烤烟、麻类、蔬菜、水果、茶叶、药材、牧草、蚕桑等，是全国粮食、棉花、花生、蔬菜、水果的主要产区之一，其产品产量和质量均名列全国前

---

* 作者简介：丁萃华，中共山东省委党校（山东行政学院）社会和生态文明教研部，副教授；董德利，中共山东省委党校（山东行政学院）新动能研究院，教授。

茅。粮食在全省普遍种植，分夏、秋两季。夏粮主要是冬小麦，秋粮主要是玉米、地瓜、大豆、水稻、谷子、高粱和小杂粮。其中，小麦、玉米、地瓜是三大主要粮食作物。山东省约占全国6%的耕地和1%的淡水，生产约占全国8%的粮食、11%的水果、12%的蔬菜、13%的水产品。作为农业大省，山东省粮食总产连续7年稳定在千亿斤以上，蔬菜、水果、畜产品、水产品产量多年居全国首位。2020年，山东农林牧渔业总产值首次突破1万亿元，成为全国首个农业总产值过万亿元的省份。[①] 山东省牢记习近平总书记嘱托，坚定扛起农业大省责任，不断夯实粮食和重要农产品稳产保供的基础。

一、山东粮食与主要农产品生产情况

（一）粮食产量稳步增长

山东省坚持扛牢农业大省责任，实施"藏粮于地、藏粮于技"战略，严守耕地保护红线。山东省政府新闻办举行发布会提供的数据显示：2020年，山东省新建557万亩高标准农田，累计建成6113万亩粮食生产功能区和棉花生产保护区。全省粮食播种面积稳定在1.2亿亩以上，全省粮食总产量达到1089.4亿斤，比上年增加18亿斤，占全国增量的16%，连续7年稳定在千亿斤以上。粮食单产实现新突破，全年亩产达到438.5公斤，比上年增加8.9公斤，增长2.1%。[②]

山东省国民经济和社会发展统计公报显示，2019年山东粮食总产达1071.4亿斤，比上年增加7.4亿斤，农林牧渔业增加值5476.5亿元，按可比价格计算，比上年增长1.7%。无公害农产品、绿色食品、

---

① 扛牢农业大省责任，综合生产能力迈上新台阶，山东省农民合作社信息网，http://sdhzs.com/sheng/show.aspx? m=138845&lb=74&xlb。

② 2020年山东农业生产总体稳定，粮食产量再创历史新高，齐鲁网，http://news.iqilu.com/shandong/yuanchuang/2021/0119/4757901.shtml。

有机农产品和农产品地理标志获证产品 10110 个，增长 9.1%。与 2019 年相比，2020 年山东夏粮播种面积 5903.1 万亩，比上年减少 100.95 万亩，下降 1.7%。其中小麦播种面积 5901.65 万亩，比上年减少 100.99 万亩，下降 1.7%。夏粮单位面积产量 435.23 公斤/亩，比上年增加 9.97 公斤/亩，增长 2.3%。其中小麦单位面积产量 435.28 公斤/亩，比上年增加 9.98 公斤/亩，增长 2.3%，比全国单位面积产量高 12.6%。夏粮总产量 513.84 亿斤，比 2019 年增加 3.18 亿斤，增长 0.6%。其中小麦总产量 513.77 亿斤，比 2019 年增加 3.19 亿斤，增长 0.6%，占全国总产量的 19.5%。[①]

（二）其他农产品平稳发展

2019 年，山东省主要农产品平稳发展，其中棉花产量 19.6 万吨、油料 289.0 万吨、蔬菜及食用菌 8181.1 万吨、水果 2840.2 万吨。全年猪牛羊禽肉产量 698.6 万吨，比上年下降 17.7%；禽蛋产量 450.6 万吨，增长 0.7%；牛奶产量 228.0 万吨，增长 1.3%。水产品总产量（不含远洋渔业产量）781.9 万吨，其中海水产品产量 664.8 万吨、淡水产品产量 117.1 万吨。2020 年，山东畜牧产能持续恢复，全年猪牛羊禽肉产量 721.8 万吨，比上年增长 3.3%。其中，禽肉产量 357.1 万吨，增长 7.0%；猪肉产量 271.0 万吨，增长 6.4%；禽蛋产量 480.9 万吨，增长 6.8%；牛奶产量 241.4 万吨，增长 5.9%。2020 年，全省肉类、水果、蔬菜、水产品、花生产量分别占到全国 9%、10%、11%、13%、16%，稳居全国前列，"菜篮子""果盘子"供给充足，较好满足了人民群众的消费需求。[②] 2016—2019 年山东省主要农产品产量见表 1。

---

① 国家统计局历年数据。

② 2020 年山东省粮食总产量达 1089.4 亿斤，中投网，http://www.ocn.com.cn/shujuzhongxin/202012/dijsl16160558.shtml。

表 1　2016—2019 年山东省主要农产品产量　　　单位：万吨

年份 \ 农产品	粮食		棉花	油料	蔬菜及食用菌	水果
	夏粮	秋粮				
2019	2553.3	2803.7	19.6	289.0	8181.1	2840.2
2018	2472.2	2847.3	21.7	310.9	8192.0	2788.8
2017	2350.1	2373.1	34.5	327.7	10618.3	3295.8
2016	2345.4	2355.3	54.8	326.8	10327.0	3255.4

资料来源：山东历年国民经济和社会发展统计公报。

（三）农业综合生产能力增强

2019 年，山东全省农业科技进步贡献率达到 64.56%，高于全国 5.36 个百分点。农作物耕种收综合机械化率达到 87.85%，高于全国近 17 个百分点，主要农作物良种覆盖率超过 98%。农业适度规模经营发展迅速，家庭农场达 8.28 万家，农民合作社 22.41 万家。农业社会化服务体系不断完善，各类社会化服务主体有 13.6 万家，2020 年全省农业生产托管服务面积预计超过 1.5 亿亩次。农业对外开放步伐不断加快，多元开放的农业对外合作格局加快形成。[1] 山东农业综合生产能力之所以不断迈上新台阶，主要得益于以下做法和措施：[2]

一是坚持稳定粮食播种面积。山东坚持"藏粮于地、藏粮于技"战略，坚守耕地保护红线，确保年粮食播种面积稳定在 1.2 亿亩以上，粮食产能保持在 1000 亿斤以上。2020 以来，山东省统筹做好新冠肺炎疫情防控和农产品稳产保供工作，将粮食生产稳定度纳入乡村振兴综合考核，压实粮食安全责任。2020 年，山东省夏粮再获丰收，单产、总产双创历史新高。全省小麦单产达到 435.23 千克/亩，比上年增加 9.97 千克，增长

---

[1] 2020 年山东省粮食总产量达 1089.4 亿斤，中投网，http://www.ocn.com.cn/shujuzhongxin/202012/dijsl16160558.shtml。

[2] 山东举行加快推动乡村产业振兴努力建设现代农业强省发布会，国务院新闻办，http://www.scio.gov.cn/xwfbh/gssxwfbh/xwfbh/shandong/document/1690589/1690589.htm。

2.3%；总产达到 256.92 亿千克，比上年增加 1.59 亿千克，增长 0.6%。

二是加大高标准农田建设力度。把高标准农田建设作为巩固和增强粮食综合产能的重要支撑。2019 年，全省新建成高标准农田 528.5 万亩，超额完成国家下达任务，被国务院评为 2019 年度落实重大政策措施真抓实干成效显著激励奖励省份。

三是划定粮食生产功能区和重要农产品生产保护区。"两区"划定是党中央、国务院作出的一项重大战略部署，也是保障国家粮食安全和重要农产品有效供给的重要制度性安排。山东省从 2017 年底开始启动"两区"划定工作，到 2019 年底已划定"两区"5650 万亩，超额完成国家下达的划定任务。下一步，将把工作重点转到加强建设和管护上来，保障"两区"真正划得好、建得好、管得好。

四是坚持科技兴农和创新发展。①良种培育成果显著。莱州登海种业公司夏玉米多次创下高产纪录。②设施农业蓬勃发展。从普通大棚到应用 100 多项专利技术的智能大棚，寿光大棚蔬菜种植技术已历经 7 次迭代，走进全国 20 多个省区市。③产业融合空间拓展。烟台"耕海一号"智能化大型生态海洋牧场综合体平台，集智慧渔业、科技研发、观光旅游、科普教育等功能于一身，可年产鱼类等约 15 万千克、年接待游客 5 万多人次。

五是加强基础设施建设。2019 年，除险加固大中型病险水库 18 座、小型病险水库 1205 座、大中型病险水闸 61 座，防洪治理受灾重要河道 9 条。完成大中型灌区续建配套与节水改造项目 43 处，新增、恢复、改善灌溉面积 246 万亩，综合治理水土流失面积 1285 平方千米，健康养殖示范面积 11 万公顷，新增国家级、省级水产健康养殖示范场分别为 34 处、37 处。农作物耕种收综合机械化率超过 87%，畜禽粪污综合利用率 87%。①

---

① 2019 年山东省国民经济和社会发展统计公报，山东统计局，http：//tjj. shandong. gov. cn/art/2020/2/29/art_6196_8865096. html。

二、山东粮食与主要农产品生产面临的问题

1. 农民种粮积极性不高

随着新型城镇化推进和农村青壮年劳动力大量外出务工就业，农村"空心化、老龄化"问题十分突出。而且农民外出务工或从事种养殖业年收入远高于种粮收入，受比较收益影响，农民种粮积极性不高，部分土地存在季节性撂荒现象。2020 年，山东省夏粮播种面积 5903.1 万亩，比 2019 年减少 100.95 万亩，下降 1.7%，其中小麦播种面积比上年减少 100.99 万亩，下降 1.7%。

2. 粮食生产与水资源矛盾问题比较突出

山东省是我国粮食主产区之一，但长期以来水资源总量不足，时空分布不均，属北方严重缺水地区之一，农业用水供需矛盾十分突出。虽然山东水资源开发利用率高达 97%，但也存在大水漫灌的现象，造成水资源的极大浪费。随着工业化、城镇化快速发展，工业用水产生更大价值可能会更多挤占农业用水，因此农业用水面临供给严重不足的趋势。①

3. 农业产业链条存在短板

山东省是粮食主产区和农业大省，但农产品精深加工不足，农产品自有品牌市场占有率不高，农业产业链、供应链、价值链存在短板。例如：农业产业链存在"堵""断"问题，德州禹王集团的大豆深加工产业受制于大豆原料供应不足，宜瑞安等玉米深加工企业受制于玉米原料标准难以控制，希森集团受制于下游马铃薯深加工水平不高。

---

① 杨飞. 山东省粮食生产与水供应情势分析 [J]. 粮食经济研究，2018，4（1）：53-66.

三、山东粮食与主要农产品生产对策建议

1. 完善政策支持体系，提升农民种粮积极性

一是大力宣讲并严格执行《中华人民共和国土地管理法》，禁止任何单位和个人闲置、抛荒耕地。二是落实国家关于粮食安全和重要农产品保障战略，立足山东省资源优势、产业基础，明确发展重点，优化区域布局，完善农业支持保护制度，推动粮棉油、瓜果菜、肉蛋奶、畜禽和水产品生产稳定发展、提质增效。严格执行国家粮食收购政策，落实耕地地力保护补贴等惠农政策，调动和保护农民种粮积极性。三是加强农业基础设施建设和农技应用。加大农业基础设施建设和科技投入，使灌溉、交通得到保障，大力推广农业科技，改良土壤，提升耕地质量，实施因地制宜种植，确保增收增效。加强农产品加工、仓储、物流等基础设施建设，搞好粮食、生猪、植物油等重要农产品的存储、调剂和供应，维护市场供求稳定。四是加快土地流转和农业生产要素集聚，推进规模化经营。建立和完善农民专业合作社，提高土地利用效率和农业规模化、机械化、技术化程度。

2. 加快农业全产业链建设，提升农业整体效能

一是加快发展特色高效农业。在稳定粮食产能基础上，依托全省山地、丘陵、平原、沿河、沿海等地形资源丰富优势，因地制宜发展具有地方特色的优势产业，培育农业特色产业"单项冠军"。例如：实施"山东大豆振兴"计划，扩大玉米与大豆轮作范围，提高大豆供给水平。紧抓马铃薯主粮化机遇，发挥山东马铃薯种薯研发水平较高优势，扩大马铃薯种植面积，推动产业链向下延伸。二是加快培育农业"头部企业"。带动发展一批农业产业化联合体（农业龙头企业群），促进主体联合、要素聚合、产业融合。实施"农产品加工强县"培育计划，提升农产品精深加工水平，发展中央厨房、主食加工、果

蔬净菜鲜切等新业态，把产业链条向消费终端延伸，让产品更接近消费者、更接近市场。

3. 加快农业科技应用，推动科技创新赋能

一是加强种业科技创新与种植业、畜牧业、渔业的深度融合发展，打造"政产学研用融"紧密合作的创新生态，建立共享技术平台，建设具有较强竞争力的种业集群，增强产业链韧性，提升产业链水平，充分发挥种业的先导性、引领性作用。二是加快培育数字农业新动能。建设一批智慧农业应用基地。培育"互联网+订单农业"，建立产销衔接服务平台，促进消费需求与农业生产高效匹配。大力发展农村电商，积极推动电子商务进农村综合示范工作。三是健全完善流通体系。解决农产品出村进城"最初一公里"问题，在乡镇、中心村和田头市场布局建设仓储保鲜设施，推进现代物流中心和大型批发交易市场建设，健全完善的冷链物流网络。

4. 推进农业社会化服务，创新农业生产经营模式

一是推进标准化生产。有效运用物联网、大数据、节水灌溉、测土配方、生物防治等新技术，提升农产品生产基地组织化、规模化、标准化水平，完善农产品质量安全体系。二是推进社会化服务，创新农业生产经营模式。整合农资、农机、农艺、技术、信息、人才等各类生产要素，提供整套科学专业的生产托管服务，提升农业生产经营规模化、集约化、专业化、信息化水平，为农户提供产前、产中、产后一条龙服务。帮助生产者实现"高产量、高品质、高效益"；让消费者吃到绿色、安全、放心的农产品。

山东农业产业化与规模化
发展报告

董德利　丁萃华*

摘　要： 山东省在全国较早开始实施农业产业化发展战略。近两年，山东省着力在创新发展理念、培育多元主体、推进产业融合、提升发展质量、搭建发展平台、完善利益机制等方面下功夫，持续深化、拓展、创新、提升产业化、规模化经营模式，发展势头良好，成效显著，全省农产品出口额连续21年全国第一，建设了全国数量最多、面积最大、种类最全的出口食品农产品原料种养殖基地，建成全国首个出口食品农产品质量安全示范省，一批龙头企业做大做强，一批新型农业经营主体发展壮大。同时，山东农业发展也面临如何进一步提高农业产业发展质量、增强技术支撑、提高农民参与积极性、推动农民持续增收等难题。对此，建议强化"名优特新"高端示范；推动农村一二三产业融合发展；拓展乡村特色文创旅游；加快"互联网+"驱动发展；引导工农融合共进；加快农业对外开放。

关键词： 产业化；规模化；农业；山东

山东农业产业化的实践始于20世纪80年代中期，1993年正式提出和实施了农业产业化经营战略。多年来，全省坚持以改革创新增动

---

* 作者简介：董德利，中共山东省委党校（山东行政学院）新动能研究院，教授。丁萃华，中共山东省委党校（山东行政学院）社会和生态文明教研部，副教授。

力、添活力，把农业产业化经营与农业农村经济结构战略性调整、农村城镇化、经济国际化、农业现代化相结合，特别是把产业化发展、规模化经营作为实现农业现代化的重要方式，坚持以农户家庭经营为基础，加大力度培育新型农业经营主体和服务主体，加快发展多种形式适度规模经营，健全面向小农户的农业社会化服务体系，进一步巩固和完善农村基本经营制度，全面提升规模化水平，促进乡村产业高质量发展，并取得了积极成效。

一、山东农业产业化发展现状

山东省受益于全国较早开展的农业产业化经营，着力在创新发展理念、培育多元主体、推进产业融合、提升发展质量、搭建发展平台、完善利益机制等方面下功夫，持续深化、拓展、创新、提升产业化经营模式，全省农产品出口额连续 21 年全国第一，建设了全国数量最多、面积最大、种类最全的出口食品农产品原料种养殖基地，建成全国首个出口食品农产品质量安全示范省，一批龙头企业做大做强，一批新型农业经营主体发展壮大。

（一）山东农业产业化成效显著

1. 产业质效优化提升加快

山东省坚持扛牢农业大省责任，深入实施"藏粮于地、藏粮于技"战略，2020 年新建 557 万亩高标准农田，全省将累计达到近 6000 万亩。全省粮食播种面积稳定在 1.2 亿亩以上，粮食产量连续 7 年过千亿斤。山东省政府新闻办举行发布会提供的数据显示：[①] 2020 年，山东省全年粮食总产量 5446.8 万吨，比上年增加 89.8 万吨，增长

---

① 2020 年山东农业生产总体稳定，粮食产量再创历史新高，齐鲁网，http://news.iqilu.com/shandong/yuanchuang/2021/0119/4757901.shtml。

1.7%，总产量始终位居全国前列。粮食单产实现新突破，全年亩产达到438.5千克，比上年增加8.9千克，增长2.1%。畜牧产能持续恢复，全年猪牛羊禽肉产量721.8万吨，比上年增长3.3%。其中，禽肉产量357.1万吨，增长7.0%；猪肉产量271.0万吨，增长6.4%；禽蛋产量480.9万吨，增长6.8%；牛奶产量241.4万吨，增长5.9%。实施"粮改饲"试点项目，完成青贮专用玉米、苜蓿、燕麦草等收储利用150万亩。现代渔业加快发展，水产品储备较足，农业产业结构进一步优化。

2. 融合集聚发展优势凸显

一是农村第一、第二、第三产业融合发展加快，农产品市场流通体系更加健全，注册资金过千万元的冷链物流企业发展到200余家，冷库2200余座，网络化、标准化、规模化的冷链物流体系初步构建。深入实施品牌强农战略，全省共推出60个省知名农产品区域公用品牌、500个省知名企业产品品牌。二是现代农业集群化、园区化发展。"烟台苹果""寿光蔬菜"获批创建千亿级国家优势特色产业集群，首批4个现代高效农业产业集群纳入十强"雁阵形"产业集群培育支持范围。积极推进现代农业产业园建设，截至2020年底，山东省累计获批国家级现代农业产业园8家，批准创建省级产业园52家，推动各市建设市级产业园203个，县级各类产业园区1300多个，全省四级联创、梯次推进格局基本形成。三是乡村旅游、农村电商、"智慧农业"等新模式新业态蓬勃发展。2019年，全省乡村旅游接待5.4亿人次、实现消费2709.9亿元，培育了一批乡村旅游集群片区、精品旅游小镇、乡村旅游示范园区。统一山东省智慧农业应用基地创建认证标准，累计建成益农信息社6.5万个，行政村覆盖率达到95%。济南、青岛、潍坊三市智慧农业试验区建设加快推进。

3. 产业动力活力更加强劲

一方面，新型农业经营主体蓬勃发展。全省家庭农场、农民合作社、龙头企业、社会化服务组织和农业产业化联合体等各类经营主体发展到近50万家，全省销售额500万元以上农业龙头企业达到9600家。其中，国家级重点龙头企业106家、省级901家；参与产业化经营的农户超过1800万户。另一方面，要素供给明显优化。深化涉农资金整合：2020年，省级安排乡村振兴战略资金655亿元，比上年增长9.5%；纳入涉农资金统筹整合范围的乡村振兴重大专项资金460亿元，比上年增长15%。加大金融支持力度，支持蚂蚁金服开展县域数字化普惠金融项目，放款555.4亿元。加强用地保障，印发《设施农业用地管理办法》，截至2020年底，已盘活用地24.9万亩。

4. 农业对外开放水平不断提升

深入落实《粤港澳大湾区"菜篮子"建设合作框架协议》，在寿光、莘县设立大湾区"菜篮子"山东省配送中心，全省70家农业生产加工企业被认定为大湾区"菜篮子"生产基地，实现销售量3.8万吨，销售额3.4亿元。制定《山东省农产品出口产业聚集区认定管理办法（试行）》《山东省农产品出口示范基地认定管理办法》。2020年1—6月，全省农产品进出口额1159.2亿元，同比增长6.5%。其中，农产品进口额566.5亿元，同比增长7.6%；农产品出口额592.7亿元，同比增长5.5%。

（二）山东推进农业产业化力度加大

1. 创新发展理念，打造农业产业化的"升级版"

2002年、2008年、2012年，先后三次以省委、省政府名义出台了扶持龙头企业发展、深化农业产业化经营的政策性文件，启动实施了"515"工程（用5年时间，投入财政信贷资金100亿元，重点支持500家龙头企业做大做强）、"五十百千万"工程（用5年时间，在10大优势产业中培育100家在国内具有行业领先地位的国家级龙头企业，扶持1000家骨干型省级龙头企业，发展10000家以"一村一品"

和农民专业合作社为代表的各类农业产业化组织），农业产业化经营逐步成为农业发展的主要经营方式和组织方式。2018 年 3 月和 6 月，习近平总书记先后两次对"诸城模式""潍坊模式""寿光模式"给予充分肯定。近年来，山东相继出台《关于加快发展农业新"六产"的意见》《山东省农业新"六产"发展规划》《山东省农业新"六产"发展检测指标体系》等政策文件，持续创新农业产业化经营，重构和提升传统农业产业体系、生产体系和经营体系，推进产业链相加、价值链相乘、供应链相通"三链重构"，打造农业产业化"升级版"。2019 年以来，山东省又在创新提升"三个模式"上持续发力，推进打造乡村振兴齐鲁样板潍坊先行区，在全省逐步形成全环节提升、全链条增值、全产业融合的发展格局。

2. 培育多元主体，加快构建新型农业经营体系

围绕形成新的农业经营体系，山东省着力推进农业龙头企业高质量发展，规范引导农民合作社、家庭农场等健康发展，逐步构建起庞大的组织群体和网络。一是做大做强龙头企业。坚持引育并重，实行省、市、县三级联创，在现代种业、农产品加工、物流仓储、电子商务等领域，培育了一批骨干龙头企业。修改完善省级农业龙头企业认定标准，将新产业、新业态纳入认定范围，开展认定监测，实行动态管理。二是规范提升农民合作社。逐级建立政府优先扶持目录，探索建立合作社退出机制，清理和淘汰"空壳社"和"挂牌社"，推进合作社规范有序发展。三是大力发展家庭农场。支持引导家庭农场进行规模化、标准化、专业化、生态化生产，鼓励家庭农场开展农产品直销，创建家庭农场省级示范场，树立典型样板。四是培植壮大农业产业化联合体。出台加快推进农业产业化联合体发展的实施意见，组织开展联合体示范创建等工作，鼓励引导龙头企业联合上下游经营主体、科研院所等，组建农业产业化联合体，打造产业发展联合舰队。五是鼓励引导工商资本投资农业农村、助推乡村振兴。出台了加快推动乡

村振兴的支持政策，引导工商资本发展现代种养业和加工服务业。

3. 推进产业融合，催生农业产业新业态

近年来，山东创新推进农村第一、第二、第三产业融合新路径模式，着力塑造终端型、体验型、循环型、智慧型"四型发展"新业态。一是打造全产业链发展。积极推广"生产基地+中央厨房+餐饮门店""生产基地+加工企业+商超销售"等产销模式，构建农产品从田间到餐桌、从初级产品到终端消费无缝对接的产业体系，塑造终端业态。全省规模以上农产品加工企业数量、销售收入稳中有进，分别占全国总量的13%、17%，居全国首位。二是实现产业功能拓展增效。积极开展休闲农业和乡村旅游示范创建等工作，引导各地挖掘地方特色农产品、传统农耕文化，引入创意元素，进行系列化开发、商业化利用、产业化经营，构建集生产、生活、生态功能于一体的农业产业体系，塑造体验型业态。2019年，全省乡村旅游经营户达8.4万户，从业人员超54万人，实现乡村旅游消费2955亿元。三是推动产业立体循环可持续发展。深入推进"四减四增"三年行动，调整农业投入品结构，强化农业内部循环利用，培植农业废弃物和加工副产物资源化利用的典型，推进加工副产物梯次利用，构建生态保护与效益并举、可持续发展的产业体系，塑造循环型业态。全省化肥农药使用量继续保持负增长，畜禽粪污综合利用率达到86.75%，农作物秸秆综合利用率超过90%。四是推进产业智慧化、智慧产业化。出台加快全省智慧农业发展的意见，组织实施大数据应用、智慧农业应用、智慧营销、智慧物流、信息进村入户、智慧人才培育六大工程，着力构建新型智慧农业产业体系，塑造智慧型业态，全省农村电商网络零售额813亿元，农产品网络零售额达221亿元。

4. 提升发展质量，增强农业产业化综合竞争力

着力从科技、质量、品牌、市场等方面集聚资源、协同发力、统筹推进。一是推进龙头企业科技创新。组织科企对接活动，加快科技

成果转化，鼓励支持龙头企业建立研发机构，开展新品种、新技术、新工艺研发，走自主创新与技术改造相结合的道路。省级以上重点龙头企业科技研发投入 162 亿元，690 家企业建有专门研发机构。二是强化质量安全监控。围绕原料生产、产品加工、商品销售全过程，建立健全企业质量安全管理体系，着力打造生产安全、全程可追溯体系，716 家企业建有专门质检机构。三是提升优质品牌效应。建立层级递进的品牌培育与推广机制，促进企业由追求生产加工规模向提高品牌效应转型，推动山东从农产品生产加工大省向品牌农业强省转变。累计推出知名农产品区域公用品牌 47 个、企业产品品牌 400 个，培育了鲁花、龙大、张裕、西王、菱花、得利斯、好当家、德州扒鸡、东阿阿胶等一系列知名品牌。四是坚持农业国际化发展道路。利用好国内国际两个市场、两种资源，全面提高农业市场化水平和国际竞争力，农产品出口遍及全世界 160 多个国家和地区，是全国首个农产品出口规模超千亿元的省份，连续 20 年领跑全国，首个国家农业开放发展综合试验区落户潍坊。

5. 搭建发展平台，促进优势特色产业集群集聚

大力实施"一村一品"强村富民工程，搭建起一村一品与农业产业化经营相互融合、共兴共荣的发展机制。在粮油、果菜、畜牧、水产四大主导产业和食用菌、茶叶、中草药等特色产业上培育了一大批"一村一品"专业村镇，全省专业村镇达到 6000 多个，其中国家级示范村镇 207 个，建设农业产业强镇 43 个。引导优势产业向优势产区集中、优势产品向优势企业集中，通过加强融资担保、技术研发、质量检测、物流信息等公共服务平台建设，强化信息宣传、技术指导、品牌推介等综合服务，建设农产品加工园区、现代农业产业园，实现企业集群、产业集聚的发展格局。全省集聚 5 家以上国家、省级重点龙头企业的县（市、区）达到 95 个，共有国家农业产业化示范基地 19 处，创建国家现代农业产业园 7 个、省级产业园 52 个，建设了莱阳市

食品工业园、济宁市食品工业开发区等一批各具特色的农产品加工园区。目前，全省已经形成了粮食、棉花、花生、蔬菜、果品、茶叶、肉类、乳品、林木、水产品十大加工流通产业集群。

6. 完善利益联结机制，提高现代农业发展水平

充分发挥农业产业化经营在农民就业增收中的重要作用，以利益共享为目标，构建多样化、多元化、多形式的利益联结机制，促进小农户和现代农业发展有机衔接。一是推广"龙头企业+合作社+基地+农户"等经营模式，延伸产业链条，提升产业效益，完善分配机制，让农民更多地参与分享产业增值收益，实现持续增收。二是鼓励农民合作社和农户通过劳动力、资金等多种方式入股龙头企业，实现龙头企业、农民合作社和农户的深度融合，逐步形成产前、产中、产后配套完善的农业产业链。三是引导村企互动、以企带村、以村促企，培植壮大企业原料生产基地，稳定村企长期合作关系，实现乡村产业发展与企业发展互为依托、互利共赢。总结形成了覆盖面广、农民受益的"六金一利"利益联结模式，即订单农业有"订金"、基地就业有"薪金"、土地流转有"租金"、承包管理有"酬金"、超产分成有"奖金"、风险防范有"基金"、参股经营有"红利"。全省参与农业产业化经营的农户超过1800万户，省级以上龙头企业发展生产基地4164万亩，主要农产品原料采购值超过4000亿元。

7. 综合施策，农业高质量发展成效明显

截至2019年底，省级农产品质量安全县达到77个，3市18县被命名为国家级农产品质量安全市县。各类农业地方标准、技术规程2500多项，全省知名农产品区域公用品牌和企业产品品牌总数分别达到47个和400个，居全国首位，"三品一标"有效用标总数达9170个。扎实推进农业绿色发展，加强农药生产经营管理，实施农药零增长行动，全省畜禽粪污综合利用率达到87%。国家农业开放发展综合试验区建设进展顺利，省部共建全国蔬菜质量标准中心组建运营，与

广东省签订粤港澳大湾区"菜篮子"建设合作协议，并在潍坊、聊城设立了两个粤港澳大湾区"菜篮子"产品配送分中心。农产品出口势头良好，继续领跑全国。

8. 推动科技进步，农业科技支撑能力持续增强

2019 年，全省主要农作物良种覆盖率达到 97% 以上，农业科技进步贡献率达到 63.9%。省现代农业产业技术体系创新团队总数达到 27 个。小麦高产攻关试验田先后三次刷新全国冬小麦小面积单产最高纪录。农作物耕种收综合机械化率达到 86% 以上，已创建国家级主要农作物全程机械化示范县 45 个，居全国首位。

9. 强化制度创新，农村改革扎实推进

2019 年，全省基本完成农村集体资产清产核资，99.99% 的涉农村（组）清查资产 5843.69 亿元，98.92% 的村（组）完成成员身份确认。农村土地制度改革不断深化，土地流转面积 3589.7 万亩，占家庭承包经营总面积的 38.7%。扎实推进县域农村综合产权流转交易市场建设，实现交易额 220 亿元。有序推进渔港综合管理改革，落实渔船进出港报告制度。农业保险改革力度不断加大，农业大灾保险试点县由 20 个增加到 50 个。长岛海洋牧场"保险+信贷"项目入围农业农村部 2019 年金融支农创新项目政府采购清单，是全国唯一获批的海洋牧场类保险项目。

二、山东农业规模化经营现状

大力发展多种形式农业适度规模经营，是保障粮食和农产品安全、增强农产品竞争力的有效抓手，是强化农业基础地位、加快农业现代化建设的必由之路，是促进农民持续增收、保持农村和谐稳定的重要途径。所谓农业规模化经营，就是通过适当扩大生产经营规模，对土地、劳动力、农资、农机、农技等生产要素的优化配置和产前、产中、

产后等环节合理组织，实现叠加协同效应，从而提升农业生产效率，取得最佳综合效益的农业生产经营和组织形式，是实现农业农村经济快速发展、推动产业振兴的内在要求和必然趋势。

（一）山东农业规模化经营发展势头良好

从根本上说，山东省农业适度规模经营主要是通过土地的规模化和服务的规模化来实现。一是土地流转。在坚持土地"三权分置"的前提下，引导农户将土地经营权向新型农业经营主体、现代农业园区、田园综合体等载体流转，促进了土地规模化经营。二是农业社会化服务。针对目前农业劳动力非农就业比例大、雇工成本高、农户不愿意放弃土地经营权的现实，在不改变家庭经营的前提下，由社会化服务组织与农户签订服务合同，为农户提供产前、产中、产后等多环节托管和全程托管服务，从而实现农业生产规模经营效益。

1. 土地流转带动的规模经营

自 2008 年党的十七届三中全会明确提出发展土地流转型适度规模经营已有十余年，山东省土地流转率截至 2019 年底已达到 42.3%。从土地流转形式看，主要有出租（转包）、转让、互换、入股、其他五种方式，分别占 85.4%、1.3%、5.8%、4.7%和2.7%，可见，出租是当前实现农业规模经营的主要实现形式。从土地流转去向看，主要有转入户、专业合作社、企业和其他主体，分别占 52.5%、23.2%、13.5%和10.8%，目前以流转给规模户和专业合作社为主。其中，流转土地用于种植粮食的占流转总面积的 43.2%；从流转率来看，由于自然禀赋不同，各地发展不平衡，流转率最高的东营市达 57.2%，比全省高出 15 个百分点。

2. 社会化服务带动的规模经营

山东省高度重视服务带动性规模经营，省委将社会化服务体系建设列入乡村振兴七大重点任务，把农业社会化服务作为"重点工作攻坚年"重点任务，纳入乡村振兴考核。据农业管理部门统计，截至2019 年底，全省农业生产托管服务面积 1.46 亿亩次，其中小农户托管面积 1.10 亿亩次，占 69.2%。通过农业生产社会化服务，带动737.8 万小农户发展适度规模经营，占未流转土地农户的 65%。目前，全省农业生产托管服务组织达 4.8 万个，散小农业服务专业户占56.9%，农民专业合作社占 28.5%，是提供社会化服务的主要力量；服务本村的农村集体经济组织占 7.2%，管理规范、服务标准的农业服务企业刚刚起步，仅占 4%，但发展势头迅猛。2019 年，山东省首次评定出 208 家农业生产社会化服务省级示范组织，并评选了 10 个省级典型案例，金丰公社、丰信农业、高密宏 3 个农业服务型企业被评为首批全国农业社会化服务典型案例，是典型案例最多的省份。

（二）山东省农业规模化经营形式多样

山东省农业适度规模经营的具体实现形式多种多样，不同地区、不同阶段、不同资源禀赋、不同生产经营性质、不同的种养品种所对应的实现形式均不相同，而新型经营主体是规模经营的主要依托，其注重发挥"主力军"作用，促进土地规模经营多元化发展。

1. 家庭农场及规模户流转型

近年来，各地根据资源禀赋、产业优势和种植养殖传统组建家庭农场，推动农业的规模化、集约化、商品化生产。截至 2020 年，全省家庭农场及规模户数量已达 16 万家。高密市金盟凯家庭农场已流转1000 多户的土地 6300 亩，种植优质小麦、甜玉米、糯玉米 3000 亩，种植蔬菜 3000 亩。昌乐县种粮大户张建勋流转 2000 亩土地，规模种植小麦、玉米和白萝卜，通过土地化零为整、集中生产经营、应用新技术新设备，降低了生产成本，提高了土地产出率。

2. 农民专业合作社连接型

合作社充分发挥其组织引领、示范带动、技术服务和购销渠道优势，通过土地股份合作和服务带动促进规模经营。截至 2020 年，全省农民专业合作社 21 万家，其中基层党支部领办合作社 2.1 万家。青州市南小王村党支部以土地流转和规模化经营为手段，领办了晟丰土地股份专业合作社，将全村 108 户村民、508 亩土地全部流转给合作社统一经营，采取"固定租金+浮动分红"的分配方式，实现了村民收入和村集体收入双增的局面。

3. 农业社会化服务组织托管型

各地根据农民需求和当地农业服务业发展的实际，依托当地产业优势、资源优势，探索创新了"服务组织+村集体经济组织（含党支部领班合作社）+农户""一站式"乡镇综合服务等组织模式，"整村托管""整乡托管"等工作模式，"互联网+菜单式托管""保姆式托管+订单式销售+合作式信贷"等技术托管模式，实现了服务型规模化经营。比较典型的有：一是粮食作物整村托管模式。高密市宏基农机专业合作社自 2017 年起开展了"整建制村庄托管"，由村两委牵头引导农户将承包土地加入到合作社，与宏基合作社签订服务契约，在耕种、植保、收获、烘储、农资供应、粮食销售等环节，推行全程农业生产规模化、专业化服务。2020 年，高密市咸家工业区全部 24 个村庄 3.9 万亩耕地实现了"整镇托管"，带动 3000 多农户增收。二是经济作物全程托管模式。淄博思远农业通过系统开展生产服务的集成和研发，构建了设施、土壤、种苗、栽培、环境、肥水、植保管理 7 个关键环节精细化管理的技术标准，从而帮助生产者实现高质量、高品质、高效益，推进全程规模化标准化托管服务；山东沃华农业科技公司采用工业化理念发展农业，探索大葱社会化服务模式，建设 240 亩育苗中心，服务周边 4 万亩大葱种植。三是"互联网+"一站式种植服务。济南丰信农业以服务平台为依托，整合线上线下各类生产要素，利用互联网、大数据、人工智能等信息化技术，为小农户、家庭农场、合作社等农业经营主体，提供从种到收的标准化全程或菜单式托管服务，2020 年 1—5 月服务农户数新增 8.25 万人，以服务规模化推动农业生产规模化。

4. 农业龙头企业带动型

近年来，各地充分发挥龙头企业对小农户带动作用，通过流转土地、订单收购、保底分红、村企对接等多种形式，促进农业生产向规模化方向发展。截至 2020 年，全省县级以上重点龙头企业 6586 家，其中，国家级龙头企业 106 家、省级龙头企业 919 家。山东琨福农业科技有限公司致力于大姜生产，与 127 户农户签订种植协议，采取"公司+基地+农户+市场"的经营模式，公司实行种苗、农资、技术、品牌、销售的"五统一"管理，带动周边 1.6 万户农户种植大姜，实现了大姜种植的规模化生产。

三、山东农业产业化发展与规模化经营面临的问题

山东省农业产业化推进、规模化发展取得明显成效和积极进展，但也面临一些困难和问题，主要体现在以下方面：

1. 农业产业发展质量有待提高

山东省作为农业大省，主要农产品在全国市场份额占比较高，外向度也比较高，但绝大部分还是原产品、初级产品，核心竞争力不强，精深加工产品比例不高，特别是全省品牌农产品销售量不到全国市场份额的 1/20，出口产品自有品牌较少。

2. 农业产业技术支撑不够强

农业先进适用技术创新不足，研发队伍力量较为薄弱，全省农业研发机构大部分力量集中在产中阶段，其中大部分又集中在种植业，在一些农业基础性前沿技术、关键核心技术等方面，创新成果不够多，自主研发步伐仍需加快。

3. 农民参与的主动性不够

农村产权制度改革多是靠各级党委政府强力推动，农民参与改革的内生动力不足、参与深度不够。农村集体资产权能没有充分发挥，村集体资产较少，特别是经营性资产少，集体资产股权价值不明确，股权权能实现形式探索不够。少数农村主要还是靠资产出租、资源流转，农业产业发展任务仍然艰巨。

4. 农民增收潜力不足

农民经济收入主要来源于第一产业，全省粮食播种面积占农作物总面积的75%以上，经济、饲草料作物比例偏低，尤其种植粮食作物的亩均收益较低，很大一部分农民在乡村产业发展中是作为原料提供者和打工者参与到农业产业链中的，农民在农业价值链竞争中缺少优势和竞争力，农民持续增收压力较大。

四、山东农业产业化发展规模化经营对策建议

1. 强化"名优特新"高端示范

以寿光、安丘、金乡、兰陵、莘县蔬菜种植，栖霞、莱阳、福山、蒙阴、肥城、沂源、沾化果品种植，菏泽、平阴、青州花卉种植，日照、青岛崂山、泰山茶叶种植，高青黑牛、博兴白对虾养殖，烟台、威海高端海产品养殖等为代表，聚焦"名优特新""三品一标"等优质特色农产品，推动农业产业化、规模化、标准化和品牌化发展。一是做强主导产业。在充分考虑当地产业传统、资源禀赋的基础上，选取1—2个主导农产品集中力量建设高品质农产品生产基地。二是发挥好政府"有形之手"与市场"无形之手"的共同作用。以市场为导向做好科学规划，持续不断加大政策扶持和要素投入。三是大力实施绿色品牌战略。高度重视农产品质量安全，增品种、提品质、创品牌，主攻中高端消费市场。四是加大科技研发和推广，强化农技培训和新

技术、新成果应用。五是健全配套服务。延伸产业链条，配套建设农产品集散中心和物流、电商园区，通过精深加工提升农产品附加值。

2. 推动农村一二三产业融合发展

以潍坊的中国食品谷、荣成休闲渔业，以及中裕、得利斯、龙大、鲁花、鑫诚、京鲁渔业等农业"新六产"企业为代表，以"三链重构"打造农业产业化的升级版，吸引要素集聚、跨界配置，引导农业由传统生产环节向加工、流通、服务等纵向延伸，农业功能由单一生产向休闲观光、农事体验、文化传承等横向拓展，深入推进贸工农一体化、产加销一条龙、一二三产业融合发展，提高农业综合效益，拓宽农民增收渠道。形成从田间到餐桌、从初级产品到终端消费无缝对接的产业体系；构建"资源—产品—废弃物—再生资源"循环产业链；利用新技术对传统农业改造升级，提升农业智慧监管水平；推进农业与旅游、教育、文化、康养等产业深度融合，发展休闲农业、会展农业等新业态。

3. 拓展乡村特色文创旅游

以淄博市博山区中郝裕村，荣成市东楮岛村和西霞口村，沂南县竹泉村，青岛市城阳区棉花社区，淄博市淄川区瑞士村，五莲县松柏镇，枣庄市山亭区洪门村，青岛市黄岛区张家楼画家村以及朱家林、沂河源田园综合体等为代表，这类乡村大多邻近山、水、林、海、湖，拥有独特的自然资源，有些地方是具有丰富人文历史景观和底蕴的古村落。按照"绿水青山就是金山银山"的理念，统筹山水林田湖草系统治理，挖掘特色文化，传承历史记忆，提升乡村生态、文化、休闲、观光等功能，实现"望得见山、看得见水、记得住乡愁"，促进农业从生产向生态生活、从物质向精神文化功能拓展。一是实施专业规划。依照全域旅游的理念，结合本地优势确定主题特色，引进专业机构规划设计，开展项目招商。二是挖掘特色文化。弘扬齐鲁优秀的传统民俗文化、农耕文化和红色文化，赋予其新内涵、新载体，让优秀的传统文化可触可感可学，打造各具特色的文旅小镇或田园综合体。三是开展民宿体验。对海岛、山区古村落等进行修复整理，增加时尚创意元素，建设精品民宿。四是打造"吸睛"品牌。举办文博会、菜博会、糖球会等各类节会，在近郊开发家庭农场，创建农耕体验地和网红"打卡地"。

4. 加快"互联网+"驱动发展

以寿光智慧农业云平台，庆云智慧农业工厂，曹县淘宝电商小镇，莱西农产品智慧物流以及烟台大樱桃、苹果上网销售等为代表，互联网已经应用到山东省农业从生产到销售、从田间到餐桌的整个过程，重塑了农业生产方式、经营模式，对农业农村现代化日益发挥着"四两拨千斤"的重要作用。下一步，一是运用新一代互联网技术改造提升传统农业，加快农业物联网应用，推进农产品标准化生产、订单式销售，确保质量安全可追溯，提高劳动生产率。二是加快电商平台建设，对农产品进行品牌整合和跨区域快捷销售，减少中间环节，实现线上线下双向联动、打通经脉。三是搭建智慧农业共享平台，整合农业龙头企业、新型经营主体、高校院所、金融基金等优质资源，推动各类农业要素集聚、开放与共享，实现多产业深度融合发展。四是通过电商搭建创业和销售平台，探索"政府引导+能人带动+草根创业+规模集聚+农民参与"的路子，依托本地资源优势或劳动力优势，大力发展本地特色工业，推动乡村工业化，产业集群化。

5. 引导工农融合共进

以邹平市魏桥镇，博兴县经济开发区吕艺镇京博集团，龙口市南山村，诸城市昌城镇，武城县鲁权屯镇，滕州市大宗村以及众多处于城乡接合部的乡村，部分中心镇等为代表。下一步，一是继续坚持以工业或商贸流通业强村立镇，全力打造优势主导产业，大企业与中小企业共生共荣，产业基础雄厚，集群化趋势明显。二是同步推进城镇化，建设现代住宅社区和配套设施，集聚大量以务工为主的就业人群。

通过政社合一、联合发展，中心村合并周边村，集聚土地、劳动力、智力等生产要素，走出一条由企业主导的就地城镇化新路。三是充分发挥区位优势，开展招商引资、招才引智，推动产业升级。四是坚持以城带乡、以工哺农，工商业积累的资本、人才、技术等要素要投入现代农业，实现安居与乐业并举，形成人、企业与社会良性互动的局面。

6. 加快农业对外开放

发挥山东省农业产业比较优势，继续加大、积极培育农业产业基地，培育国际知名的特色农产品，培育大型跨国农业集团公司，积极开展"境外农业合作示范区"和"农业对外开放合作试验区"建设试点工作。积极融入粤港澳大湾区"菜篮子"建设，加快建设包括冷链物流在内的山东省农产品配送中心。有重点地组织企业参加外展外销，鼓励企业参加质量标准认证和名牌创建工作。

山东新型农业经营主体发展报告

董德利*

摘　要：近两年，山东省积极践行新发展理念，重点围绕规模经营、绿色发展和社会化服务，着力解决农业现代化和小农户如何对接大市场的难题，大力培育农业新型经营主体和高素质农民，发展多种形式的适度规模经营，农民合作社、家庭农场等一大批新型农业经营主体不断涌现，产业带动作用初见成效。但也存在新型农业经营主体发展规模有限、缺乏必要的产业支撑、与农户间利益联结机制不稳定、社会化服务仍需加强等问题。建议科学规划布局，引导各类农业经营主体高质量发展；促进关键要素集聚，解决经营主体发展的基础问题；加强组织协调和引导，把优惠政策落到实处；完善各类社会化服务体系，打造利益共同体；深化农村制度改革，继续优化农业农村市场环境。

关键词：新型经营主体；农业；山东

党的十九大提出，要发展多种形式适度规模经营，培育新型农业经营主体，健全农业社会化服务体系，实现小农户和现代农业发展的有机衔接。2020年，中央一号文件强调，重点培育家庭农场、农民合作社等新型农业经营主体，培育农业产业化联合体，通过订单农业、入股分红、托管服务等方式，将小农户融入农业产业链。作为农业大省，山东省积极践行新发展理念，重点围绕规模经营、绿色发展和社

---

*　作者简介：董德利，中共山东省委党校（山东行政学院）新动能研究院，教授。

会化服务，着力解决农业现代化和小农户如何对接大市场的难题，农民合作社、家庭农场等一大批新型农业经营主体不断涌现。山东省人民政府在《山东省整体推进新型农业经营主体发展实施方案（2016—2020年）》中提出：到2020年，新型农业经营主体发展规模进一步扩大，种植规模50亩以上的种粮大户发展到7万户；家庭农场8万家，经营土地面积1200万亩；农民合作社入社农户达到650万户；规模以上龙头企业超过1万家，年销售收入过亿元的达到3100家。

一、山东新型农业经营主体发展现状

近两年来，山东省大力培育农业新型经营主体和高素质农民，发展多种形式的适度规模经营，新型农业经营主体数量稳中有升，产业带动作用初见成效。2019年，山东省农业"新六产"不断培育壮大，累计培育家庭农场达7.3万家，农民专业合作社21.0万个。累计培育高素质农民40万人。农村电商快速发展，实现农产品网络零售额294.6亿元，比上年增长38.6%。认定省级休闲农业和乡村旅游示范县11个、示范点28个，山东最美休闲乡村37个，齐鲁最美田园35个，省级休闲农业精品园区（农庄）32个。[①] 2020年，家庭农场达到8.2万家，农民合作社22.3万家，销售收入过500万元的农业龙头企业超过1万家，其中国家级106家、省级901家，参与产业化经营的农户超过1800万户。社会化服务方面，供销、邮政、农机、烟草等部门（单位）积极向农村延伸服务，开展"保姆式"或"订单式"的全托管、半托管等模式的土地托管服务，全省农业生产服务面积达到1.46亿亩次，小麦、玉米已基本实现全程机械化作业。[②] 各类新型农业经营主

---

① 2019年山东省国民经济和社会发展统计公报，山东省人民政府网，http：//www. shan-dong. gov. cn/art/2020/3/2/art_98102_349957. html。

② 山东创新农业经营体制，家庭农场达8.2万家，齐鲁壹点，https：//baijiahao. baidu. com/s？id=1681311983315296961&wfr=spider&for=pc。

体主要立足当地实际和特色产业，发展规模化经营，提升产品质量和产业化水平，在产业信息、技术水平、市场开拓、资金投入方面具有相对优势，对提高农业组织化程度、促进农民增收致富等具有引领作用。

（一）家庭农场发展迅速

山东各地根据资源禀赋、产业优势和种植养殖传统，积极引导多元主体流转土地，建设家庭农场，推动农业规模化、集约化、商品化生产经营。2020 年 4 月，山东出台了《关于开展家庭农场培育行动的实施意见》，提出到 2022 年底，全省家庭农场省级示范场达到 1000 家，县级以上示范场达到 6000 家，支持家庭农场发展的政策体系进一步健全，家庭农场农业生产质量效益进一步提高，带动小农户增收致富能力进一步提升。家庭农场实现了从自然人到市场经营主体的转变，市场主体地位更加明确，市场意识逐步加强，通过土地化整为零，集中生产经营，应用新技术、新设备，降低了生产成本，提高了土地产出效益。截至 2020 年，全省家庭农场及规模户数量达 16 万家，规模效益明显。例如：高密市金盟凯家庭农场流转 1000 多户的土地 6300 亩，种植优质小麦、甜玉米、糯玉米和蔬菜等；昌乐县种粮大户流转 2000 多亩土地，规模种植小麦、玉米和白萝卜。目前，山东省家庭农场以种养业发展为主，生产经营规模较大的一般都从事粮食生产。

全省各类家庭农场的形成和演变主要有以下类型：一是农户家庭承包发展创办。农户依靠自身经验和技术的积累，流转其他农户的耕地，由家庭承包户经营扩大成为家庭农场。二是各类专业大户创办。许多农业、养殖业、渔业等专业大户，具备了规模经营的能力和经验，于是创办家庭农场。三是外出务工农民返乡创办。许多外出务工人员通过在外务工或经商积累了一些资本和经营管理的经验，回乡创办家庭农场。四是农民合作社领办人创办。一些农民合作社的领办人，在经营管理合作社的过程中，摸索掌握了规模化生产经营的经验，转办创建了家庭农场。五是社会资本下乡创办。各地的工商企业特别是农业龙头企业和一些社会资本,承租农村土地创办家庭农场。

(二) 农民专业合作社质效提高

自 2007 年《中华人民共和国农民专业合作社法》开始实施以来,山东省农民合作社呈现高速增长态势,截至 2020 年 6 月底,在省市场监督管理局注册登记的农民合作社数量达 21.46 万家,联合社 1903 家。① 山东农民合作社数量众多,但存在单体规模小、带动能力弱、运营不规范等问题。为促进农民合作社高质量发展,按照农业农村部有关要求,山东省积极开展农民合作社质量提升整县推进试点工作,2021 年初,山东省农业农村厅印发了《关于 2020 年省级农民合作社质量提升整县推进试点单位的批复》,确定了济南市莱芜区、商河县等 22 个县 (市、区) 为省级农民合作社质量提升整县推进试点单位 (见表 1)。近年来,山东农民合作社的发展呈现以下特点:

1. 农民合作社质量不断提升

截至 2020 年 6 月底,全省有县级及以上示范社 555 家、联合社 82 家,合作社有注册商标 962 个、绿色食品认证 102 个、有机食品认证 50 个、农产品地理标志 29 个,县级及以上示范社、联合社、商标及质量认证数比 2018 年分别增长了 33.7%、39%、18.9%。②

2. 党组织引领作用明显

截至 2020 年 6 月底,全省已建立村党组织领办合作社 11407 家。其中,领办土地股份合作社 3010 家,占比 26.39%;领办生产经营型合作社 6871 家,占比 60.23%;领办服务 (劳务) 型合作社 1218 家,占比 10.68%;领办综合类合作社 308 家,占比 2.70%。村党组织领办合作社累计带动 39733 户贫困户入社。2020 年以来,在克服新冠肺炎

---

①② 王乃生,潘东崛,孙红滨. 强力推动农民合作社提质增效 助力打造乡村振兴齐鲁样板 [J]. 中国农民合作社,2020 (8):6-9.

疫情影响下，全省村党组织领办合作社已实现了经营收入 15.12 亿元，实现村集体和群众互利共赢。

表1　2020 年省级农民合作社质量提升整县推进试点单位名单

序号	市	试点县
1	济南	莱芜区、商河县
2	青岛	胶州市
3	淄博	桓台县
4	枣庄	山亭区
5	东营	广饶县
6	烟台	栖霞市
7	潍坊	寿光市
8	济宁	曲阜市、邹城市、金乡县
9	泰安	肥城市
10	威海	文登区
11	日照	岚山区
12	临沂	蒙阴县、兰陵县
13	德州	平原县、禹城市
14	聊城	高唐县、阳谷县
15	滨州	滨城区
16	菏泽	成武县

资料来源：关于 2020 年省级农民合作社质量提升整县推进试点单位的批复，山东省农业农村厅，http://nync.shandong.gov.cn/zwgk/tzgg/tfwj/202012/t20201231_3503879.html。

（三）农业龙头企业带动作用明显

山东农业龙头企业规模数量不断扩大，产业化经营成效明显，对农民脱贫致富带动作用逐渐显现。截至 2019 年底，山东省拥有国家级农业龙头企业 106 家，居全国第一，省级龙头企业 901 家，市级 6155 家。带动农产品加工业营业收入 15079.6 亿元，同比增长 2.9%。根据山东省对全省 479 家农业产业化龙头企业开展的专项调查，479 家龙头企业经营范围涵盖种养业、农副产品加工业、生物产业、商贸流通等多个领域，涉农营业收入 5135.5 亿元，其中出口企业 186 家，创汇 60.3 亿元，电子商务企业 205 家，销售收入 220.1 亿元。龙头企业围绕转变农业发展方式，积极推进多形式、多层次、多领域的经营合作，有效整合土地、劳动力、资金、技术，实现了生产要素集约高效经营。龙头企业加快科技创新步伐，提高自主创新能力，培育出一批农产品及加工企业品牌和产品品牌。479 家龙头企业研发投入达 77 亿元，其中 271 家企业研发投入超 100 万元。以上龙头企业在自身发展的同时，充分发挥带动作用，通过股份合作、产销联动、利润返还等利益联结形式，带动小农户与现代农业有效衔接，帮扶建档立卡贫困户 3.1 万户，户均从企业获得收入 3756 元。[①]

(四) 农业社会化服务组织形式多样

山东着力开展多类型、多层次的社会化服务，不断拓展服务范围，提升服务水平，促进小农户与现代农业的有机衔接。特别是通过党支部领办合作社，实现了党支部政治功能、组织力和服务功能的深度融合，为发展集体经济、推动社会化服务和农民增收创造了有利条件。山东社会化服务组织发展呈现以下特点：

1. 服务内容向全过程多领域拓展

通过强化政策支持、完善标准规范、优化发展环境等措施，全省农业社会化服务得到长足发展，已经基本形成贯穿整个农业生产过程的服务链条，成为农业社会化服务大省。2019 年度农经统计年报显示：山东省服务主体 13.6 万个，约占全国的 15.2%，是全国数量最多的省份，其中农业服务企业、服务类合作社和村集体经济组织数量占全国的 10% 以上。全省社会化服务营业收入达 224.7 亿元，约占全国

---

① 山东对 479 家农业产业化龙头企业开展专项调查，中华人民共和国科技部，http://www.most.gov.cn/dfkj/sd/zxdt/202008/t20200803_158113.htm。

的13.3%。全省各类服务主体为888.7万个农业经营主体提供各方面服务，带动小农户737.8万户，社会化服务内容从大宗农作物逐渐向经济作物、特色农业拓展，从种植业向畜牧兽医、海洋渔业等领域推进。

2. 服务方式聚焦生产托管和要素叠加服务

农业社会化服务面广、链长，山东省聚焦产中服务，在农村人才队伍、农业生产的单项技术、农机装备等各方面持续发展的基础上，大力推进以农业生产托管服务为主的社会化服务，推动农户生产经营方式转变，加快服务带动型的适度规模经营，农业社会化服务进入快速发展阶段。截至2019年底，全省农业生产托管服务面积达到1.46亿亩次，比上年增长34.57%；聚焦服务小农户，小农户托管达到1亿亩次，占托管面积的68.5%。围绕生产要素供应，山东各类服务组织逐渐聚合农资、农机、信息、人才等生产要素，为托管农户提供科学的种植方案和落地服务。

3. 服务组织发展呈现多元化趋势

原来服务组织主要由合作社和农户组成，近年来逐步向多类型、多主体发展。全省具有一定规模、服务理念新、管理规范、服务水平较高的3600多家农业服务企业和2.8万个服务专业合作社，逐步将散小的服务专业户吸纳组织起来，开展标准化、规范化、信息化改造，村集体经济组织也充分发挥地缘优势和组织优势，将本村有需求的农户组织起来，同意接受托管服务，形成"服务组织（企业、专业合作社）+服务专业户+农户""村集体+服务专业户+农户"等组织形式。截至2019年底，全省托管服务组织发展到4.8万个，比上年增长28%，其中农业服务专业户数量最多，占56.9%。农民专业合作社托管服务粮食面积最大，占服务粮食面积的一半，合作社数量占托管服务组织的28.8%，占种植类合作社的11.6%。全省4.3%的村集体经济组织直接为农户提供生产托管服务。2020年9月，全省评选出家庭农场、农民合作社和农业社会化服务组织共36个优秀典型案例。这些典型案例在发展农业生产、为农服务、助农发展、带农增收等方面趟出了路子，探索了经验，取得了明显成效，既有个性特点，又有共性经验（见表2）。

表2　山东省2020年新型农业经营主体典型案例名单

类型	名单	特色
家庭农场典型案例	高密市大牟家镇刘莉家庭农场	科学种田踏富路，越种越甜谱新篇
	平度市老史家家庭农场	农场加基地连农户，打造产业振兴新模式
	黄岛区八零小伙家庭农场	发展休闲农业，引领乡村旅游新时尚
	乳山市五良丰家庭农场	致力绿色健康理念，用心打造生态苹果
	潍坊市寒亭区大流河家庭农场	重拾初味安全，守护碧水良田
	阳谷县张秋镇伟丽家庭农场	立足有机耕种，提升品牌效益
	滨州市沾化区三义家庭农场	科学种田创高产，规模经营增收入
	夏津县智杰农场	矢志不渝乡村梦，创业致富排头兵
	桓台县田庄镇茂兴家庭农场	发展订单农业，开展托管服务，带领农民增收致富
	五莲县金日林果家庭农场	科技引领、科学规划，打造生态产业闭环
	广饶金煜家庭农场	打造农牧产业链条，促进一二三产融合
	临淄区朱台镇高阳家庭农场	践行绿色创新理念，发展生态循环农业
农民合作社典型案例	济南市莱芜区明利特色蔬菜种植专业合作社	联合闯市场，共谋富民路
	青岛沙北头蔬菜专业合作社	坚持党建统领，助力乡村振兴
	淄博博山梦里老家种植专业合作社	"三变"改革引领乡村振兴
	招远穗丰种植专业合作社	坚守种粮初心，矢志服务农民
	临朐县志合奶牛专业合作社联合社	志同道合搞联合，互帮互助促民富
	嘉祥县仲山农机作业服务专业合作社	发挥优势强合作，拓展服务促增收
	荣成市虎山农业种植专业合作社	科技展翅希望田野，助力农业规模经营
	日照市岚山区百满茶业联合体	经营主体联动发展，企社带农合作共赢
	沂水县红嫂故里旅游专业合作社	党建领航"绿色"村庄实现"红色"发展，抱团发展奏响富民强村新篇章
	夏津县香赵庄瑞丰源果蔬专业合作社	发展高效农业带领群众致富
	山东省聊城市农合亿沣蔬粮种植专业合作社	做大做强品牌效应，实现乡村产业振兴
	郓城县富民蔬菜种植专业合作社	发挥党支部战斗堡垒作用，助推村集体经济发展

续表

类型	名单	特色
农业社会化服务组织典型案例	山东省金银花行业协会	平邑县金银花产业"五位一体"集约化服务
	山东沃华农业科技股份有限公司	打造大葱全链条服务"沃华模式"
	烟台福田果树种植农民专业合作社	福田托管促果树种植小农户与现代果业同步发展
	中国邮政集团有限公司山东省分公司	农业社会化服务O2O模式 助力小农户拥抱大生产
	山东共赢新农业发展有限公司	创新经营新模式 共赢共享新农业
	青岛丰诺农化有限公司	内外联动，打造高标准农业社会化服务组织
	商河县瑞泰家庭农场	倾力打造"生产+服务"双主体型家庭农场
	中化农业 MAP 陵城中心	建平台 聚资源 强服务
	滕州市鑫剑农机服务专业合作社	全程机械化+综合农事服务，促进小农户与现代农业发展有机衔接
	蚯蚓测土实验室（山东）有限公司	实施科学测土，引领精准施肥
	高密市孚高农业服务有限公司	服务社会化+生产规模化+农民组织化，助推现代农业发展
	肥城市金丰粮食专业合作社	"村集体嵌入式"生产托管，打造高标准农业社会化服务组织

二、山东新型农业经营主体发展迅速的主要原因

近年来，在巩固完善农村基本经营制度基础上，山东省通过鼓励各地开发资源、盘活资产等措施发展村级集体经济，突出抓好农民合作社和家庭农场等新型农业经营主体培育，加快构建以农户家庭经营为基础、合作与联合为纽带、社会化服务为支撑的立体式复合型现代农业。山东省新型农业经营主体的快速发展主要得益于以下改革创新：

1. 农村集体产权制度改革

2018 年，山东省被农业农村部确定为全国农村集体产权制度改革整省试点单位。全省各级加强组织领导，压实工作责任，已基本完成

产权制度改革任务，实现了"改革范围全覆盖、改革时限较全国提前一年、取得一批制度成果"三项目标任务。一是农村集体资产清产核资全面完成。二是农村集体经济组织成员身份确认基本完成。截至2020年8月底，全省89688个村（组）完成成员身份确认，占总数的99.76%。三是经营性资产股份合作制改革扎实推进。截至2020年8月底，全省88037个村（组）完成集体资产折股量化，占总数的97.93%；多数村以成员股为主，采取一人一股，不设集体股；有14460个村（组）设置了集体股，比例一般不超过30%；63820个村（组）通过明确公积公益金提取比例的方式支持公益事业，占比70.99%；有73867个村（组）实行"生不增、死不减，入不增、出不减"静态管理模式，占比82.17%。四是农民集体资产股份权利得到有效保障。截至2020年8月底，全省87016个村（组）成立了新的集体经济组织并完成登记赋码，86030个村（组）完成股权证书发放，分别占总数的99.03%、97.48%；通过试点开展农村集体资产股权质押贷款，累计完成742笔、共计2.26亿元；完成改革的村累计分红42.03亿元。五是集体资产监督管理机制逐步建立健全。积极引导完成改革的集体经济组织加强资产管理，探索实行村民委员会事务和集体经济事务分离。截至2020年8月底，全省完成改革的村（组）共计专职财务人员88043人，有21539个村（组）实行政经分离。工作推进中，省级先后印发了《关于开展农村集体资产股权质押贷款试点工作的指导意见》《关于扶持发展村级集体经济的意见》《扶贫资产管理办法》《农村集体产权制度改革档案管理办法》《农村集体资产股权证书管理细则》《关于在农村集体产权制度改革中切实维护妇女合法权益的通知》《关于引导农村集体经济组织进一步规范收益分配的通知》等政策文件。沂水县、淄川区、昌乐县、诸城市、邹城市先后被确定为全国农村集体产权制度改革试点典型单位，有七项经验做法被农业农村部在全国推广。

2. 农村承包土地制度改革

深入推进、有序实施农村土地"三权"分置。一是加强顶层设计，出台了《关于完善农村土地所有权承包经营权分置办法的实施意见》。二是强化集体所有权。推进农村集体产权制度改革整省试点，进一步明晰农村集体产权归属，维护农村集体经济组织成员权利，构建归属清晰、权能完整、流转顺畅、保护严格的中共特色社会主义农村集体产权制度。三是切实稳定农户承包权，在全国率先基本完成农村承包地确权登记颁证，建立省级农村承包地确权登记颁证数据库，建设了全省农村土地承包经营管理信息系统。四是不断放活土地经营权。出台了《关于进一步引导和规范农村土地经营权流转的意见》，鼓励开展农村土地经营权流转和村党支部领办土地股份合作社。目前，全省承包地的流转面积达到3890.4万亩，占家庭承包经营耕地面积的42.3%，全省在市场监管部门登记注册的家庭农场达到7.88万家，农民合作社21.46万家，销售收入过500万元的农业产业化龙头企业1万余家。推动建立了省级农村产权交易市场，促进土地经营权在更大范围内流转，2020年6月，齐鲁农村产权交易中心有限责任公司正式获批更名为"山东农村产权交易中心有限公司"。

3. 农村宅基地制度改革

2020年6月，山东平度市、潍坊市寒亭区、汶上县、兰陵县与原改革试点县禹城市承担农村宅基地制度改革试点任务，主要是完善宅基地集体土地所有权行使机制、探索宅基地农户资格权保障机制、探索宅基地使用权流转制度、探索宅基地使用权抵押制度、探索宅基地自愿有偿退出机制、探索宅基地有偿使用制度、完善宅基地审批制度、健全宅基地收益分配机制、健全宅基地监管机制这9项内容。

4. 农村改革试验区建设

2019年，山东省开始谋划建设省级农村改革试验区，省委农委印发了《关于建设省级农村改革试验区的意见》（鲁农委发〔2019〕9

号），确定围绕解决全省农业农村改革发展中的若干重大问题先行先试，并筛选七个方面 73 项试验项目。2020 年省级试验区建设全面启动，最终确定了 28 个县（市、区）作为首批省级农村改革试验区。

5. 相关政策措施到位

2018 年，山东省出台了《关于加快构建政策体系培育新型农业经营主体的实施意见》，新型农业经营主体逐渐成为山东省乡村振兴的"主力军"。山东省在财政支农资金分配上不断向新型农业经营主体倾斜，通过项目扶持方式，引导各类主体延伸产业链，实现一二三产业融合发展；扩大农产品增值税进项税额核定扣除试点行业范围，落实新型农业经营主体在产、供、加、销各个环节的税收优惠；发展"普惠金融"，更好地满足新型农业经营主体农业装备购入和技术改造升级的融资需求；积极引导互联网金融、产业资本依法开展农村金融服务；充分发挥信贷担保公司作用，逐步建立全省农业信贷担保体系。

三、山东新型农业经营主体发展面临的问题

大力培育新型农业经营主体是山东省新时期加快农业现代化的重要方式，总的来看，下一步发展仍然面临一些问题：

1. 新型农业经营主体发展规模有限

一是受传统生产经营观念限制，农户对新型农业经营主体的作用认识不足，缺乏运作经验；二是土地流转存在实际困难，有一定经营风险；三是因授信担保困难、申请手续繁琐复杂、隐性交易费用高等问题，很多新型农业经营主体存在资金融通方面的困难，限制了新型农业经营主体的规模化发展；四是有不少新型经营主体处在初期发展阶段，组织化程度较低，日常运行不规范，存在"等、靠、要"思想。有些还没有建立完善的经营管理和利益分配制度，发展活力不强，缺

乏竞争力、吸引力。

2. 新型经营主体的产业支撑欠缺

从发展项目看，目前新型主体发展的项目主要停留在传统种植、养殖产业和政府主导的长效产业，产业发展同质化现象突出，区域特色不够突出。在发展规模上，受土地流转规模制约，产业基地普遍存在规模小、集约度不高等问题，产业基地辐射半径大都局限于本村、本组等小区域的合作，规模效应不够明显，辐射带动作用有限。

3. 新型经营主体与农户间利益联结机制不稳定

大部分新型经营主体与农户之间是松散型合作关系，没有联结成稳定的利益共同体。有的即使签订了相关协议也只是形式上的约定，在技术、信息和产前、产中、产后服务方面没有真正有效落实。在农产品行情不好时，经营主体不愿按订单收购，压价收购或不愿收购；行情好时，农户又不愿将农产品卖给经营主体，抱团发展的优势没有充分体现。

4. 服务保障措施仍有改进空间

针对农业经营主体的生产需求，从内部管理、技术指导、信息提供、产品销售、日常监管等方面没有形成一条龙服务体系，同时受知识水平、人员断层、经费不足、设施落后等因素制约，农业社会化服务难以全面有效落实。

四、加快山东新型农业经营主体发展对策建议

新型农业经营主体是市场经济条件下发展适度规模经营、发展现代农业的有效组织形式，要把培育新型农业经营主体作为一项基础性、牵引性工作，在乡村推动上形成人才、土地、资金、产业汇聚的良性循环。针对山东省情况，要着力增强新型农业经营主体发展的系统性、整体性和协同性，扎实推动农村改革提速、扩面、集成，为推动产业

振兴提供更为强劲的动力支撑。

1. 科学规划布局，引导各类农业经营主体高质量发展

围绕实施全省各类农业产业振兴规划，结合农业专业村、专业乡（镇）建设，科学规划家庭农场、农民合作社等的发展区域和产业布局，使各类新型农业经营主体的发展与城镇规划、土地利用规划、农业产业化布局等相适应。鼓励发展以农户家庭为主体的家庭农场，引导种植养殖大户、种养能手向合作社转型，实现自主经营、自我积累和科学发展。鼓励通过土地流转从事适度规模经营，推动标准化生产、规范化管理、品牌化营销。

2. 促进关键要素集聚，解决经营主体发展的基础问题

一是培育新型职业农民，重点解决人才不足问题。将种养大户、农民专业合作社骨干、返乡农民工和退伍军人等作为重点培育对象，积极开展普及性培训、职业技能培训，切实提高从业者的生产技能和经营管理水平。支持有能力的农民合作社、专业技术协会、农业龙头企业等承担培训任务，并从产业技术团队、专业培训机构和高校、科研院所遴选专家担任兼职教师。二是用好科技服务人才。引导科研院所等事业单位专业技术人员到乡村（企业）挂职、兼职或离岗创业，通过专业技术人才助力乡村产业发展。三是全面挖潜农业用地这个最基本生产要素。根据各地农业发展用地需要，及时用足用好国家关于农业用地的惠农优惠政策；推动农民以土地经营权作价入股到党支部领办的村集体合作社，村集体合作社再入股企业开展农业产业化经营，规范土地经营和市场化运作。

3. 加强组织协调和引导，把优惠政策落到实处

一是加强组织协调，把支持新型农业经营主体发展作为深化农村改革、激发农村发展活力的重要举措，明确部门职责，建立涵盖农业、财政、国土资源、工商、税务、金融等部门的联合工作推进机制，落实相关政策措施。二是正确引导，因地制宜，分类指导，坚持农民自

愿，多形式、多类型发展，及时制定相关政策，努力解决发展中遇到的问题，总结推广先进经验，通过强化示范带动，促进新型农业经营主体健康发展。三是加大财政扶持和金融支持。要继续增加农业补贴资金规模，新增补贴向主产区和优势产区集中，向专业大户、家庭农场、农民合作社等新型生产经营主体倾斜。根据新型农业经营主体的特点，加快农村金融产品和服务方式创新，积极拓宽新型农业经营主体抵质押担保物范围。各银行业金融机构要加大农村金融产品和服务方式创新力度，针对不同类型、不同经营规模家庭农场等新型农业经营主体的差异化资金需求，提供多样化的融资方案。创新商业性农业保险品种，提供各种保险服务，降低新型农业经营主体的经营风险。

4. 完善各类社会化服务体系，打造利益共同体

一是加强土地流转服务体系建设。以县（市、区）、乡（镇）为重点建立健全土地流转有形市场，开展土地流转供求信息、合同签订、价格指导、纠纷调解等服务，引导农户依法、自愿、有偿、平稳地向新型农业经营主体流转土地。二是加强农业社会化服务体系建设。继续推进公益性基层农技推广服务体系建设。支持农业科研教育单位、涉农企业、农业产业化经营组织、供销组织、邮政物流企业、农民合作经济组织（协会）、金融保险机构等参与经营性社会服务体系建设，为农业生产提供高效便捷的产前、产中、产后服务。三是建立不同主体间的利益联结机制。鼓励支持家庭农场联合经营，创办新型农民合作社。引导家庭农场、农民合作社、农业产业化龙头企业联合与合作，采取订单生产、股份合作、农超对接、利润返还等多种形式，建立紧密型的利益联结机制，努力实现家庭农场与其他农产品经营主体的优势互补、互利共赢。

5. 深化农村制度改革，优化农业农村市场环境

坚决守住"土地公有性质不改变、耕地红线不突破、农民利益不

受损"这三条底线，继续抓好重点领域、关键环节改革。创新完善农村承包地制度、宅基地制度三权分置改革，完善集体建设用地入市制度，大力发展农村集体经济，构建与产业发展和市场经济内在需求相适应的乡村现代治理体系。完善农村产权制度和资源要素市场化配置，提高农村要素资源配置效率，激发农村发展的内生动力和活力。完善资源要素市场和农产品市场流通体系，优化农业农村市场环境。

山东乡村新业态及市场体系
建设报告

董德利*

摘　要：伴随山东省农业"新六产"快速发展和农业供给侧结构性改革，山东省乡村一二三产业融合和农村创新创业渐成趋势，乡村新业态层出不穷，市场体系不断完善。总的来看，山东省乡村新业态和市场体系建设也面临一些问题：发展不平衡，同质化竞争现象明显；发展不规范，创新水平有待提升；政策刚性，用地保障问题突出；人才短缺，转型升级困难。对此，建议大力发展农业适度规模经营，鼓励农村创新创业；推动农产品深加工，推动产业深度融合；发掘乡村新功能新价值，催生新产业新业态；提高组织化程度，打造高效农业经营体系；加强市场建设，构建农产品现代流通体系；深化农村制度改革，加快推进乡村治理现代化；推进农业农村对外开放，加快构建双循环新格局。

关键词：乡村新业态；市场体系；山东

伴随山东省农业"新六产"快速发展和农业供给侧结构性改革，山东省农业产业链、价值链、供应链不断完善提升，推动多要素集聚、多产业叠加、多领域联动、多环节增效，乡村一二三产业融合和农村创新创业渐成趋势，乡村新业态层出不穷。2019年，山东省农业"新

---

　* 作者简介：董德利，中共山东省委党校（山东行政学院）新动能研究院，教授。

六产"不断培育壮大，市场体系不断完善，农村电商快速发展，实现农产品网络零售额 294.6 亿元，比上年增长 38.6%。休闲农业持续升温，认定省级休闲农业和乡村旅游示范县 11 个、示范点 28 个，山东省最美休闲乡村 37 个，齐鲁最美田园 35 个，省级休闲农业精品园区（农庄）32 个。①

一、乡村新业态不断涌现

（一）乡村数字经济

2020 年，农产品电商销售 50 强山东省占了 10 席；全国每 9 个淘宝村就有 1 个在山东省，达到 598 个，占全国的 11%；网商银行向山东省经营性农户授信人数全国第一；全国首个数字农业农村示范城市（盒马市）项目落户淄博；山东省成为全国首个整体启动村播计划的省份。以上数据显示，山东省乡村数字经济的发展已经居于全国前列。近年来，山东省致力于加快推进互联网云计算、大数据、人工智能等新一代信息技术与乡村经济发展深度融合，实施信息进村入户工程，加速乡村网络设施建设，加快信息终端建设和服务供给，推动乡村基础设施的数字化转型。推进农业农村大数据中心和重要农产品全产业链大数据建设，推动农业农村基础数据整合共享，加快经营端和生产端深度融合，形成"小农户"和"大市场"的连接。围绕特色粮经、园艺产品、畜禽产品、水产品和林特产品等，创新发展智慧农业，推进数字技术集成应用，建设一批智慧农业应用基地。深化电子商务进农村综合示范，加快建成一批智慧物流配送中心，推动人工智能、大数据赋能农村实体店，促进线上线下渠道融合发展。

---

① 2019 年山东省国民经济和社会发展统计公报，山东省人民政府网，http://www.shandong.gov.cn/art/2020/3/2/art_98102_349957.html。

（二）全域乡村旅游

全省积极开展休闲农业和乡村旅游示范创建等工作，引导各地挖掘地方特色农产品、传统农耕文化，引入创意元素，进行系列化开发、商业化利用、产业化经营，构建集生产、生活、生态功能于一体的农业产业体系，塑造体验型业态。截至 2020 年 8 月底，全省累计接待乡村旅游游客 1.15 亿人次，实现乡村旅游消费 545.7 亿元（受新冠肺炎疫情影响是上年同期的 20%）。先后有四批共 26 个县（市、区）纳入国家电商进农村综合示范，全省农产品网络零售额 242.1 亿元，同比增长 22.2%。全省乡村旅游经营户达 8.4 万户，从业人员超 54 万人。

（三）高效生态农业

高效生态农业以产出高效、产品安全、资源节约、环境友好为特征，要求以增加优质绿色农产品供给为市场导向，充分运用生态农业技术，修复农业生态系统，立足自然生态条件促进农村第一、第二、第三产业融合发展。山东省牢牢抓住黄河流域生态保护和高质量发展上升为国家重大战略的历史机遇，以生态循环农业、休闲创意农业、绿色原料基地为特色，围绕优化农业产品产业结构、农业提质增效、绿色生产方式、补齐农业短板、农业新产业新业态五个方向，多渠道、多层面积极发展高效生态农业。以建设沿黄生态高效现代农业示范区和各类农业科技示范区为引领，积极实施节水农业、绿色农业、循环农业等各种新型生态农业工程，同时培育相应的高效农业合作社、家庭农场等新型农业经营主体，把"互联网+""种养基地+公司+市场"等模式运用到高效生态农业中，实现农业转型升级和农产品有效精准供给。

（四）海上粮仓

作为渔业大省，山东省 2019 年渔业经济总产值为 4123.2 亿元，占全国的 15.6%，其中渔业产值为 1474.0 亿元，占全国的 11.4%。水产品总产量 823.3 万吨，占全国的 12.7%。渔民可支配收入 2.3 万元，比全国高 2413 元。全省 108 个水产养殖主产县区、15 个设区市已完成规划发布工作。① 基于丰富的海洋资源和优势，山东"海上粮仓"建设始于 2014 年，主要是以海洋和内陆水域中丰富的可利用动植物资源为对象，采取现代生物养成、加工等技术，通过养殖、增殖、捕捞、精深加工、贮存和运销水生生物资源，增加水产品的规模产出和持续有效供给，为人们提供丰富多样、优质安全的"海洋粮食"。建设海上粮仓不仅能够缓解粮食安全压力，有效满足人们对食物的更高需求，改善人们的营养膳食结构，对提升国民身体素质将发挥重要的作用。

"海上粮仓"建设主要规划实施五大重点工程：一是建设现代渔业园区工程。集中打造 30 处省级现代渔业精品园区，建设 300 万亩浅海优势水产品基地和 300 万平方米优质海水鱼工厂化养殖基地，加快建设 200 万亩黄河三角洲国家生态渔业基地，抓好 57 个国家级、省级渔业原良种场建设，培育 20 家"育繁推"一体化的龙头企业。二是海洋牧场立体开发工程。重点建设 50 个海洋牧场，创建 30 处海底藻场示范区，打造 15 处国内外知名休闲海钓基地，在沿海规划建设"9 带 40 群"人工鱼礁场。深入实施渔业资源修复行动，实行海湖河库联动，积极开展近海渔业资源增殖放流，构建维系渔业资源可持续利用的近海人工生态系统。三是远洋渔业建设工程。重点打造 500 艘规模的现代化、专业化、功能配套的远洋船队，培育 3—5 家远洋渔业龙头企业，在海外主要入渔国建设 3—5 处综合性渔业基地，建成布局合理、装备优良、配套完善、服务到位的现代远洋渔业产业体系。四是水产品精深加工工程。重点扶持发展 100 家经营规模大、科技含量高的水产品加工龙头企业，建设 36 处年产值 10 亿元以上的加工基地，

① 山东加快推进"海上粮仓"建设，海洋渔业优势地位不断提升，山东通报，http://www.sdhbs.com.cn/article/content/202011/659/1.html。

发展 30 个现代化水产品加工园区，做大做强龙头企业，促进水产品加工业集群式发展，建成全国最大的水产品加工基地和出口贸易基地。五是水产品物流贸易拓展工程。集中打造 10 处全国重要的水产品物流集散基地。在重点渔区、渔港和水产品区域集散地，配套建设高标准水产品批发市场，加快冷链系统建设，水产品保鲜保活比率达到 60% 以上。

在海洋强省战略和"海上粮仓"建设带动下，全省水产养殖业发展水平不断提升，除了科学构建绿色发展总体布局外，还大力开展水产优良品种选育和推广工作，同时打造生态渔业发展新模式。截至 2020 年，全省现有国家级水产原良种场 15 家，居全国首位；全国"育繁推"一体化现代渔业种业示范场 11 家，省级以上水产原良种场总保有量 80 个；全省被国家审定公布的新品种达到 40 余个，培育了一批具有较强实力的现代种业企业，在种质保存、品种创新、繁育推广等方面都走在了全国前列，为水产品稳产保供提供了基本保障；省级以上水产健康养殖示范场达到 500 余处，示范面积 17 万公顷，5 个县市区获得"国家级渔业健康养殖示范县"称号。

（五）现代农业产业园区

山东省积极推动现代农业产业园区建设，在全国率先建成覆盖全省的四级农业科技园区体系。截至 2019 年底，全省有国家级现代农业产业园 7 个、省级 52 个，国家级农业产业强镇 43 个，省级以上田园综合体 46 个，农业产业融合发展示范区国家级示范园 6 个，初步形成了国家、省、市、县四级产业园体系。全省年销售收入 500 万元以上的农业龙头企业 9600 多家，累计认定电子商务进农村综合示范县 19 个，产业融合发展对农民增收形成有效支撑。

近年来，山东省打造形成烟台苹果和寿光蔬菜 2 个千亿级国家优势特色产业集群、4 个"雁阵形"现代高效农业产业集群，获批创建国家现代农业产业园 8 个、农村产业融合发展示范园 9 个、农业产业强镇 59 个，农业产业发展辐射带动作用进一步增强。构建了以黄河三角洲国家农业高新技术产业示范区为龙头、19 个国家农业科技园区和18 个省级农高区为重点、121 个省级农业科技园为依托，覆盖全省涉农县（市、区）的农业科技园区四级体系。其中，黄三角农高区是国务院批复建设的第二个试点国家农高区，是盐碱地综合治理、四化同步推进和绿色发展的先行区，是落实黄河流域生态保护和高质量发展的重要支点区。2019 年，黄三角盐碱地综合利用技术创新中心等科技创新平台建设初见成效，重大项目建设多点突破，体制机制改革取得积极进展。截至 2019 年底，全省国家农业科技园总产值已达到 1700 亿元以上；入驻农业龙头企业总数达到 1400 多家，累计建设省级以上创新平台 140 余个，柔性引进各类科技人才 1000 余名；累计转化科技成果 1700 余项，其中 2019 年转化科技成果 350 余项。农业科技园区成为加快县域农村经济发展的助推器和"绿色硅谷"，不断为全省农业农村发展注入创新动能。① 2020 年，山东遴选确定省级现代农业产业园创建主体 22 个。

（六）农村电子商务

随着乡村基础设施的不断完善、经济发展新模式的下沉，电商逐渐成为山东省农村脱贫攻坚、乡村振兴的重要推手。2019 年，山东省大力推进电子商务进农村示范县建设，共有三批共 19 个县开展电商进农村综合示范工作。阿里研究院、浙江大学中国农村发展研究院 2020年 7 月联合发布的《2020 阿里农产品电商报告》显示：全国农产品电商销售 50 强县中，山东占据 10 席，与江苏并列全国第一。其中，烟台栖霞以苹果等水果销量高居 50 强第三位。潍坊上榜的是寿光园艺种

---

① 山东在全国率先建成覆盖全省的四级农业科技园区体系，凤凰网，http：//sd.ifeng.com/c/7zPZoJK84ki。

子和青州多肉植物，临沂上榜的是平邑果树和郯城花生。此外，青岛胶州的虾和海参、聊城东阿的阿胶、枣庄滕州的调味品均占据一席之地。农业农村部发布的《2020全国县域数字农业农村电子商务发展报告》显示：2019年县域农产品网络零售额为2693.1亿元，山东省农产品在阿里巴巴平台销售额全国排名第四。阿里研究院2020年发布的《淘宝村百强县名单》显示：山东省13个县市区上榜，在榜数量位居全国第四。其中，菏泽市曹县更是以151个淘宝村、17个淘宝镇的密度占据全国百强第二位，主打产业是演出服和木制品。截至2020年6月底，阿里研究院在全国发现了5425个淘宝村、1756个淘宝镇。其中，山东有淘宝村598个，占全国11%；淘宝镇134个，占全国7.6%。与2019年相比，山东淘宝村和淘宝镇数量分别猛增33%和54%，呈现出爆发式发展态势。山东完整的产业链条与集群，成为农村电商迅猛发展的强有力支撑。①

山东省农村电商未来发展呈现以下特征：一是乡村振兴战略为农村电商发展带来新机遇，农村电商的发展也促进了农村和城市资源要素双向流动，为乡村振兴注入巨大活力。二是农村电商模式将进一步演化。目前，农村电商主要表现为零售与批发并重、社交电商与社区电商异军突起。随着农村电商的市场规模在扩大，模式不断演化，由单一的网络零售向网络零售、网络批发并重转变，从传统电商向社交电商、社区电商并重转变。三是电商扶贫的实践路径日益多元化，各大电商平台依托自身资源优势，探索各具特色的电商扶贫模式，赋能贫困主体、赋能产业。四是农村电商将进一步推动农业产业结构升级，重塑农产品供应链。

---

① 山东数字农业发展领跑全国，央广网，http://www.cnr.cn/sd/gd/20200918/t20200918_525266824.shtml。

二、农业市场体系建设

（一）新型农业经营体系逐渐完善

山东省着力推进农业龙头企业高质量发展，规范引导农民合作社、家庭农场等健康发展，逐步构建起庞大的组织群体和网络，推动形成新的农业经营体系。一是做大做强龙头企业。坚持引育并重，实行省市县三级联创，在现代种业、农产品加工、物流仓储、电子商务等领域，培育一批骨干龙头企业。修改完善省级龙头企业认定标准，将新产业新业态纳入认定范围，开展认定监测，实行动态管理。二是规范提升农民合作社。逐级建立政府优先扶持目录，探索建立合作社退出机制，清理和淘汰空壳社和挂牌社，推进合作社规范有序发展。三是大力发展家庭农场。支持引导家庭农场进行规模化、标准化、专业化、生态化生产，鼓励家庭农场开展农产品直销，创建家庭农场省级示范场。四是培植壮大农业产业化联合体。鼓励引导龙头企业联合上下游经营主体、科研院所等，组建农业产业化联合体。五是鼓励引导工商资本投资农业农村、助推乡村振兴。

截至 2020 年，全省销售收入 500 万元以上的农业产业化龙头企业达到 9600 家，农民合作社 20.88 万家，家庭农场 6.79 万家，各类社会化服务组织 22 万多家。特别是农业龙头企业在市场开拓、品牌建设、技术创新、农业投资、标准化组织实施等方面，发挥了强势主体作用。全省市级以上龙头企业达到 6264 家，其中国家级龙头企业 106 家、省级 919 家。省级以上重点龙头企业中，销售收入超过 10 亿元的共 180 家，其中 10 亿—50 亿元的 155 家，50 亿—100 亿元的 15 家，超过 100 亿元的有 10 家。全省涉农上市企业 36 家，其中主板上市企业 24 家，境外上市企业 12 家。

（二）农业产业新业态不断涌现

近年来，山东省着力创新推进农村第一、第二、第三产业融合，塑造终端型、体验型、循环型、智慧型新业态。一是推动农业全产业链发展。积极推广"生产基地+中央厨房+餐饮门店""生产基地+加工企业+商超销售"等产销模式，构建农产品从田间地头到餐桌、从初级产品到终端产品无缝对接的产业体系，塑造终端型业态。全省规模以上农产品加工企业数量、销售收入稳中有进，分别占全国总量的13%和17%，居全国首位。二是实现产业功能拓展增效。积极开展休闲农业和乡村旅游示范创建等工作，引导各地挖掘地方特色农产品、传统农耕文化，引入创意元素，进行系列化开发、商业化利用、产业化经营，构建集生产、生活、生态功能于一体的农业产业体系，塑造体验型业态。全省乡村旅游经营户达 8.4 万户，从业人员超过 54 万人，实现乡村旅游收入 2955 亿元。三是推动产业循环可持续发展。通过调整农业投入品结构，强化农业内部循环利用，培植农业废弃物和加工副产物资源化利用典型，构建生态保护与效益并举、可持续发展的产业体系，塑造循环型业态。全省化肥农药使用量继续保持负增长，畜禽粪污综合利用率达到 86.75%，农作物秸秆综合利用率超过 90%。四是推进产业智慧化、智慧产业化。组织实施大数据应用、智慧农业应用、智慧营销、智慧物流、信息进村入户、智慧人才培育等工程，着力构建新型智慧农业产业体系，塑造智慧型业态。全省农村电商网络零售额 813 亿元，农产品网络零售额达 221 亿元。

（三）农产品对外贸易市场不断拓展

山东省是农产品贸易大省，农产品出口额连续 21 年领跑全国，建设了全国数量最多、面积最大、种类最全的出口食品农产品原料种养殖基地，建成全国首个出口食品产品质量安全示范省，出口农产品检验检疫合格率连续多年保持在 99.95% 以上，出口市场已由日本、欧盟、东盟、韩国、美国五大传统市场发展到中东、非洲、俄罗斯、拉美和澳新等新兴市场，山东农产品远销到 200 多个国家和地区。2019 年，山东省农产品进出口总额 2308 亿元，较上年同期增长 8.1%。其中，进口 1073.5 亿元，同比增长 9.1%；出口 1234.5 亿元，同比增长 7.3%。2020 年 1—7 月，山东农产品进出口总额 1375.8 亿元，较上年同期增长 7.3%。其中，进口 680.2 亿元，同比增长 10%；出口 695.6 亿元，同比增长 4.6%。

山东省在拓展农产品贸易市场方面，一是打造培育一批农产品国际自主品牌、一批农产品出口骨干企业和大型跨国农业集团公司，提升农产品出口贸易主体的国际竞争力。二是培育跨国农业产业基地。积极开展"境外农业合作示范区"和"农业对外开放合作试验区"建设试点工作。三是有重点地组织企业参加对外展销，鼓励企业参加质量标准认证和名牌创建，推动全省农业企业与国际接轨。2020 年组织了"对话山东——中日现代农业产业对接交流洽谈会""2020 年中国—东欧国家特色农产品云上博览会"等活动，积极推介山东优质农产品。

三、山东乡村新业态及市场体系建设面临的问题

通过加快产业融合和推进市场体系建设，山东省农业数字化转型明显，乡村新业态不断涌现，提高了农业生产效益，为农民开辟了增收新途径，特别是 2020 年新冠肺炎疫情暴发以来，农产品电商更是成为乡村发展的新亮点。总的来看，山东省乡村新业态和市场体系建设今后还面临一些问题：

1. 发展不平衡，同质化竞争现象明显

一是各地对乡村新业态、新模式、新经营主体的认识不一，发展

路径缺少顶层设计。尤其新业态发展所涉及相关部门较多，既包括农业农村部门，也涉及商务、文旅、自然资源、企业管理等不同部门，需要统筹协调和顶层设计。二是乡村新业态大多建立在传统优势和特色产业基础之上，尽管有些落后地区通过电子商务和数字经济实现弯道超车，但存在地区间、产业间发展不平衡现象。三是同质化竞争明显。由于成本相对较低，开网店成为当前农民和返乡人员创新创业的主要选择，但由于策划、宣传、推广滞后甚至缺失，同质化竞争激烈。休闲农业与乡村旅游经营者大多是当地农民，往往忽视项目论证、规划、设计，盲目跟风现象突出。

2. 发展不规范，创新水平有待提升

一是乡村新产业、新业态规模小、整体实力偏弱。从休闲农业和乡村旅游来看，多数项目由于功能单一、配套不完善，游客停留时间较短、人均消费不高，导致经营收入相对较低。二是在土地资源利用和环保达标方面还存在不规范等问题。三是品牌效应尚未形成。农村新业态品牌创新能力较低，品牌意识不强，缺乏具有较大影响力和竞争力的企业品牌，尚未发挥综合创新效应。四是受从业人员理念、能力限制，乡村新业态创新水平有待提升。

3. 政策刚性，用地保障问题突出

一是土地需求旺盛。随着乡村振兴战略的深入推进，包括现代农业产业园、田园综合体、农产品物流与交易平台和"互联网+"现代农业，以及特色小镇、乡村旅游养老等蓬勃发展，这些领域的共同点在于多产融合，用地需求旺盛。二是农地流转限制及用途管制。受制于农村社会保障制度不完善、户籍制度缺陷、农村基础设施滞后等因素，目前城乡间的生产要素不能合理流动，制约了农用土地流转。同时，由于流转后的土地受严格的用途管制，严禁借土地流转之名违规搞非农建设，特别在我国对建设用地实行规划和计划双重管理制度下，很多新型农业经营主体建设用地指标不足。

4. 人才短缺，转型升级困难

一是农村人口老龄化、农村空心化现象明显，人才短板尤为突出。从休闲农业和乡村旅游来看，从业人员多数为周边农民，缺乏系统专业的培训，餐饮、住宿、康体娱乐等综合型服务人才缺乏。从农村电商来看，电商企业大多存在人才缺口，尤其涉及运营、推广销售等岗位，高素质人才引不来、留不住，严重制约企业转型升级。二是新型农业经营主体的信息化技能、市场化理念、国际化视野需要进一步提升。

四、乡村新业态及市场体系建设对策建议

1. 大力发展农业适度规模经营，鼓励农村创新创业

一是积极培育新型农业经营主体，激发农村经济发展活力和农业内生发展动力，抓好农产品经纪人和职业农民队伍建设，提高农业产业素质和市场开拓能力，拓宽农产品流通销售渠道。二是实施乡村就业创业促进行动，育主体、树典型、搭平台、搞服务，举办新农民新技术创业创新博览会，引导能人返乡、企业兴乡和市民下乡，把智创、文创、农创引入乡村，支持农民工、大学生、退役军人、科技人员等返乡下乡人员和"田秀才""土专家""农创客"创新创业。

2. 推动农产品深加工，推动产业深度融合

实施农产品加工业提升行动，推进农产品多元化开发、多层次利用、多环节增值，推行品种专用、生产定制、产销对路的精深加工新模式，推进副产物循化高值梯次利用，引导加工产能下沉重心，向主产区和贫困地区倾斜，让农户特别是贫困户分享加工收益。构建多主体参与、多要素发力、多业态打造、多利益联结、多模式创新的大型产业化联合体，以及风险共担、利益共享的中型产业化联合体和生产联动、利益联结的小型产业化联合体，拓展农村产业融合发展空间。

3. 发掘乡村新功能新价值，催生新产业新业态

实现"农业+"多业态发展。"农业+林牧渔"催生综合种养等循环型农业，"农业+加工流通"催生中央厨房、直供直销、会员农业等延伸型农业，"农业+文化、教育、旅游、康养"催生创意农业、民宿服务、康养农业等体验型农业，"农业+信息产业"催生数字农业等智慧型农业。

4. 提高组织化程度，打造高效农业经营体系

构建专业化、集约化、组织化、社会化相结合的农业经营体系，稳步提高农民参与流通和组织化程度，将农业产业化经营贯穿于整个现代农业市场体系中。加强组织实施农产品市场工程升级，实现农产品种植、检验、标准化生产全过程，形成源头可追溯、流向可跟踪、信息可查询、产品可召回的管理体系。拓展业务功能、激发农产品品牌效益，加强农业市场体系创新和农产品发展深度融合，推动农业生产资料电子商务发展，建立新型农产品营销网络。

5. 加强市场建设，构建农产品现代流通体系

一是大力推进农产品、农资连锁经营进一步发展，积极引导和扶持农业产业化龙头企业和大型流通企业引进资金、技术、人才和先进管理经验，建立一批具有跨区域性和农业产业特色的大型农产品物流配送中心，形成统一、稳定的销售网络，增强农产品集中采购、统一配送的能力，实现生产和消费的有效对接。二是加快促进农产品电子商务发展，积极推广农产品网络拍卖交易形式，建立新型电子商务平台，缓解"卖难"等问题。三是稳定发展农产品期货市场，促进期货市场价格功能作用发挥，使农产品生产加工、贸易企业和农民有效把握自救自强良机，加强风险管理。

6. 深化农村制度改革，加快推进乡村治理现代化

坚决守住土地公有性质不改变、耕地红线不突破、农民利益不受损这三条底线，继续抓好重点领域、关键环节改革。创新完善农村承

包地制度、宅基地制度三权分置改革，完善集体建设用地入市制度，大力发展农村集体经济，构建与产业发展和市场经济内在需求相适应的乡村现代治理体系。完善农村产权制度和资源要素市场化配置，提高农村要素资源配置效率，激发农村发展的内生动力和活力。

7. 推进农业农村对外开放，加快构建双循环新格局

主动用好国内外两个市场、两种资源，加快推进境外农业合作示范区和境内农业对外开放合作试验区建设，持续实施特色优势农产品出口提升行动，优化贸易与投资合作，促进全省农业农村对外开放不断取得新突破。

生态宜居篇
Ecological Livability Report

内容提要

坚持农业农村优先发展，促进"产业兴旺、生态宜居、乡风文明、治理有效、生活富裕"是实施乡村振兴战略的总要求。其中，"生态宜居"的要求至少包含两个方面的内容，一是农业绿色发展，二是农村人居环境改善。

绿色发展是推进农业高质量发展、农业农村现代化和实施乡村振兴战略的重大举措，对保障国家粮食安全、资源安全和生态安全具有重大意义。农业绿色发展是绿色发展的重要领域，是整个绿色发展的基础，是绿色发展理论在"三农"领域的延伸和应用。近年来，围绕如何提高农业质量效益竞争力的问题，山东省遵循绿色发展理念，推进农业供给侧结构性改革，增强农业绿色科技创新，破解当前农业资源趋紧、环境问题突出、生态系统退化等重大瓶颈问题，从优化空间布局、节约利用资源、保护生态环境等方面推进农业发展方式绿色转型，提升农业农村生态服务功能，坚持走产出高效、产品安全、资源节约、环境友好的农业现代化道路，农业绿色发展能力明显增强。

生态宜居的目标是实现乡村环境整洁有序，生活垃圾、生活污水等处理基础设施和公共服务完善，提升乡村人居环境质量，实现人与自然和谐共生。近年来，山东省认真贯彻落实党中央、国务院的部署，把改善农村人居环境作为社会主义新农村建设的重要内容，大力推进农村基础设施建设和城乡基本公共服务均等化，农村人居环境建设取得显著成效。以农村生活垃圾治理、农村生活污水治理、农村厕所革命、村容村貌整治提升等为重点，不断推进农村人居环境整治工作，加快补齐农村基础设施和公共服务短板，为乡村振兴打下坚实基础。

山东乡村生态振兴仍然存在一些问题和不足，表现为：农业污染防治还任重道远，农业资源环境约束趋紧，农业生产经营方式较为粗放等方面。生活垃圾分类仍然处于起步阶段，农村生活污水治理方式较为粗放。

山东农业绿色发展报告

张彦丽[*]

张彦丽*

摘　要：推进农业绿色发展是转变发展方式、实现生产和生活方式全面绿色转型的重要内容。山东省遵循绿色发展理念，推进农业供给侧结构性改革，增强农业绿色科技创新，从优化空间布局、节约利用资源、保护生态环境等方面推进农业发展方式绿色转型，提升农业农村生态服务功能，坚持走产出高效、产品安全、资源节约、环境友好的农业现代化道路，农业绿色发展能力明显增强。本文从绿色农产品供给、农业资源保护和农业生产过程中的化学投入品减量增效等方面分析了山东省推进农业绿色发展的举措和取得的成效，对存在的问题如面源污染防治、资源环境约束、农业生产经营方式等进行了现状和原因的剖析，从建立生态产业体系和发展生态农产品加工业、加大面源污染防治和推进农业废物循环利用，发挥政策引导作用以推动实现生态资源价值三个方面提出了促进山东省农业绿色发展的建议。

关键词：农业资源保护；面源污染防治；农业绿色发展

习近平总书记提出，推进农业绿色发展是农业发展观的一场深刻革命。^① 农业绿色发展，是推进农业高质量发展、农业农村现代化和实施乡村振兴战略的重大举措，对保障国家粮食安全、资源安全和生

---

　* 作者简介：张彦丽，女，中共山东省委党校（山东行政学院）社会和生态文明教研部，副教授。

① 余欣荣. 全面推进农业发展的绿色变革［N］. 人民日报，2018-02-08（10）.

态安全具有重大意义。农业绿色发展是绿色发展的重要领域，是整个绿色发展的基础，是绿色发展理论在"三农"领域的延伸和应用，对农业科技创新提出了更高、更新的要求。近年来，山东省在推进农业绿色发展中，围绕提高农业质量效益竞争力，破解当前农业资源趋紧、环境问题突出、生态系统退化等重大瓶颈问题进行探索实践，目标是实现农业"生产、生活、生态"协调统一、永续发展，形成节约资源和保护环境的空间格局、产业结构、生产方式、生活方式，迫切需要强化创新驱动发展，加强生态农业技术创新与应用，优化科技资源布局，构建支撑农业绿色发展的技术体系。

一、山东农业绿色发展现状

推进农业绿色发展是农业发展观的一场深刻革命，是农业供给侧结构性改革的一个主攻方向，也是推动农业高质量发展的内涵和重要内容。农业农村为生态文明建设提供了广阔空间，推进农业农村绿色发展，守住绿水青山是保障国家生态安全的基础战略支撑。近年来，山东省以绿色发展为导向，按农业供给侧结构性改革要求，以体制改革和机制创新为动力，以提质增效为目标，以创新驱动为支撑，转变农业发展方式，优化空间布局，节约利用资源，保护产地环境，推进农业绿色科技创新，提升生态服务功能，坚持走产出高效、产品安全、资源节约、环境友好的农业现代化道路，农业绿色发展能力明显增强。2020 年，山东省农林牧渔业总产值 10190.6 亿元，首次突破 1 万亿元，成为全国首个农业总产值过万亿元的省份。① 山东省以约占全国 6% 的耕地和 1% 的淡水，生产约占全国 8% 的粮食、11% 的水果、12% 的蔬菜、13% 的水产品，坚定扛牢农业大省责任，为农业插上科技翅膀，深入推进供给侧结构性改革，农业现代化、绿色化程度提高。

---

① 徐锦庚，侯琳良. 山东农业总产值首超万亿元［N］. 人民日报，2021-01-20（001）.

（一）绿色农产品供给能力增强

2020 年，山东省全年粮食总产量达到 5446.8 万吨，连续 7 年站稳千亿斤台阶，比上年增长 1.7%，高于全国 0.8 个百分点，为全国粮食丰收作出了重要贡献。粮食单产再创历史新高，亩产达到 438.5 千克，比上年增加 8.9 千克，增长 2.1%。农业绿色发展方面，持续推进化肥减量增效，测土配方施肥技术推广覆盖率稳定在 90% 以上，全省化肥施用量保持低幅下降；在 53 个县实施果菜有机肥替代化肥试点、耕地质量提升和减量增效等项目，集中连片打造示范样板 52.9 万亩。持续开展农药减量控害，全省农药使用量继续保持下降态势，绿色防控覆盖面积达 2 亿亩次，三大粮食作物实施专业化统防统治面积达到 9600 万亩次。加强农业废弃物资源化利用，全省农作物秸秆综合利用率达到 91% 以上。[①]

2019 年，山东省无公害农产品、绿色食品、有机农产品和农产品地理标志获证产品 10110 个，增长 9.1%。[②]其中，菏泽市成武县积极抓好"绿色、有机、无公害"等产品认证工作，根据本区域优势农产品，选择发展有市场竞争力的农产品，逐渐创造本地名牌产品，增强品牌的竞争力，形成具有本地特色的农业区域性布局和规模化、集约化的经营格局。对种植户及合作社推行标准化生产制度，对肥料和农药等用量和方式进行严格管控，不定时检查种植记录表，适时检测土壤、农产品样品达标情况，努力促进农业生产从散户种植向农业生产产业化、标准化的转变，提高农产品的品牌形象。充分利用网络媒体、培训、发放明白纸、口头交流来加强宣传力度，让农场主和合作社充分认识到重视农产品认证的有利之处，努力打造特色农产品品牌。截

---

① 数据来源：山东省委农业农村委员会调研材料。
② 2019 年山东省国民经济和社会发展统计公报，山东省统计局，http：//tjj. shandong. gov. cn/art/2020/2/29/art_6169_8865096. html。

至 2020 年，成武县有"一村一品"专业村 149 个，其中国家级 3 个、省级 2 个、市级 19 个。三品一标认证共 163 个，其中绿色认证 16 个，标准化生产基地认证面积 36 万亩。成武酱大头、成武大蒜、白浮芸豆获国家地理标志认证。[①]

山东省聊城市以绿色农产品生产带动农业绿色发展，牢固树立农业绿色发展理念，围绕节水节肥节药、农业废弃物资源化利用等重点任务，开展农业产地环境治理，大力发展绿色农产品，保障农产品质量安全，取得了积极成效。一是出台绿色农产品激励政策。2013 年，聊城市政府出台《关于建设聊城绿色农产品之都的意见》，对认证绿色、有机、地理标志农产品实施奖励政策，规定"新认定绿色奖励、有机食品、地理标志农产品分别奖励 3 万元、5 万元和 10 万元"。对于再认定的绿色食品每个奖励 2 万元、有机食品每个奖励 3 万元。自 2013 年，市财政累计投入奖补资金 3374.5 万元。二是增加对绿色食品生产资料和绿色食品原料标准化生产基地的奖补。新增绿色生资证书 4 个，全国绿色食品原料标准化生产基地 2 处（28.5 万亩），2017 年，两处全国绿色食品原料标准化生产基地进入创建期，绿色生资和原料标准化生产基地认证实现零突破。2018 年市政府增加对绿色生资和原料标准化基地的奖补，分别为 3 万元和 20 万元。三是加强市场监管，保障农产品质量安全。开展农产品质量安全县创建，聊城市提出整建制创建省级农产品质量安全市的目标，市政府专门出台了《聊城市人民政府关于整建制创建农产品质量安全市的意见》，指导全市开展创建工作。目前，农产品质量安全县创建达标率 100%。建立完善监管追溯体系建设，根据《聊城市追溯体系建设意见》，全市年资金投入近 2000 万元，建设市、县监管追溯平台 12 个，在全省率先实现市、县农产品质量安全追溯体系全覆盖。目前，全市追溯点达到 1114 个，其中农资经营店 918 家、农产品生产基地 196 家。开展农产品质量安

---

① 数据来源：成武县农业农村局调研材料。

全检测，市、县两级农业农村部门建立农产品质量安全检测机构 9 家，并取得了监测资质。全市 153 家省、市级标准化生产基地及 136 个乡镇农安办（站）均配备了速测设备，严格落实日常检测制度。市、县两级开展定量监测 17572 个，平均合格率 98.3%。对已认证的绿色食品生产企业每年年检。四是创新农产品营销模式。聊城市积极打造"聊胜一筹"农业区域品牌，深入实施"净菜进京入沪"工程，平均每天直供京沪和济南的可追溯蔬菜达 200 万斤，推动聊城市农产品实现优质优价。每年组织多家绿色食品生产企业参加各种农产品展销会，为聊城农产品"走出去"创造了有利条件。

（二）农业资源保护不断进步

强化耕地资源保护，推进节水农业发展，加强农业生物多样性保护及持续利用，合理降低农业资源的开发利用强度，留住肥沃的耕地、干净的水源和美丽的田园。根据山东省农业农村厅发布的《山东省耕地质量监测报告（2019 年度）》，山东省耕地质量监测工作起始于第二次土壤普查，2016 年根据《全国农技中心关于做好耕地质量监测点布局规划的通知》（农技土肥水函〔2016〕399 号）要求，健全完善了国家、省、市、县四级耕地质量监测网络。全省耕地 1.14 亿亩，平均近 4 万亩 1 个监测点，已完全满足 10 万亩 1 个监测点的密度要求。目前每个农业县（区）都有 5 个以上监测点，基本实现了土壤类型和耕作制度的全覆盖。[①]

山东省耕地质量监测点有机质含量有所增加，2019 年有机质含量比 2015 年增加 11.9%。从耕地利用类型来看，2019 年粮田、果园和菜地监测点有机质平均分别为 17.6 克/千克、14.3 克/千克和 16.3 克/千克，比 2015 年分别增长了 13.1%、4.3% 和 3.7%。

---

① 山东省农业农村厅. 关于发布 2019 年度耕地质量监测报告的通告［EB/OL］.（2021-01-20）. http：//nync. shandong. gov. cn/zwgk/tzgg/tfwj/20210120_3517176. html.

2019 年粮田、果园和菜地监测点全氮含量分别为 1.12 克/千克、0.98 克/千克和 1.19 克/千克，其中粮田比 2015 年增长了 21.6%。2015—2019 年，果园和菜地监测点全氮含量分别在 0.93—1.05 克/千克和 1.19—1.38 克/千克之间，2019 年比 2015 年分别降低 6.9% 和 11.1%。全省碱解氮含量先增加后降低，但总体有所增加，2019 年碱解氮含量比 2015 年增长 10.7%。从耕地利用类型来看，2019 年粮田、果园和菜地监测点碱解氮平均分别为 102.5 毫克/千克、101.7 毫克/千克和 120.4 毫克/千克，比 2015 年分别增长了 10.2%、10.2% 和 4.0%。2019 年有效磷含量比 2015 年增长 7.7%。从耕地利用类型来看，2019 年粮田、果园和菜地监测点有效磷含量平均分别为 37.2 毫克/千克、55.2 毫克/千克和 74.5 毫克/千克，其中粮田有效磷含量比 2015 年增长了 11.1%，而果园和菜地则分别比 2015 年降低了 11.2% 和 2.5%。全省土壤速效钾含量呈增加趋势，2019 年速效钾含量比 2015 年增长 32.9%。从耕地利用类型来看，2019 年粮田、果园和菜地监测点土壤速效钾含量平均分别为 198 毫克/千克、184 毫克/千克和 259 毫克/千克，粮田和菜地速效钾分别比 2015 年增长了 37.1% 和 37.4%，果园速效钾比 2015 年降低 1.7%。

　　从《山东省耕地质量监测报告（2019 年度）》的监测结果可以看出，山东省耕地养分状况整体处于中高水平，近 5 年肥力水平总体有所提升，但仍存在部分耕地土壤有机质含量较低、果园和菜地土壤磷钾富集明显、农田有机肥施用量较低等问题。各地要继续提高科学施肥水平，根据地力情况适当减施磷钾肥，大力开展有机肥替代化肥行动，采用积造有机肥、秸秆还田、种植绿肥、水肥一体化和培肥改良等技术措施，进一步提升耕地质量。

（三）化学投入品减量增效

　　通过推动农业化学投入品减量、农作物秸秆综合利用、畜禽粪污资源化利用、废旧农膜回收利用等工作，山东省农业资源环境突出问题得到初步遏制。在农业生产过程中，农用化肥、农药、农膜的过量使用会直接导致农业资源环境遭到破坏，使得农业无法绿色、可持续发展，导致在促进我国经济发展到一定水平的同时也会阻碍农业经济的进一步增长。因此，我国在出台大力推进耕地质量提升、减肥减药、建设高标准农田的一系列政策措施后，逐步降低了资源开发利用强度。

山东省小麦玉米轮作监测点作物产量及施肥量分析：小麦—玉米轮作是山东省的主要轮作制度。2019 年山东省国家级监测点中，有 47 个监测点种植小麦和玉米，常规区两季作物总产量平均值为 1085 千克/亩，比无肥区产量增加 50.5%，与 2015 年相比，常规区两季作物平均总产增加 14.3 千克/亩，增幅 1.3%。从常规区施肥量来看，2019 年 47 个监测点小麦、玉米两季作物施肥总量平均为 78.0 千克/亩（折纯量），包含肥料投入量 57.4 千克/亩，秸秆还田养分量 20.6 千克/亩，肥料养分氮、五氧化二磷、氧化钾投入比例为 1：0.54：0.32，有机无机养分投入比例为 1：2.3。2019 年肥料投入量与 2015 年相比减少 0.24 千克/亩，降幅 0.4%。

山东省聊城市在开展农药减量使用及绿色防控工作中注重推广小麦、玉米大田专业化统防统治和绿色防控技术融合技术，绿色防控技术融合面积 200 多万亩次。开展高效、低毒、低残留农药的绿色防控技术试验示范，出台了《聊城市禁止销售使用剧毒高毒农药管理规定》，近三年累计出动剧毒高毒农药暗访暗查执法人员 710 人次。大力推广统防统治技术，统防统治队伍已达 520 余支，从业人员 4600 多人，日作业能力 28 万亩，专业化统防统治面积达到 700 余万亩次。2018 年，全市农药使用折百量 1122.25 吨，比 2017 年减少 1.73%，提前三年完成 2020 年减少到 1200 吨以下的目标。在推动化肥减量使用方面，推广水肥同步管理和高效利用。2018 年，全市水肥一体化面积达到 28.2 万亩，每亩可节水 25%—40%，节肥 30%—50%。累计推广高效缓控释肥料 300 余万亩，增产 4.5 万吨，节约化肥 1 万吨。2018 年市财政列支 500 万元，在全市 2.5 万亩瓜菜、果树推广黄腐酸肥料 4550 吨。在莘县实施果菜茶有机肥替代化肥示范县项目，基地面积 2.8 万亩，推广有机肥 9500 吨，减少化肥用量 600 余吨。化肥施用量呈逐年下降趋势，2017 年下降到 40.56 万吨。

二、农业绿色发展存在的问题

近年来，山东省通过大力推行绿色生产模式，坚决打好农业面源污染攻坚战，农业资源利用的强度下降，农田灌溉水有效利用系数提高到 0.55 以上，退耕还林还草 4240 万亩，耕地轮作休耕制度试点扩大到 1200 万亩。农业面源污染加重的趋势减缓，以垃圾处理、污水治理为重点的农村人居环境整治全面提速。但是乡村环境和生态问题仍很突出，资源硬约束日益加剧。人多、地少、水缺是我国基本国情，耕地质量下降，黑土层变薄、土壤酸化、耕作层变浅等问题凸显，农田灌溉水有效利用系数比发达国家平均水平低 0.2，华北地下水超采严重。全国水土流失面积仍然有 290 多万平方公里，草原超载、过牧等问题依然突出，湖泊、湿地面积萎缩，生物多样性受到严重威胁，濒危物种增多。体制机制尚不健全，反映水资源稀缺程度的价格机制尚未形成。循环农业发展激励机制不完善，种养业发展不协调，农业生态补偿机制尚不健全。农业污染责任主体不明确，监管机制缺失，污染成本过低。

（一）农业污染防治任重道远

1. 农业面源污染防治

面源污染是指农村生活和农业生产活动中，溶解的或固体的污染物，如农田中的土粒、氮素、磷素、农药重金属、农村禽畜粪便与生活垃圾等有机或无机物质，从非特定的地域，在降水和径流冲刷作用下，通过农田地表径流、农田排水和地下渗漏，使大量污染物进入受纳水体（河流、湖泊、水库、海湾）所引起的污染。农村面源污染产生的有机物的化学需氧量、总氮、总磷是污染物负荷的主要来源，村镇生活污水、农村固体废弃物、农田农药化肥、水土流失和暴雨径流为主要面源污染。农村面源污染的主要特点为：分散性和隐蔽性强、随机性和不确定性高、具有不易监测性和空间异质性。当前，在农村面源污染防治方面主要存在以下四个方面的问题：

（1）农村面源污染防治的意识薄弱。

由于农村面源污染具有分散性、隐蔽性、随机性、不易监测、难以量化等特征，同时又与农业生产紧密结合，人们对农村面源污染认识不足，特别是农业生产者没有防治意识，没有成为面源污染防治的主力军，致使面源污染持续发展。

（2）基础性科技工作不足。

缺乏对农村面源污染长期的基础性监测调查与研究，系统的基础数据不完善，导致有效的防控技术标准和措施无法制定，可选用的实用技术少，多数还是借用点源污染控制的工程技术，但以末端治理为主的工程技术难以达到综合治理的效果。

（3）政策法规体系不完善。

以牺牲环境为代价的产业发展导向仍然存在：例如，对化肥的扶持政策抑制了有机肥市场的发展；因为农业生产的特殊性，环保法律法规执行力度不够；一些强制性、引导性技术标准和规范缺乏，农民掌握使用的技术规范更少；在政策层面支持农业废弃物资源化利用的优惠措施不明确。

（4）农村环境治理投入不足。

长期以来，环境保护实现"谁污染、谁治理"，环保投入的主体是业主，因而农村面源污染防治投入很难落实。而政府有限的财政投入，也主要集中在城市和工业上，对农村环保投入甚少。历史欠账多，落后的基础设施与日益加大的污染负荷之间的矛盾日益突出，直接导致了农村环境污染的加剧。

出于过度施肥、滥用农药等原因，目前农业污染已经超过工业污染，成为我国最大的水污染源。我国的化肥利用率总体不高，平均不足38%（有些城郊蔬菜基地与高产地区的化肥利用率低至20%左右），而损失则高达62%以上，每年超过3500万吨以上的化肥通过不同的途径流失，这对水环境造成的污染已相当严重。长期过量使用化肥不仅使地面水体富营养化，而且还会导致地下水和饮用水硝酸盐污染。

农药使用后，很大一部分都落在土壤上，在田间使用后，真正起杀虫作用的不足使用量的40%，其余一部分进入大气和水体，一部分残留在土壤中，没有起作用的这部分农药通过各种渠道流入地表水体，致使周围诸多河流、湖泊等水体受到污染，导致众多污染物质含量超标，水质恶化，甚至导致水体生物的死亡，使之陷入恶性循环。同时，农药的不合理使用还会对地下水造成严重污染。

2. 土壤环境污染防治

（1）土壤环境污染及其特点。

土壤环境污染是指人类活动产生的污染物进入土壤并积累到一定程度，引起土壤质量恶化的现象。随着现代工农业生产的发展，化肥、农药的大量使用，工业生产废水排入农田，城市污水及废物不断排入土体，这些环境污染物的数量和排放速度超过了土壤的承受容量和净化速度，从而破坏了土壤的自然动态平衡，使土壤质量下降，造成了土壤的污染。土壤污染就其危害而言，比大气污染、水体污染更为持久，其影响更为深远。因此也表明了土壤污染具有复杂、持久、来源广、防治困难等特点。

土壤环境污染的特点有隐蔽性和潜伏性、不可逆性和长期性两大特点。土壤污染是污染物在土壤中长期积累的过程，其危害也是持续的、具有积累性的。一般要通过观测到地下水受到污染、农产品的产量及质量下降，以及因长期摄食由污染土壤生产的植物产品的人体和动物的健康状况恶化等方式才能显现出来。这些现象充分反映出土壤环境污染具有隐蔽性和潜伏性，不像大气污染或水体污染那样容易为人们所觉察。

污染物进入土壤环境后，便与复杂的土壤组成物质发生一系列迁移转化作用。多数无机污染物，特别是金属和微量元素，都能与土壤有机质或矿物质相结合，而且许多污染作用为不可逆过程，这样污染物最终形成难溶化合物沉积在土壤并长久保存在土壤中，很难使其离开土壤。因而土壤一旦受到污染，就很难恢复，成为了一种顽固的环境污染问题，对于土壤环境污染的严重性、不可逆性和长期性，必须有足够充分的认识。

（2）土壤环境污染的来源。

从土壤环境污染的来源来看，主要有大气污染型、水质污染型、固体废物污染型、农业污染型和综合污染型五类。

大气污染型土壤环境污染是指大气中的污染物通过干、湿沉降过程污染土壤，如大气气溶胶的重金属、放射性元素、酸性物质等对土壤的污染。其特点是污染土壤以大气污染源为中心呈扇形、椭圆形或条带状分布。长轴沿主风向伸长，其污染面积和扩散距离，取决于污染物的性质、排放量和排放形式。大气型土壤污染物主要集中于土壤表层。

水质污染型土壤环境污染主要是工业废水、城市生活污水和受污染的地表水，经由灌溉而造成的土壤污染，此类污染约占土壤污染面积的80%。其特点是污染物集中于土壤表层，但随着时间的推移，某些可溶性污染物可由表层渐次向心土层、底土层扩展，甚至通过渗透到达地下潜水层。污染土壤一般沿河流、灌溉干、支渠呈树枝状或片状分布。

固体废物污染型土壤环境污染。固体废物包括工矿业废弃物（矿渣、煤矸石、粉煤灰等）、城市生活垃圾、污泥等。固体废物的堆积、掩埋、处理不仅直接占用大量耕地，而且会通过大气迁移、扩散、沉降或降水淋溶、地表径流等污染周围地区的土壤，属点源型土壤污染。其污染物的种类和性质都较复杂，且随着工业化和城市化的发展，有日渐扩大之势。

农业污染型土壤环境污染是指由于农业生产需要，在化肥、农药、垃圾堆肥、污泥长期使用过程中造成的土壤污染。主要污染物为化学农药、重金属，以及氮、磷富营养化污染物等，污染物集中于耕作表层。

综合污染型土壤环境污染，土壤污染往往是多污染源和污染途径同时造成的，即某地区的土壤污染可能受大气、水体、农药、化肥和污泥使用的综合影响所致。其中以某一或两种污染源污染影响为主。

（二）农业资源环境约束趋紧

近年来，我国农业的快速发展从一定程度上来说是建立在对土地等农业资源强度开发利用的基础上，同时快速推进的工业化、城镇化对强化农业的基础支撑提出新要求，工业与农业，城市与农村争水、争地的矛盾日渐突出。农业发展面临的资源环境约束日趋严重。

从耕地资源来看，山东省人多地少，人均耕地 1.16 亩，仅为全国平均水平的 76.3%，严守 1.12 亿亩耕地红线压力很大。从淡水资源来看，山东省农业用水资源匮乏，人均水资源仅为全国平均水平的 14.7%，亩均水资源仅为 16.7%。高效节水灌溉能力不足，水资源利用率低，浪费严重。从耕地质量来看，受种植结构单一、施肥用药不科学、深耕深松面积少等因素影响，土壤耕层变薄、养分失衡、盐化酸化、农药残留等问题突出，耕地质量有待提升。近年来，随着全球气候变化，极端天气事件明显增多，干旱、洪涝、低温和病虫害等自然灾害发生频率增加、威胁加重。

（三）农业生产经营方式粗放

1. 农业资源利用方式不合理

相对工业而言，传统农业效益较低，农民没有能力也不愿意在养地方面加大投入，耕地"重用轻养"现象非常普遍，大部分农户只用不养，种植过程中不再施用有机肥，而是大量施用化肥，采取掠夺性的生产经营方式。在农业用水严重短缺的形势下，农业用水有效利用效率在 55% 左右，大水漫灌、超量灌溉等现象比较普遍。在大部分地区应对干旱缺水的主要措施只是打井，用水泵抽取地下水进行农业灌溉，造成了华北、东北西部等地区地下水超采严重，形成超采漏斗区，井越打越深，水越出越少。

2. 农业生产资料利用效率低

我国的耕地面积不到世界的 9%，但是化肥施用量全球第一，占世界化肥总量的 35%，是美国、印度的总和。亩均化肥用量 21.2 千克，远远高于亩均 8 千克的世界平均水平。化肥的当季利用率不足 40%，低于发达国家 50% 左右的水平。同时，我国也是世界农药生产和使用第一大国，2012 年农药产量高达 354.9 万吨，每年使用量 30 万吨左右，目前农药的有效利用率不足 40%。此外，现代化农业大量使用农膜、地膜，每年约有 50 万吨的农膜残留于土壤中，残留率为 40% 左右，大量残留的农膜在土壤中难以降解，给农业可持续发展埋下隐患。

3. 农业面源污染仍比较严重

在农业生产过程中，化肥、农药、地膜等投入品的过量使用，规模养殖比重迅速提高，使得农业面源污染问题日益突出。环境保护部《第一次全国污染普查公报》显示，农业面源污染总量大、占比高。畜禽养殖总量的不断增加、养殖规模化水平的不断提升，但是养殖业污染处理设施滞后，未能消纳和利用的畜禽粪便，由传统的农家有机肥变成了地表水、地下水环境的主要污染物，使得农业面源污染呈现局部改善、总体加重的趋势。

三、促进山东农业绿色发展的建议

《中共中央　国务院关于实施乡村振兴战略的意见》（2018 年 1 月 2 日）中强调，要"加强农业面源污染防治，开展农业绿色发展行动，实现投入品减量化、生产清洁化、废弃物资源化、产业模式生态化。推进有机肥替代化肥、畜禽粪污处理、农作物秸秆综合利用、废弃农膜回收、病虫害绿色防控"。

（一）建立生态产业体系，发展生态农产品加工业

建立集种植、养殖、培植为一体的生态化农业产业体系。引导农民以村庄为单位，形成一村一社的综合性农民合作组织，开展全域有机生产。有机农业产业链由种植、养殖、培植以及农产品加工构成，形成包括植物、动物、微生物、废弃物的有机生态产业循环体系。植物体系由乔木、灌木、草本植物构成立体的植被体系，包括粮食作物、油料作物、蔬菜、水果、干果、药用植物（道地药材），传承中华民族千百年来传承的间作、轮作技术。因地制宜实施猪、鸡、牛、羊养殖或特种养殖。利用种植和野生的秸秆、树木枝叶等进行食用菌生产，农作物的秸秆和加工下脚料、废弃物可以用来做动物饲料和食用菌原料，动物粪便和菌渣可以做肥料。随着近年来的技术进步，农作物秸秆不经过动物养殖过腹还田，也可以直接实现植物、废弃物、微生物的循环。也可以进行深度循环，动物粪便、作物秸秆、菌渣、经过严格分类的有机生活垃圾、人粪尿进入村级沼气站，生产的沼气作为农村烧水、做饭、取暖的能源，沼渣、沼液经过好氧处理制备高效有机

肥和有机液态肥供有机种植使用，形成养殖和种植业的共生共作和循环体系。

在全域有机生产的基础上，将有机农产品的加工落在乡村，把有机农产品加工的附加值留在乡村，提高农民的收入。以合作社或农户作为投资运营主体，根据村级合作社的实际情况，选择建设磨坊（加工有机米面）、酱坊（生产本地特色有机酱和酱油）等因地制宜且具备产地优势的作坊生产，同时建设蔬菜分拣加工、鸡蛋分装等作坊，这些生产内容由合作社和农户完成。促使乡村作坊成为合作社的主导产业和收入来源，也是农户的重要收入来源。

山东省肥城市济河堂村探索出一条"四位一体"生态农业发展模式。①肥城边院镇济河堂村自 1994 年以来，积极探索开发有机蔬菜生产，1997 年建成了全国首家经国际有机作物改良协会（OCIA）颁证的有机蔬菜生产基地，先后获得了国家 OFDC、欧盟 BCS 和日本 JONA 等国际有机食品权威机构的认证，2002 年在国家工商总局注册了"济河堂牌"有机蔬菜商标。济河堂村是国家环保部和农业部确立的有机农业发展典型村，国家级出口农产品标准化示范区，国家级一村一品示范村，被誉为"中国有机蔬菜第一村"。从 1994 年发展有机蔬菜种植以来，济河堂村有机种植已持续了 25 年，探索形成了由科研院所提供技术支撑和保障、企业开发市场带动生产、村社组织引导、农户主体参与的"四位一体"生态农业发展模式，这一模式的主要内容为：

一是科研院所服务，提供技术支撑。山东农业大学植保学院刘玉升教授团队长期致力于生态植保技术研发与推广应用，早在 2003 年，就与泰山亚细亚食品有限公司合作，完成了我国第一个有机蔬菜生产省级鉴定科技成果，《万亩有机蔬菜生产技术研究与开发》（鲁科成鉴字〔2003〕第 969 号）为有机生产基地的生产环节提供了关键技术支撑。山东农业大学植保学院在生态植保技术示范、推广方面发挥了关

---

① 山东省肥城市调研资料。

键引领作用，为肥城边院镇济河堂村有机种植基地提供生态植保技术指导和生态循环农业技术支撑，是有机产业健康发展的重要保障。

二是企业加工销售，保障市场稳定。泰安泰山亚细亚食品有限公司1994年开始从事有机农业，是中国最早，也是目前出口量大的集研发、种植、加工、销售于一体的全产业链有机蔬菜专业生产企业。经过20多年的发展，公司现拥有有机蔬菜基地15000多亩、6个有机蔬菜加工厂、1个综合食品加工厂及有机黑蒜加工厂，公司冷库储存能力15000吨，恒温库储存能力1500吨，年生产加工能力20000吨。公司产品主要有四大系列：有机速冻蔬菜、有机保鲜蔬菜、有机脱水蔬菜、有机调理食品，共60多个品种。公司产品远销日本、美国、加拿大、澳大利亚、新西兰、欧盟各国。肥城边院镇济河堂村是公司合作最早的有机种植基地之一。泰安泰山亚细亚食品有限公司与肥城边院镇济河堂村有机蔬菜种植专业合作社的合作模式是有机产业发展的基础，解决了小农户与大市场的不对称问题。泰安泰山亚细亚食品有限公司开拓国际、国内市场，收购种植基地有机农产品并进行加工后出口，消除有机农产品销售的后顾之忧，延长了产业链条，为"四位一体"生态农业体系的健康发展提供重要动力和市场保障。

三是村委、合作社，连接公司农户。济河堂村村委组织引导农户成立有机蔬菜种植专业合作社，与泰安泰山亚细亚食品有限公司对接，进行产销合作，是"四位一体"生态农业体系的重要组织力量。有机蔬菜种植专业合作社实行企业化管理，严格按照"公司+合作社+社员"的模式做到种植计划、良种供应、技术指导、有机肥料、防病治虫、收购结算的"一条龙"服务。

四是农户主体参与，生态种植致富。农户作为农业生产主体参与到"四位一体"生态农业体系中，在这一模式中起到生产主体作用。调研中，我们实地考察了基地生产情况，发现济河堂村经过多年的有机种植，基地的生态环境很好，建立了生物多样性的完整生态系统，在生产中并没有严重的生态植保压力，有机种植的西兰花、小麦、土豆等都长势良好。同时，从事有机生产的农户也受益于有机种植方式，改善了生产环境，减少了健康危害，提高了生活质量，对加入合作社与公司合作这一模式表示满意。济河堂村有机种植在修复保护土壤、保障农业可持续发展方面亦作出了重要贡献。

山东省在生态农业发展方面的独特优势，在"四位一体"运行模式下，济河堂村的有机生产已有 27 年的历史，无论在生态植保技术还是在村企合作、产学研合作方面都积累了宝贵的经验，值得我们进一步深入挖掘、积极总结和推广应用。

（二） 加大面源污染防治和推进农业废物循环利用

高效、生态、安全是现代农业的基本要求，要达到这一要求，必须大力推广节约型技术，加强农业面源污染防控，科学合理使用农业投入品，提高使用效率，减少农业内源性污染。普及和深化测土配方施肥，改进施肥方式，鼓励施用有机肥、生物肥料和绿肥种植。推广高效、低毒、低残留农药、生物农药和先进施药机械，推进病虫害统防统治和绿色防控，努力实现农药使用量零增长。建设农田生态沟渠、污水净化塘等设施，净化农田排水及地表径流。综合治理地膜污染，推广加厚地膜，开展废旧地膜机械化捡拾示范推广和回收利用，加快可降解地膜研发，逐步实现农业主产区农膜和农药包装废弃物实现基本回收利用。

因地制宜推进秸秆肥料化、饲料化、基料化、原料化和能源化利用，建立健全秸秆收储运体系，推动秸秆综合利用产业发展。在重点流域紧密依托畜禽养殖污染治理工程，建设以畜禽粪便和农作物秸秆为主要原料的基质产业和食用菌产业，以增值利用促进农业废弃物有序收集。在重点区域开展农田残膜回收区域性示范，创新地膜回收与再利用机制，重点建设废旧地膜回收网点和加工厂。具体而言，可以采取以下措施促进农业废弃物循环利用。

第一，建设农业废弃物基质化工程，以秸秆、畜禽粪便等农业废弃物为原料生产基质，大力发展食用菌产业。农业废弃物基质化利用工程主要建设内容为农业废弃物处理设施、基质生产设施、基质利用设施等。

第二，选择治理区域交通、水电便利的地点，建设废旧地膜回收网点，配备农田残膜回收机械、农用运输车、打包机等设备，集中回收废旧地膜。

第三，以废旧地膜资源化利用为目标，建设废旧地膜加工厂，包括原料车间、粉碎与清洗车间、造粒车间、收贮场地、仓库等设施，配备造粒机等专用设备。

第四，建设农业废弃物田间处理利用工程，针对蔬菜残体、农作物秸秆、农用化学品包装物等农业废弃物随意丢弃以及人畜粪便在田间无序堆置所造成的面源污染和资源浪费问题，重点开展人畜粪便、蔬菜残体和农作物秸秆就近堆肥处理，确保农业废弃物安全利用，降低污染物流失风险，可以建设农业废弃物田间处理池、农用化学品包装物田间收集池等基础设施。

（三）发挥政策引导作用，推动实现生态资源价值

2010年，国家推出的《全国主体功能区规划》将维系生态安全、保障生态调节功能、提供良好人居环境的自然要素定义为生态产品，包括清新的空气、清洁的水源和宜人的气候等，尽管这样的定义有助于大家将生态产品具体化，便于推动《全国主体功能区规划》的实施，但是这样的内涵远远不能代表生态产品的全部特征。

自然生态产品指维系生态安全、保障生态调节功能、提供良好人居环境的自然产品和服务，包括没有受到污染的空气、自然循环的水源、鸟语、花香、水清、天蓝、宜人气候等。绿水青山是最典型的自

然生态产品，清新的空气、洁净的水体、美丽的森林、多样化的物种、宜人的气候等是绿水青山释放出的生态效益。在没有人为作用下，人与自然和谐相处就可以获得自然生态产品的生态效益。但是，在以往"靠山吃山、靠水吃水"的发展观下，人们为了获取财富滥砍滥伐，用牺牲生态环境换取金山银山，使得环境污染日益加重，生态系统逐渐退化，绿水青山越来越少，甚至成为稀缺的自然生态产品。对于自然生态产品要充分认识到青山绿水的生态价值，通过保持和恢复自然生态产品的生态功能获取生态效益。

增加生态产品供给广泛涉及经济活动的各个领域。农业生产减少化肥和农药的使用量生产的有机农产品就是生态产品，这样的生态产品不仅可以提高人民饮食健康福祉，而且具有高附加值，也为改变农业生产方式，提升农业生产技术装备开辟了巨大空间。渔牧业生产中采取阶段性休渔禁牧措施不仅有利于海洋和草场的生态修养，而且可以提升产品品质，增加经济回报。

1. 因地制宜制定政策，创建特色示范区

我国农业绿色发展模式依然处于探索阶段，各地政府应根据政策法律的总方针和目标，依据当地的经济发展水平、环境资源状况、地理条件等因素，因地制宜地制定符合当地农业绿色发展的政策措施。同时，按照政策规划，加大农业绿色发展示范区建设力度，立足当地资源禀赋、区域特点和突出问题，因地制宜地创建具有不同特色的示范区，探索符合区域特点和地方特色的绿色发展模式，引领农业绿色发展。

2. 建立绿色资源台账，加强环境监管

我国农业绿色发展政策规划相继出台，农业绿色发展正式进入稳步发展阶段，环境资源得到初步改善，但仍存在大量粗放经营的方式。在农业转型的关键时期，应采取量化的办法，建立农业绿色发展资源台账，对各地各时期的农业绿色发展水平进行评价，以督促各地农业

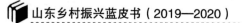

健康、可持续发展。构建产地环境、农业资源、生态系统、绿色供给等多方面监测体系，确保农业提质与环境保育协调发展。

3. 完善绿色发展奖惩细则，规范生产行为

农业绿色发展政策的目标是实现长期、可持续发展，短期内成效相对较低，为避免因农户观念落后、企业效益低下等问题导致农业绿色发展无法顺利推行，应出台和完善奖惩细则，规范生产行为，助力农业绿色发展。尽快建立一套完整的具有明确指向性的农业绿色发展补贴体系，做到条例清晰、内容翔实，以更好地提高农民的绿色发展主体意识。[①]

---

① 冯丹萌. 发达国家农业绿色发展的政策演进及启示［N］. 中国城乡金融报，2020-03-04（B03）.

山东乡村人居环境报告

张彦丽[*]

摘　要：坚持农业农村优先发展，促进"产业兴旺、生态宜居、乡风文明、治理有效、生活富裕"是实施乡村振兴战略的总要求。生态宜居是实现乡村振兴的基础保障，其目标是实现乡村环境整洁有序，生活垃圾、生活污水等处理基础设施和公共服务完善，提升乡村人居环境质量，实现人与自然和谐共生。本文聚焦提升乡村人居环境的重点领域，从农村生活垃圾分类和生活污水治理、厕所革命、村容村貌整治等重点任务出发，梳理了山东省推动乡村人居环境提升的措施和成效。针对农村生活垃圾分类和生活污水治理两项重点任务，分析了政府统筹规划、处理系统和设备、处理技术、工作体制、责任体系和治理动力等方面存在的问题，并在此基础上提出了进一步提升和改善山东乡村人居环境的建议。

关键词：乡村人居环境；生活垃圾分类；生活污水治理；村容村貌整治

改善乡村人居环境，建设美丽宜居村庄，是实施乡村振兴战略的一项重要任务，关系到广大农村居民根本福祉和农村社会文明和谐。2018年1月，中共中央办公厅、国务院办公厅印发的《农村人居环境整治三年行动方案》提出，到2020年实现农村人居环境明显改善、村

---

　* 作者简介：张彦丽，女，中共山东省委党校（山东行政学院）社会和生态文明教研部，副教授。

庄环境基本干净整洁有序、村民环境与健康意识普遍增强的总体目标。近年来，山东省认真贯彻落实党中央、国务院的部署，把改善农村人居环境作为社会主义新农村建设的重要内容，大力推进农村基础设施建设和城乡基本公共服务均等化，农村人居环境建设取得显著成效。以农村生活垃圾治理、农村生活污水治理、农村厕所革命、村容村貌整治提升等为重点，不断推进农村人居环境整治。2019年是农村人居环境整治由点向面、全面推进之年，山东围绕农村生活垃圾治理、农村生活污水治理、农村厕所革命、村容村貌整治提升等重点任务，不断推进农村人居环境整治，加快补齐农村基础设施和公共服务短板，为乡村振兴打下坚实基础。

一、山东乡村人居环境现状

山东省以美丽乡村建设为主线，按照《农村人居环境整治三年行动方案》部署要求，扎实推进农村人居环境整治，农村面貌明显提升。

重视抓好顶层设计。2018年5月，印发了《山东省农村人居环境整治三年行动实施方案》，提出"一年提标扩面、两年初见成效、三年全面提升"目标，对全省农村人居环境整治工作作出部署安排。实施方案坚持因地制宜、高标定位，注重与《山东省乡村振兴战略规划（2018—2020年）》的连接、与"五个振兴"工作方案的对接，细化量化各项重点任务。

发挥规划引领作用。山东省把制定规划作为农村人居环境整治的基础性工作，按照"先规划后建设、先设计后整治"原则，科学编制规划，注重分类指导。目前，全省75%的县（市、区）编制了县域乡村建设规划、95%的乡镇编制了乡镇总体规划、48%的村庄编制了村庄规划，初步形成了县域村镇体系规划为纲领、村庄规划为主体的乡村规划体系。

强化投入保障。山东省通过争取国家支持补一块、省市县财政拿一块、政府债券筹一块、社会资本融一块、集体经济投一块、群众自筹掏一块"六个一块"的方式，多渠道筹集农村人居环境整治资金。2018年，山东省各级财政部门共筹集资金220.3亿元，同比增长83%，其中省级119.69亿元，市县100.61亿元。出台《关于加快推进省级涉农资金统筹整合的实施意见（试行）》，改进涉农专项转移支付制度，对关系省委、省政府重大决策部署的农村人居环境整治项目资金，采取专项转移支付分配下达，实现集中力量解决农村人居环境整治重大事项。

全面推进"厕所革命"。山东省2015年就开始试点，2016年全面启动，率先在省域范围内开展农村无害化卫生厕所改造。省委、省政府印发了《关于深入推进农村改厕工作的实施意见》，建立由省直12个部门参与的联席会议制度，形成各部门齐抓共管的工作合力。省、市、县各级财政对一般农户每户补助900元，对建档立卡贫困户每户补助1000元，让群众基本"少花钱甚至不花钱就能用上卫生厕所"。坚持把"管"放在突出位置，推动出台农村改厕建设管理指导意见，加快维修服务、清运服务、利用处理三个体系建设，系统解决改厕后续管护问题。

加快推进农村生活垃圾治理长效化。山东省委办公厅、省政府办公厅印发了《关于加强城乡环卫一体化工作的意见》，推动城市生活垃圾治理模式向村镇延伸。创新管理运行模式，完善县、乡、村三级环卫管理体制，普遍设立乡镇（街道）环卫管理所。全面推行"户集、村收、镇运、县处理"城乡环卫一体化处理模式，实现了村镇垃圾的全收集和无害化处理。

梯次开展农村生活污水处理。以县（市、区）为单位编制县域村镇生活污水治理专项规划，统筹考虑，梯次推进。因地制宜，推广

"建设运营一体、区域连片治理"的污水治理模式，逐步实现县域内村镇污水治理项目建设运营一体化。编制《山东省农村生活污水处理设施排放标准》，探索建设分散式小型污水处理设备。

（一）山东推动农村生活垃圾分类探索

农村生活垃圾治理，是乡村生态振兴的重要基础和农村人居环境整治的重要任务之一。尽管近年来各级政府在农村生活垃圾治理方面采取了一系列有力有效措施，但农村范围大、人口多，农村垃圾成分复杂，收运处置体系不完善，长效保洁机制还不健全，导致在一些地区生活垃圾处理问题仍然十分突出，成为影响农村人居环境的重要因素之一。2019年10月19日，住房和城乡建设部印发了《关于建立健全农村生活垃圾收集、转运和处置体系的指导意见》，指导各地推进垃圾分类减量先行、优化收运处置设施布局、加强收运处置设施建设，健全运行管护制度。住房和城乡建设部指导督促2017年认定的100个农村生活垃圾分类和资源化利用示范县探索可复制、可推广的经验。各地积极探索农村生活垃圾分类，开展试点示范。山东省以"减量化、资源化、无害化"为导向，全面推行农村生活垃圾分类投放、分类收集、分类运输、分类处理和定时上门、定人收集、定车清运、定位处置"四分四定"体系，制定农村生活垃圾分类处理工作实施方案和重点工作清单，对垃圾分类类别、标志、品种、投放、处置等内容进行了明确。

1. 济南南部山区开展生活垃圾分类

南部山区是济南市的泉源、绿肺，做好垃圾分类工作对于南部山区加强生态保护、实施可持续发展具有重要意义。2017年9月，南部山区结合山区实际，从示范村开始试点实施垃圾分类，不断探索和创新垃圾分类的办法措施，在全济南市，特别是农村生活垃圾分类工作中发挥了示范引领作用，初步解决了农村生活、农业生产废弃物就地处理问题，形成了财政可承受、农民可接受、面上可推广、长期可持续的农村垃圾分类和资源化利用模式，产生了显著的生态效益、经济效益和社会效益，走出了一条符合南部山区实际的农村垃圾分类新路子。

在前端分类上，配备分拣员进行二次分拣。农村垃圾分类的特点，一是可回收物和家庭厨余垃圾分出的少，可回收物能卖的全部留着卖，剩菜剩饭舍不得倒掉，大部分饲养畜禽；二是由于青壮年外出打工多，在家的老年人文化素质低，对于垃圾分类知识接受慢。为此，南部山区把过去的240升垃圾桶全部撤到集中存放点，每个农户发40升垃圾分类桶，农户对产生垃圾先进行初分，分拣员上门收集时进行二次分拣。这样做一是解决了农户分不好的问题，实现了精准投放；二是对分不好的农户手把手地进行教育引导，提高了农户的分类水平；三是每天对每户群众的分类情况进行评价，通过红灰榜进行公示，提高了群众分类的积极主动性；四是实现了"撤桶"和"定时定点"收集的目标。

在分类管理上，使用智慧化环卫管理系统。以高而办事处为试点，于2019年2月建设了智慧化环卫管理平台，并将垃圾分类管理镶嵌其中。智慧平台依托大数据、互联网，打造了集定位、跟踪、传输、监督、分析等功能于一体的立体式垃圾分类监管体系，将垃圾分类桶、保洁员、收集车、堆肥房、百姓积分等管理对象通过智慧平台进行统筹管理，工作人员只需每天通过监管系统就可以轻松掌握人员的上岗、收集、阳光堆肥房运行等情况，各项数据分析一目了然。

在末端处置上，资源化利用取得良好效果。垃圾分类的目标就是要无害化、减量化、资源化，南部山区是济南市的果盘子、菜篮子，每年在批发市场、农贸市场有大量卖不出的果品、蔬菜作为其他垃圾外运，堆在田间地头的烂果子、菜叶子数不胜数，剪下来的果树枝子更是无处存放，严重影响甚至污染了周围环境。为此，从一开始搞垃圾分类，南部山区就瞄准了厨余垃圾和农业废弃物就地堆肥、循环利用的发展方向。目前，在借鉴浙江金华经验的基础上，南部山区已经建成了 16 处阳光堆肥房、2 处有机肥加工场、2 处厨余垃圾就地处理车间，在山东农业大学的专业指导下，将厨余垃圾、农业废弃物和动物粪便进行配方发酵，产出的有机肥通过实际验证，对于有机果品和蔬菜的质量和增收效果明显。

一是农村人居环境大变样。实施农村垃圾分类后，实行垃圾收集、运输不落地，农村的柴堆、粪堆、烂果子、菜帮子等废弃物都收集堆肥，二次污染明显减少，农村边角都变得干净，苍蝇、蚊子变少了，臭味没有了，还促进了循环农业的发展，南部山区的乡容村貌发生了翻天覆地的变化。

二是促进了生活垃圾的减量化、资源化。就示范片区高而办事处而言，从 2018 年实施垃圾分类以来，垃圾产生量从过去每天的 19 吨减少到现在的 11.2 吨左右，厨余垃圾和可回收物减量在 40% 以上。

三是促进养成文明新风。垃圾分类的过程，既是农民良好卫生习惯的养成过程，又是农民文明卫生素养的提升过程。村庄干净了，倒逼着部分农民改变自身不良习惯。如村民以前随手乱扔垃圾比较普遍，现在垃圾都自觉投放到分类小桶中。"出彩人家"的推进，洁净庭院、美丽家庭等评比活动的开展，积分兑换、红黑榜等制度的实施，进一步提升了农民自我管理能力，是村民自治自律的生动实践。

2. 威海荣成市推行农村生活垃圾分类

荣成市是全省第一批农村生活垃圾分类工作试点市，为解决垃圾分类工作中不想分、不愿分、不好管的问题，荣成市将垃圾分类情况与信用管理挂钩，作为评比"先进户"和发放福利待遇的主要依据，这在全国独树一帜。通过信用管理，村民参与垃圾分类的自觉性和积极性空前高涨，仅用了几个月时间，全市 883 个村居就全面铺开。

村"两委"① 干部兼职当垃圾收集管理员，重点把好源头小型垃圾桶分类关和垃圾房分类检查关。根据垃圾分类记录，对小垃圾桶分类到位、桶体干净整洁的家庭，适当予以信用奖分。部分村居还根据投放有害垃圾数量、投放准确率、二次分拣程度等情况进行评分，村民可按积分多少兑换生活用品。各村居还发动志愿者参与入户宣传指导，并依据分包户分类实施情况，予以信用赋分。对连续三次分类不合格的、乱扔垃圾者扣减信用分。设立信用基金的村居按照每奖励信用分1分，激励信用基金1000元的标准，以奖代补，激发群众参与垃圾分类的积极性。

在收集方式上，各村居根据不同情况，采取村民自投和定时收取两种模式。村"两委"安排的执勤人员负责做好记录，遇到村民分类有误的，予以指导。同时，通过智慧城市建设，为每辆车规划最优运输路线，挂出运行图、定出时间表，做到车桶无缝对接。

在末端处理上，荣成市对固体废弃物、建筑垃圾和可燃垃圾燃烧的残渣，通过科技创新和民营企业参与的方式，进行再加工、再利用，变废为宝。在石岛管理区顺达建材产业园内，用建筑垃圾生产的装配式建筑模块成为"抢手货"。该项目负责人王本杰介绍，通过采用国内先进工艺，可将建筑垃圾进行环保处理，并转换成新型建筑材料，日处理建筑垃圾能力达2500吨，预计年产值可达8000万元。

(二) 山东农村生活污水治理情况

农村生活污水治理是农村人居环境整治中的突出短板，也是整治难度最大的工作之一，技术要求高，一次性投入大、维护运营成本高，是当前农民群众反映较为集中的问题之一。2019年以来，在农村生活污水治理方面，中央部门多措并举统筹推进农村生活污水治理工作，各地因地制宜开展农村生活污水治理，积极推进农村生活污水处理设

---

① "两委"即村党支部委员会和村民委员会。

施建设，加快消除农村黑臭水体，不断建立健全农村生活污水治理标准规范，农村生活污水治理水平有了较大进步。近年来，山东省全面开展农村生活污水治理，全省170个县（市、区，含高新区、开发区等）和20个连片治理区全部印发实施农村生活污水治理实施方案。2019年全省新增完成生活污水治理的行政村7756个，累计占比23.52%。①

（三）山东农村厕所革命情况

小厕所，大民生。农村厕所革命是改善农村人居环境的重要环节，关系到亿万农民群众生活品质的改善。习近平总书记强调，厕所问题不是小事情，是城乡文明建设的重要方面，要把这项工作作为乡村振兴战略的一项具体工作来推进，努力补齐这块影响群众生活品质的短板。近年来，各地认真落实中央决策部署，因地制宜、真抓实干，有力有序扎实推进农村厕所革命。

近年来，在农村卫生厕所改造与建设方面，我国分类推进农村厕所革命，强化工作部署推动，持续加大支持力度，开展改厕技术试点示范和专家指导服务，推动编制相关标准规范，加强农村改厕向排查整改，不断建立健全农村厕所建设与管护机制，农村户用卫生厕所改造和村公共厕所建设不断推进，探索出一批适合不同区域的农村改厕模式。截至2019年底，山东省农村完成改厕47.09万户，完成各市上报计划（55万户）的85.62%。②厕所建设与运行的管护机制逐步完善。通过设立农村厕所运行维护专项资金、鼓励社会化资源参与农村厕所建造与维护、发挥农户在厕所养护与管理方面的主体作用、组建第三方专业服务团队等一系列措施，我国部分区域已经初步建立了政府引导与市场运作相结合、建管并重的农村厕所建设、管护机制。

---

①② 数据来源：山东省委农业农村委员会调研材料。

二、山东乡村人居环境存在的问题

（一）生活垃圾分类存在的困难挑战

垃圾分类工作涉及家家户户、各行各业，与生活息息相关，涉及规划建设、环境工程、社会治理、统计、循环经济等专业学科，涵盖投放、收集、运输和处理四个环节，具有广泛性、日常性、专业性和系统性。客观上讲，山东省城乡生活垃圾分类工作仍处于起步阶段，分类法规制度不健全，技术规范和分类标准体系尚未建立，分类设施建设布局缺乏规划指导，在管理体制上也没有理顺、没有形成合力。

1. 政府宣传力度与广度有限，广泛社会认同难以短期形成

垃圾分类是对人们生活习惯的一种颠覆，不仅需要对垃圾分类知识的认知、分类处理设施的支持，还需要公众具有环保理念和自律意识。但现实中，居民对于垃圾分类的认知存在较大的个体差异，居民公共行为素养滞后，想要争取广泛认同和协作，难度不可谓不大。自2017年起，各地均就垃圾分类工作做了大量的宣传发动工作，但在宣传方式上，仍以线下传统的发放宣传单页、张贴宣传栏、举办短期活动为主，部分居民对垃圾分类确实有了一定程度的认识，但是相较于其他大多数居民的知晓率来看，成效甚微。现阶段，各地政府也认识到了这个问题，加大了线上媒体宣传，但也仅仅是部分区域或者运营商零散自主联系媒体宣传，尚没有形成日常化、模块化的多体系、全方位宣传，对居民的分类意识引导欠缺，致使公众参与垃圾分类投放的自觉性和执行力还不够强。此外，社会企业、组织团体和居民热情并未形成合力，部分地方试点工作变成"为分类而分类"，从而流于形式。

2. 垃圾分类体系缺乏整体规划、循环设计

垃圾分类是一个系统工程，涉及分类投放、分类收集、分类运输、

分类处置等方面，只有各个环节有机衔接和相互配合，整个系统才能成功运转。垃圾分类可以说是涵盖了从产品生产到最终处置的全过程。现阶段，山东省乃至全国垃圾分类工作都尚处于初级阶段，对于垃圾分类全流程法规、政策、标准、制度、工艺技术等不同层面，以及生活垃圾"减量化、资源化、无害化"不同层次的管理要求缺乏整体认识和总体规划，对于要达到的各阶段目标没有合理的定位和相互匹配。产品在生产、流通、消费、末端处置等各个环节归属于不同部门，部门之间各自为政，独立规划。在前端的生产原材料和中端的流通消费环节，未考虑与末端处置能力和管理手段的协同，而末端处置又未建立对前面环节的反馈机制，从而导致整个垃圾管理系统缺乏循环设计。此外，垃圾分类在我国尚属于"新时尚"，在处理规划方面，与城市总体规划、老城区改造及新城区建设规划等还尚有脱节。

3. 责任体系尚不健全

垃圾分类是一项繁琐复杂的社会性工程，需要全社会的共同参与，涉及各行各业、千家万户，同时，又属于一项新生事物，需多向发力、多管齐下，政策法规制定、相关行业扶持、配套设施建设等工作需多部门协同配合、共同探索。但在实际工作开展中，职能部门职责不清晰、任务不明确、措施不到位，仅停留在牵头部门单打独斗的局面，难以取得明显效果。

就生活垃圾而言，由城市管理（或环卫）部门进行管理；涉及危险废弃物由生态环境部门进行环境监督管理；涉及园林绿化废弃物由园林和林业绿化部门管理；涉及可再生资源的生活垃圾由商务部门进行管理。可见，平级部门多头管理现状导致了垃圾治理呈现各自为政的局面。一方面是前端管理效力的分流，导致部门延伸源头管控积极性降低，减量化难以落实；另一方面是生活垃圾分类制度实施后各类垃圾的无害化和资源化得不到有效评估与监管。生活垃圾治理处于社会发展的末端环节，各地虽然建立了垃圾分类的协调机构，但实际运行中，各部门是各司其职，缺乏对政府职能的顶层设计，没有形成系统性的生活垃圾减量化、资源化、无害化治理体系的行政管理闭环。

4. 参与垃圾分类动力不足

就具体的施行主体而言，分类投放环节的组织落实必须依靠街镇及社区居委会（村委会），并延伸至各单位、家庭甚至个人。在实际工作推进中，社区垃圾分类投放工作是否有成效，基本由社区居委会（村委会）的工作决定。在实际过程中，社区居委会（村委会）是施行多项管理职责的基层执行者，无法再进行任务分解和分配，必须亲身施行。但垃圾分类是社会化属性极强、工作量相对较大的公益事业，必然需要投入大量的人力和经费，但在具体实施过程中，人员和经费都是目前社会居委会（村委会）开展垃圾分类面临的最大问题。在物业推动方面，开展生活垃圾分类势必会增加物业的运行管理成本，在无明确的补贴政策以及立法约束的前提下，物业配合程度整体上较差。

5. 资源回收利润空间小，无序竞争大

目前，可回收物回收利用处于零散的、无序的发展状态。随着供销系统对再生资源回收再利用服务能力的弱化以及大量自发形成回收站点的涌入，可回收物回收市场发展更加复杂。废品回收在城市规划中没有位置。近几年，由于城市改造、拆违拆临、环保要求等，大多数城市中心城区回收站点几乎全部拆除。包括正规回收公司往往得不到正规用地，不愿意进行大量投资，阻碍了行业的正规化、标准化。

没有建立与垃圾分类管理相适应的计量统计制度。垃圾分类制度数据基数统计实为进入末端生活垃圾处理厂的处理量，由于可再生资源方面未建立有效的分类收集、分类处理数据统计体系，在开展垃圾分类过程中，无法知晓现有的再生资源量有多少源于垃圾分类制度的实施，导致无法定量计算垃圾分类率及其分类效能，进而造成行政管理效用无法有效发挥。行业内部存在无序竞争，阻碍了行业发展。流动废品回收者游离在工商与税务管理之外，成本相较于正规回收企业较低。

缺乏财政扶持。从理论上来说，可回收物回收避免了大量的生活垃圾进入末端处理系统，属于生活垃圾的资源化。近年来，受整个经济形势大气候的影响，再生资源市场呈现持续低迷，在"无利可图"的前提下，回收人员锐减，大量玻璃、塑料、纸张等具有一定回收价值的可回收物品进入生活垃圾。相较于焚烧发电厂的高额补贴，可回收物几乎没有任何财政补贴。相比于环卫作业，可回收物回收体系中的参与者更加市场化，但是垃圾分类毕竟是公共事业，缺乏利益驱动的市场参与者没有进一步发展壮大的动力，因此，可回收物体系的完善需要政府发挥作用。

（二）农村生活污水治理存在的问题

目前，农村经济发展迅速，农民生活水平大为提高，但是农村环境建设与经济发展不同步，其中水环境污染问题尤为严重。未经处理的生活污水随意排放，导致沟渠、池塘的水质发黑变臭、蚊虫滋生，影响农村人居环境及威胁居民的身体健康，同时会造成饮用水水源污染以及湖泊、水库的富营养化。

农村生活污水一般具有水量小、排放分散、水质复杂的特点。我国大多数农村地区的供水设施简陋、自来水普及率较低，特别是偏远山区等条件落后的农村地区，居民的用水得不到保障。此外，农村地区的居民日常生活较为单一，农村居民人均用水量远低于城市居民，农村地区生活污水的人均排放量也远低于城市生活污水的排放量。目前，我国的农村地区房屋基本都属于自建房，具有较大的随意性，缺乏合理的总体布局规划。因此，居民的生活污水排放方式存在诸多差异，有的生活污水排入明沟或暗渠，有的就近排入溪、河及湖泊，还有的农户将粪便等收集作为肥料，其余的用水直接泼洒，使其自然蒸发或渗入土壤。从总体来看，村镇分布密度小和居民的建筑布局随意导致了农村的生活污水排放变得极为分散。农村地区缺乏垃圾收集、处理设施，致使垃圾随意堆放。因此，农村生活污水除了居民的家庭生活用水外，还混有垃圾堆放产生的污水和高浊度的雨水径流等，汇集的污水水质成分复杂。各类污水比例受生活条件状况、生活习惯等因素影响而不同，并且随着农村经济发展、农村家庭生活方式的改变，生活污水的来源会越来越多，水质成分也更加复杂。

农村生活污水的另一特点是水质水量随地区和时间变化差异较大。我国农村居住环境和人文风俗的差异导致不同农村地区排放的生活污水水质差别较大。生活污水中氨氮、溶解态磷等污染物浓度与居民经济条件、生活习惯、作息规律等密切相关。例如，经济条件较好、肉类蛋白类食物消费比例高的地区，生活污水中的氨氮浓度较高，同时洗涤剂的大量使用致使生活污水中溶解态磷偏高；而经济条件较差的农户往往反复用水后再排放，导致化学需氧量浓度较高，且这些农户一般较少使用卫生洁具和洗涤剂，产生的生活污水氮、磷含量不高。农村生活污水的日变化系数较大，排放量的峰值一般出现在早晨、中午和晚上三个时段，在这些时间段中，居民的家庭活动往往比较集中，用水量也相对较大，污水中的氮、磷等主要污染物浓度的峰值也随之出现。而在其他的时段，尤其是午夜至清晨这段时间，由于用水量的大幅减少，致使污水量很小，甚至出现断流。农村生活污水的排放量随季节变化的规律表现为夏季较多，冬季较少。与排放量相反，主要污染物如化学需氧量、总氮和总磷的浓度变化规律为夏季较低，冬季较高。

当前，农村生活污水处理方面主要存在以下问题：

1. 缺乏完善的污水收集系统

由于经济条件限制及环境保护意识的缺乏，我国农村地区大都以明渠或暗管收集污水，设施简陋，不能实现雨污分流，往往会汇入雨

143

水、山泉水等，汇集的污水成分复杂。而水量的增加导致污染物浓度因稀释作用降低，使生活污水收集处理难度加大。粗放式的排放方式以及管网设施简陋、缺少维护是导致农村生活污水收集率低的重要因素，由此导致的生活污水的露天径流和地下渗漏不但使村民的居住环境恶化，而且易造成地表及地下水污染。

2. 技术选择偏离实际需求

我国地域辽阔，不同地区农村的实际情况差异较大（生态环境、经济水平等），农村污水的处理技术不能一概而论。许多地区在技术选择方面盲目追求"无动力""零"运行费用，而在实际应用中，即使是人工湿地、土地渗滤等生态处理技术，也要考虑湿地植物收割、基质更换等问题，无法完全做到"零"运行费用。因此无论是选择何种技术，都应当综合考虑该技术是否与当地的实际情况相适应，如生活污水的排放及水质特征、处理设施对土地资源的占用情况等，生搬硬套的技术无法解决农村生活污水处理的难题。

3. 处理设施无法长效运行

农村生活污水治理是项耗资很大的民生工程，一个村庄的污水处理投入的费用在几十万元到上百万元不等。目前，我国的城乡之间贫富差距大，大部分农村的财政能力和农村地区家庭的支付能力都严重不足。许多地区在政府出资建设污水处理设施后常常存在"重建设、轻管理"的现象，由于缺乏长期资金来源致使村镇无法承担污水处理设施的运行维护费用，导致污水处理设施因缺乏费用逐渐被停用。此外，农村地区环境保护机构不健全，污水处理设施缺少专业人员监管。由于长期无人负责维护，污水处理效果下降甚至处理设施停止运行，容易造成二次污染，并且出水水质没有专业人员定期检测，难以对处理效果进行评价。维护管理资金投入不足和专业技术人员缺乏是造成大部分农村地区污水处理设施不能长期有效运行的重要原因。

三、山东乡村人居环境提升建议

（一）因地制宜地推进生活垃圾治理

1. 统筹垃圾分类发展规划，设定管理目标

（1）因地制宜，加强垃圾分类发展中长期规划设计。在起步阶段，抓居民知晓率和参与率；在全面实施阶段，抓盲区和死角；在提升巩固阶段，抓考评执法。以上三个阶段，同步配套投放、收集、运输和处理设施设备，健全相应法规体系。

（2）统一规划布局各类固体废物处置。对危险废弃物、医疗废物、可回收物、其他垃圾、厨余垃圾、园林绿化废弃物、农业生产废弃物、大件垃圾、建筑（装修）垃圾等固体废弃物，进行统一规划和布局，高标准打造专业化园区，实现各类垃圾的综合处置和交叉循环再生利用。以建设专业化园区为平台，采取统一打捆、统一招商的模式，引进处理方式多元的企业进行建设，在园区内实现各类垃圾交叉循环处理和资源利用。

（3）将减量与分类处置相结合。在垃圾分类的过程中，公众容易产生垃圾分类实现了减量化的错觉，其实不然。理论上来说，垃圾分类处理只是将原本全部进入一套处理体系的垃圾量，按照不同属性分入了四套不同的处理体系，但是从最终效果来看，我们至多实现垃圾的资源化和无害化处理，并没有实现垃圾减量化。因此，从全局规划整体生活垃圾减量与分类体系的技术路线，构建整个减量与分类体系的层次架构和流程，确定从产品生产到最终处置的不同环节、不同层面的阶段目标，坚持分类方式适应收运处理设施的原则，制定各层面的具体实施方案，从而对体系架构进行细化和充实完善，夯实分类体系的基础。

2. 理顺工作体制，明确各方关系

（1）厘清部门职责。生活垃圾治理坚持"政府主导"原则，政府管理职能应尽可能集中，在执行垃圾分类制度的前提下，从系统治理理念出发，将由商务部门负责的可再生资源回收职能归口于城管（或住建）部门，避免行政管理效能分流，削弱城管部门对垃圾分类发展全局的控制力，提升城市生活垃圾的行政管理效力。

（2）理顺垃圾分类工作各环节及相互关系。垃圾分类是按一定标准，在妥善处置的前提下，将生活垃圾分类投放、分类收运、分类处置，从而转变成公共资源的一系列活动的总称。不同的环节涉及不同主体，所以要理顺主体之间的关系：分类投放的主体是公众，分类收集、运输的主体是区域管理者，分类处理的主体是企业，在进行制度设计时，就应当保证这些主体之间形成相互促进、相互监督关系。

3. 将垃圾分类纳入社区自治内容

（1）明确主体职责，充分调动各方的主动性和积极性。居民、企事业单位、公共单位等是垃圾分类的行为主体，在享有排放权力的同时，还应承担源头减量、分类投放和缴纳排放费等责任与义务，履行源头减量与排放控制的监督义务，逐步形成绿色、低碳的生产生活习惯。上海、广州等地的实践表明，垃圾分类应坚持谁管理、谁负责的责任人制度。例如，有物业管理服务的区域垃圾分类由物业管理服务企业负责，没有物业管理服务的由经营管理者负责，没有经营管理者的公共场所由其行政主管部门负责。垃圾分类责任人应负责组织、管理所在区域的垃圾分类，包括建立垃圾分类运行管理制度，设立指导管理工作专责岗位，制定垃圾分类方案，设置分类收集容器，指导、引导、规范与监督分类投放，计量管理分类垃圾。

（2）明确社区居委会在垃圾分类活动中的职责。根据《中华人民共和国城市居民委员会组织法》，居民委员会是居民自我管理、自我教育、自我服务的基层群众性自治组织，应承担"办理本居住地区居民的公共事务和公益事业"的职责，从本质上来看，垃圾分类属于公共事务和公益事业范畴，因此，推进垃圾分类是居民委员会的职责之一。

4. 突出资源化回收利用

（1）鼓励生产企业加强对自身产品从"摇篮"到"坟墓"的全过程管理。加大对自身产品因使用后成为废弃物的回收工作，一方面可以回收原料，节约成本，促进企业的循环生产能力，另一方面可以避免其作为垃圾进入末端处理厂。例如，电子产品企业，在产品失去其使用价值后，厂家可以进行重新拆解回收其有用成分进行产品的再生产，同时，也解决了垃圾在物流过程中电子元件中的一些附加重金属的流失而对环境造成危害的问题。

（2）加大对垃圾分类回收利用。再生资源系统有一支历史悠久、经验丰富的专业化分类队伍，俗称为"收破烂"，从主观上来看，其主要是实现了废品的回收利用；但从客观上分析，其实质进行了垃圾分类。当前来看，再生资源回收网络与生活垃圾分类网络"两网融合"的最大困难与障碍是两者运营机制的不同。资源回收主要靠市场运作，必须考虑经济效益。垃圾分类由政府主导，本质上属社会公益事业的范畴，垃圾分类涉及的各种问题政府都有责任处理，而再生资源系统则只需考虑接收高价值可回收物，低值可回收物靠市场本身难以形成完整的产业链，导致低价值可回收物的市场回收和交易意愿迅速萎缩，企业不愿回收，居民也没有分类收集的动力。因此，"两网融合"的衔接点与切入点就是低价值可回收物及其有效回收利用。先进城市的经验是，动用财政的专项资金通过补贴的形式，让回收经营者通过参与"两网融合"后有较高的获得感，为回收低值可回收物提供政策支持。

诚然，低值可回收物的经济价值不高，但在环境属性大于资源属性的情况下，对回收低值可回收物给予专项资金补贴，实质上是对实行垃圾分类收集低值可回收物产生的经济效益的一种补偿，更加注重的是社会价值的体现。当然，在运作方式的体现上，大多城市主要还是依靠国有企业或者投融资平台进行。

（3）重视市场培育。生活垃圾市场化经济效益的产生主要有两部分：一部分是通过垃圾收费、财政补贴以及政府购买服务等方式实现市场化运转；另一部分是围绕资源回收和二次原料能源开发利用，积极培育相关产业。后者是垃圾分类产生经济效益以及可持续发展、循环经济、社会发展的重点。做好城市生活垃圾回收利用和能源开发产业链，也就实现了市场化的生活垃圾全过程管理的主要工作。

（二）加强厕所粪污及生活污水治理

合理选择改厕模式，推进厕所革命。东部地区、中西部城市近郊区以及其他环境容量较小的地区村庄，加快推进户用卫生厕所建设和改造，同步实施厕所粪污治理。其他地区要按照群众接受、经济适用、维护方便、不污染公共水体的要求，普及不同水平的卫生厕所。引导农村新建住房配套建设无害化卫生厕所，人口规模较大村庄配套建设公共厕所，加强改厕与农村生活污水治理的有效衔接。鼓励各地结合实际，将厕所粪污、畜禽养殖废弃物一并处理并资源化利用。

乡村厕所改造和污水处理应避免将城市现有的抽水马桶和污水处理体系搬到乡村。"黑水""灰水"一定要严格分离，"黑水"指的是马桶里的水，就是富营养化的那一部分；"灰水"指的是洗脸、洗澡和洗衣服等这一部分含有日化产品的水。把这两种水从源头分开都是资源，就不是污水；但如果混在一起，就成为处理不干净的污染物了。只要"黑水""灰水"混合在一起进到污水处理厂后，就永远是污染物，污水处理厂出来的固体物质是污泥，占污水总量的1%—3%，无论焚烧还是填埋都会造成二次污染。

根据农村不同区位条件、村庄人口聚集程度、污水产生规模，因地制宜采用污染治理与资源利用相结合、工程措施与生态措施相结合、集中与分散相结合的建设模式和处理工艺，推动城镇污水管网向周边村庄延伸覆盖。积极推广低成本、低能耗、易维护、高效率的污水处理技术，鼓励采用生态处理工艺。加强生活污水源头减量和尾水回收利用。以房前屋后河塘沟渠为重点，实施清淤疏浚，采取综合措施恢复水生态，逐步消除农村黑臭水体。将农村水环境治理纳入河长制、湖长制管理。

农村生活污水治理重点工作方向：一是完善农村地区的污水收集体系。农村生活污水收集率低是我国大部分地区普遍存在的问题，解决农村地区生活污水收集问题是治理农村水环境的重要环节。随着农村地区的经济条件增长以及国家对农村生活污水的整治力度加大，许多地区已在完善生活污水收集管网，在一些经济条件较好的新农村，已经具备较完整的收集和处理体系。现有的收集处理方式主要可分为三类：农户分散收集处理、村镇集中收集处理、统一收集归入市政管网。污水分类收集也是农村生活污水处理的一条有效途径。在国外，对生活污水分离处理的应用模式已较为成熟，将"黑水"和"灰水"分离处理，一定程度上可降低处理难度，还能达到中水回用的目的。国内有条件的农村地区可以借鉴生活污水分类收集处理的模式，"黑水"经过收集池收集后可农用，"灰水"经收集处理后可中水回用或直接排放，以达到减少处理量，降低建设运行成本的目的。

二是制定有针对性的处理标准。污水处理排放标准直接影响着污水处理设施的工艺选择和投资规模，间接关系到污水处理设施管理和运行费用。合理地制定污水处理排放标准，对农村生活污水处理具有十分重要的作用。目前，农村生活污水处理的出水水质可参照的排放标准有：《城镇污水处理厂污染物排放标准》（GB18918—2002）、《农田灌溉水质标准》（GB5084—2005）、《城市污水再生利用景观环境用水水质》（GB/T18921—2002）、《渔业水质标准》（GB11607—89）等。但是针对村镇生活污水处理排放的标准仍然缺失，要制定合理的排放标准，明确村镇污水的处理目标，从而权衡水环境质量要求和建设投资及运行费用。此外，排放标准的制定要充分考虑我国各地区的差异。例如，我国东部地区经济条件较好，公共基础设施较完善，可根据出水用途与去向灵活选择排放标准；西部地区经济条件较落后，农村人口数量较多，水环境容量较大，可以适当放宽排放标准，降低处理要求；北方地区相对南方地区较干旱，水资源不够丰富，水环境容量也较小，相应的排放标准也应该较严格，并且鼓励和引导污水处理回用。

三是合理选择污水处理技术。农村生活污水的处理技术形式多样、工艺成熟，但只有因地制宜的污水处理技术才能真正达到控制农村水污染的目的。目前已有些低成本、易管理的技术，如利用园林地慢速渗滤系统处理农村生活污水，处理规模为14.7立方米/天，建设成本仅为3.6万元，并可保持较低的运行费用；采用三段式组合人工湿地处理生活污水，运行和维护费用相对传统的分散处理工艺可减少2/3；采用人工生态浮床处理农村污水，对总氮、总磷有较好的去除效果，运行维护技术要求低。这些技术适用于人口规模较大、布局紧密、污水能集中处理的地区，在污水不易集中收集处理的地区要采用灵活的分散处理技术，如采用蒸发罐技术处理居民生活污水中的"黑水"部分，几乎不要日常维护，而"灰水"则接入庭院式小型湿地。此外，还可根据不同的出水水质要求选择处理工艺，出水排入封闭水体时，应将氮、磷等营养元素作为主要控制指标，可选择新型阶梯式人工湿地、塔式蚯蚓生物滤池、接触氧化法等脱氮除磷效果好的污水处理技术，出水排入放水体时，则可适当降低氮、磷的排放要求，可采用漂浮植物塘等工艺。在农村生活污水处理工艺选择方面，不仅要考虑处理效果、费用，还要考虑工艺的适用性以及技术应用的工程建设是否存在问题，只有这样才能保证污水处理设施能够达到正常的治理效果和使用年限。

四是加强对污水处理设施的运行维护和管理。维持污水处理设施的长期有效运行，要长期稳定的资金投入，以满足污水处理系统运行的日常维护和定期检查工作。中央财政应加大对农村环境综合整治的支持力度，进一步完善污水处理设施及配套管网建设，提高污水处理率。除此之外，还可设立奖励制度，通过以奖代补的方式引导各地区加大对农村生活污水的治理力度。地方财政则负责解决污水处理设施的建设和日常运行维护所要的资金。另外，可以向村民征收少量污水治理费用，一方面提高村民的环境责任意识，另一方面可对污水的收集处理设施建设及维护提供支持。在污水处理系统运行管理和维护方面，可以借鉴国外已成熟的方式，即承包给专业的第三方服务公司，由这些服务公司对设备的运行进行定期检查，监测运行状况及出水水质，地方政府则可提供专业培训以及对专业人员和服务公司进行资质认证和监管的工作。

（三）加强村庄规划，提升村容村貌

全面完成县域乡村建设规划编制或修编，与县乡土地利用总体规划、土地整治规划、村土地利用规划、农村社区建设规划等充分衔接，推进实用性村庄规划编制实施，做到农房建设有规划管理、行政村有村庄整治安排、生产生活空间合理分离，优化村庄功能布局，实现村庄规划管理基本覆盖。推行政府组织领导、村委会发挥主体作用、技术单位指导的村庄规划编制机制，村庄规划的主要内容应纳入村规民约。加强乡村建设规划许可管理，建立健全违法用地和建设查处机制。

加快推进通村组道路、入户道路建设，基本解决村内道路泥泞、村民出行不便等问题。充分利用本地资源，因地制宜选择路面材料。整治公共空间和庭院环境，消除私搭乱建、乱堆乱放现象。大力提升农村建筑风貌，突出乡土特色和地域民族特点。加大传统村落民居和历史文化名村名镇保护力度，弘扬传统农耕文化，提升田园风光品质。推进村庄绿化，充分利用闲置土地组织开展植树造林、湿地恢复等活动，建设绿色生态村庄。

文化繁荣篇

Cultural Prosperity
Report

内容提要

　　乡村文化振兴至少可以从以下几个方面来理解：一是乡村优秀文化传承及思想道德建设；二是乡村公共文化服务；三是乡村文化产业发展；四是农村教育发展。乡村文化振兴是一项长期艰巨的重大任务，保护好、利用好优秀传统文化资源，通过乡村文化的延续，让人们"记得住乡愁"，通过乡村公共文化服务、乡村文化产业发展，加强农村教育和乡村思想道德建设，倡导科学文明生活，扎实做好思想强农、文明育农、文化惠农等文章，对于乡村振兴具有重要现实意义。

　　近年来，山东省着力推进优秀传统文化传承发展工程和新时代文明传习工程，乡村文化遗产传承保护打开了新局面，乡村丰富的优秀文化遗产得到了不同程度的传承发展，优秀农耕文化焕发生机。在推动乡村优秀传统文化创造性转化、创新性发展过程中，山东全省乡村传统文化中的优秀思想内涵得以挖掘提炼，思想道德建设取得新突破，优秀传统文化及思想道德教化群众、淳化民风的作用日益凸显，全省广大农民精神风貌明显改善，农村群众文化生活更加丰富，乡村社会文明程度不断提升，为乡村振兴齐鲁样板打造提供了持续的精神动力。

　　在公共文化服务方面，山东省以提高乡镇综合文化站、村（社区）综合文化服务中心建设达标率为抓手，推动更多资源向农村和农民倾斜，"送文化到基层"系列文化惠民活动深入开展；建设公共文化服务"齐鲁文化云"平台，在全国率先启动省、市、县三级联合购买文化惠民演出；依托乡村公共文化服务阵地，山东省文化和旅游厅不断创新服务，通过强化数字服务、强化平台建设、强化公益产品和强化文旅融合，大力提升农村公共文化服务供给质量，不断满足乡村群众精神文化生活。

在乡村文化产业发展方面，山东省依托特色乡村文化资源，将其与旅游要素相结合，积极培育乡村文旅产业，打造了多样的乡村文化产品，形成了不少有代表性的文化产业精品，探索出了一条文旅融合、文化产业化的乡村文化振兴之路。

在乡村教育方面，山东省通过实施乡村教育振兴行动，打造"乡村温馨校园"，提升乡村教育质量，建立教育结对帮扶机制，推进区域间教育协调发展。全面实现优质学校与薄弱学校、城市学校与农村学校的结对办学工作；总结推广支教经验，打造教育志愿者专业团队，建立名师、名校长支持服务乡村教育制度；完善乡村职业教育体系。

山东乡村优秀传统文化传承及思想道德建设报告

李国江*

摘 要：乡村优秀传统文化传承及思想道德建设是乡村文化振兴重要内容，也是一项长期艰巨的重大任务。保护好、利用好优秀传统文化资源，通过乡村文化的延续，让人们"记得住乡愁"，通过加强乡村思想道德建设，倡导科学文明生活，做到思想强农，对于乡村文化振兴战略具有重要的现实意义。近年来，随着乡村文化振兴战略的实施，山东全省推动乡村优秀传统文化创造性转化、创新性发展，乡村传统文化中的优秀思想内涵得以挖掘提炼，并与思想道德建设融合推进，思想道德建设取得新突破，优秀传统文化及思想道德教化群众、淳化民风的作用日益凸显。全省广大农民精神风貌明显改善，农村群众文化生活更加丰富，乡村社会文明程度不断提升，为乡村振兴齐鲁样板打造提供了持续的精神动力。

关键词：山东；文化振兴；乡村优秀传统文化；思想道德

乡村文化振兴战略实施以来，山东省着力推进优秀传统文化传承发展工程和新时代文明传习工程，山东省乡村文化遗产传承保护打开了新局面，乡村地区丰富的优秀文化遗产得到了不同程度的传承发展，优秀农耕文化焕发生机。以社会主义核心价值观为引领，面向基层的

---

* 作者简介：李国江，中共山东省委党校（山东行政学院）文史教研部，副教授。

理论政策宣讲接地气、聚民心，新时代文明实践中心助推党的创新理论走进百姓心坎，农村思想文化建设得到了普及强化。乡村优秀传统文化与农村思想道德建设不断相融相促，乡村文明风尚得到了培育，乡村文明程度明显提升。但是乡村优秀传统文化传承中也面临来自传承主体"断层"、不合理开发造成的破坏等挑战，农村思想道德建设则面临农民群体理想信念淡化、农村不良社会风气整治不彻底等问题。对此，需要通过持续传承和发展乡村文明，激发农村内在文化动力；通过社会主义核心价值观引领，培育良好的公共秩序和道德规范，让文明积极的风气内化于每个农民心中。

一、山东乡村优秀传统文化传承及思想道德建设现状

山东各地通过推动乡村记忆博物馆建设、实施地方戏保护工程、开展乡村非遗保护利用等工作，让乡村优秀传统文化得到了有效传承。

（一）乡村文化遗产的保护展示打开新局面

1. 优秀传统文化传承示范区规划建设取得重要进展

山东省文化和旅游厅联合相关部门，推进优秀传统文化传承发展示范区规划建设。一方面，推进曲阜优秀传统文化和齐文化两大优秀传统文化传承发展示范区建设；另一方面，山东省文化和旅游厅牵头制定优秀传统文化重点项目策划工作，制定出台相应规划方案。围绕大运河、齐长城国家文化公园建设，制定了《山东省国家文化公园建设实施方案》，编制了《山东省黄河文化保护传承弘扬规划》《微山湖保护与文化旅游融合发展总体规划》，打造了黄河干流文化旅游融合发展轴、黄河故道生态文化协同发展带。

2. 濒危地方剧种再获新生

山东地方戏种特色鲜明，近年来通过开展地方戏保护工程，渔鼓

戏、大弦子戏、周姑戏、聊斋俚曲、扽腔、蛤蟆嗡、山头花鼓戏等濒临灭绝的剧种喜获新生，古老的山东地方戏曲焕发出蓬勃生机。郓城县山东梆子剧团创编的动漫舞台剧《跑旱船》，入选国家艺术基金资助项目，并在北京梅兰芳大剧院汇报演出。定陶县两夹弦剧团创作的《春秋商圣》，被中央电视台专题报道。邹城市豫剧团创作的礼乐剧《邹鲁礼乐》，入选国家公共文化信息资源共享工程等。

3. 乡村文物保护多向发力，取得新成就

多部门联合开展历史文化名城、名镇、名村保护评估工作，推动乡村文物保护传承。一方面，在全省范围内开展市、县级文物保护单位和未定级不可移动文物的调查、建账工作，保存现状较差、存在险情的不可移动文物一律纳入台账管理。另一方面，审核评估了一批乡村文物保护项目。近年来，先后审核、审批临淄区金山镇公泉峪古建筑群、寨村泉顺院、广饶县柏寝台三期保护、宁阳关圣帝君碑保护工程、北庄遗址边坡加固等系列乡土文化遗产文物保护项目。组织当地文物部门通过查阅资料、实地踏勘的方式对尼山片区核心区的文物资源状况进行摸底调查。经统计，核心区有文物保护单位 18 处，其中全国重点文物保护单位 1 处、省级文物保护单位 4 处。目前，开展了临沂市兰陵县车辋镇邢村农救会烈士纪念碑迁移事项的论证审查工作。再者，实施"乡村记忆"工程。山东省地域因自然地理环境差异，形成了具有鲜明特色的传统村落。着眼于延续乡村文脉，让人们"记得住乡愁"，将具有重要价值的古遗址、古民居、传统村落纳入文物保护范围。截至 2017 年，命名并保护 7 个传统文化乡镇、171 个传统文化村落（街区）、66 个传统民居、56 个乡村博物馆（传习所），实现对文化遗产的整体性和真实性保护。2018 年以来，仅省级以上就投入资金 2.7 亿元，保护包括荣成小西海草房、陈冯庄海草房等乡村文化遗产项目 215 个。推动乡村记忆博物馆建设，截至 2020 年 6 月，全省已建成乡村记忆博物馆 210 多个。通过采取专家评审的形式，一批重要的乡土文化遗产纳入第四批、第五批省级文物保护单位，乡村文化遗产得到了有效保护。

4. 乡村文化遗产展示渠道拓宽

展示活动是非遗传承发展的有效渠道。一是举办中国非物质文化遗产博览会。通过举办博览会，搭建乡村非物质文化遗产的展示平台。2018年以来，相继举办了两届中国非物质文化遗产博览会。2018年9月，举办了第五届中国非物质文化遗产博览会，包括山东乡村传统工艺展览项目在内的多个乡村非遗成果得到展示。2020年10月，举办了第六届中国非物质文化遗产博览会。博览会聚焦乡村脱贫攻坚，设置非遗助力精准扶贫展区，将乡村非遗与精准扶贫相结合，展示山东省乡村非遗扶贫的文化成果。二是利用固定的非遗展期，精心组织传播展示。《山东省非物质文化遗产条例》规定，每年的农历腊月二十三至次年的二月初二为"山东省非物质文化遗产月"。利用这一展期，举办各类非遗展演展示活动。2019年山东省非物质文化遗产月期间，全省举办各类非遗展演展示活动685场，观众超过1720万人次，包括临沂柳编在内多项非遗成果得到传播展示。2019举办全国非遗曲艺周，492位非遗传承人在济南商务大剧场、书场等演出共128场。展示渠道的丰富拓宽，为山东乡村非遗保护传承工作走在全国前列提供了有力支撑。

5. 濒危非遗项目抢救性普查、记录和保存取得显著成效

对濒危非遗项目进行抢救性普查、记录、保存，对濒危传承人进行抢救性记录，维护好传统村落、传统街区等与非遗保护息息相关的整体环境。截至2019年4月，全省共普查非遗线索110多万条，其中在乡镇及村（社区）99.7万条，占90.63%。全省438名省级非遗传承人中，传承谱系发源或主要生活、传承地在乡镇及村（社区）的有339名，占77.3%。在国家、省级非物质文化遗产保护专项资金补助时，在补助方向上重点向农村倾斜，积极开展城镇化进程中的非遗资

源普查、抢救性记录、非遗传承人群研培等工作让非遗保护传承取得显著成效。

（二）农耕文化焕发生机

山东农耕文化传承悠久，资源丰富，在推进文化振兴进程中，主要探索出了两条路径。

1. 农耕文化博物馆化之路

这主要是以农耕文化博物馆为抓手，保护传承农耕文化资源。

一是农耕文化博物馆"遍地开花"。结合开展"乡村记忆"工程和县及县以下历史文化展示工程，山东省各级政府按照《山东省县及县以下历史文化展示工程展陈指导纲要》，在农耕文化博物馆建设用地、税收、资金等方面给予支持，为农耕文化博物馆的发展营造了良好政策环境。按照《山东省推动乡村文化振兴工作方案》要求，山东省财政按照东、中、西部，对 99 个县（市、区）历史文化展示工程予以 30 万—70 万元的经费扶持。各地市也加大财政保障力度，如临沂市财政补助 100 万元，济南市章丘区投入 100 万元，寿光市投入 303 万元，威海市文登区投入 400 万元，日照市岚山区投入 400 万元，成武县投入 200 万元，用于开展当地的历史文化展示工作。2018 年，青岛西海岸新区对"乡村记忆"陈列馆（博物馆）建设项目根据验收评估等级给予财政资金奖补，奖补金额为 30 万—50 万元。截至 2019 年 5 月，山东省已建成农耕文化博物馆 274 个、村史馆 982 个、"乡村记忆"陈列馆近百个，在深入挖掘特色文化资源、面向大众开展农耕文化社会教育、培育文明乡风方面起到了重要作用。

二是农耕文化博物馆依托特色，走出了差异化发展之路。济南市济阳区曲堤镇结合黄瓜产业，建设了曲堤黄瓜产业博览馆，对黄瓜历史、曲堤黄瓜产业发展的历史和文化进行展览。山东济水之北旅游文化发展有限公司租用曲堤镇北街村的闲置民宅建设了曲堤农耕文化博览馆，收集展出各类农业生产工具、农村生活用具，其中还建有书法交流中心、爱国主义教育中心、闻韶书院，并复原了曲堤镇古八景。青岛西海岸红石崖街道在由原 15 个村庄（社区）搬迁集中安置的福莱社区中心建立了乡愁记忆馆，以老照片、图片、实物、视频等形式展现了红石崖发展变迁历史和民俗文化。青岛崂山茶万里江茶文化博物馆以南茶北引历史、江北茶文化凸显特色。潍坊市中国寿光蔬菜博物馆是国内首家以蔬菜历史文化为主题的专业博物馆，展现了寿光悠久的蔬菜种植历史和丰富的文化内涵。

2. 农耕文化现代创意之路

运用文化创意手段，将农耕文化与现代产业相结合，给乡村文明注入新的内涵。山东省各地深入挖掘村庄特色文化资源，开展各类农业文化节庆活动，弘扬和宣传优秀传统农耕文化，推进农业、文化和旅游结合，让农耕文化博物馆活起来，农耕文化火起来。寿光市蔬菜高科技示范园，作为国家 AAAA 级旅游景区、现代农业科技园区，已经连续举办 20 届国际蔬菜科技博览会，博览会不仅举办农产品品种展示、农业科技展览，还举办中华农圣文化节、丰收文化节、文化产业博览会、农业观光旅游等系列节庆活动，吸引了国内外众多游客参观寿光蔬菜历史文化。青岛西海岸新区大村镇西南庄村与城发国际牡丹产业园一体规划，利用村史馆周边闲置民宅建成特色民宿，将村庄文化与农业观光休闲融合发展，提升休闲农业文化的韵味，助推乡村文化兴盛。①

另外，儒家文化是具有广泛世界性的文化，它不仅是世界文明对话的基础，更是世界华人之间得以维系认同的重要纽带。依托儒家文化源起地的优势，山东省各地大力推进"图书馆+书院"和儒学讲堂建设，不断增加乡村优秀传统文化传承载体数量。山东省自 2014 年始

---

① 谭光万，臧良震，丛晓丹，王秀东. 农耕文化博物馆助推齐鲁乡村振兴 [N]. 农民日报，2020-07-06（006）.

实施"图书馆+书院"服务模式，建成尼山书院150个。在尼山书院带动下，又深入推进儒学讲堂的建设。建成乡村儒学讲堂2.2万个，开展活动11万余场次，成为弘扬优秀传统文化和推动乡村文化振兴的重要力量。从山东省乡村优秀传统文化传承发展情况来看，山东省优秀乡村传统文化传承发展的类别较为丰富，传承发展载体、途径多样，政策利好，保护传承力度大，探索出了一条重科学规划、强载体渠道、特色与差异并重的保护传承之路。

（三）农村思想文化建设普及强化

乡村振兴，离不开思想支撑。《2018年山东省政府工作报告》中提出，在全省农村开展"思想强农"工程以来，党的创新理论宣传普及和思想道德建设得到有效推进。

1. 党的创新理论落地扎根

近年来，全省各级宣传文化部门采取农村群众喜闻乐见的方式，广泛开展习近平新时代中国特色社会主义思想的宣传普及，深化中国特色社会主义和中国梦宣传教育，持续开展基层理论骨干培训、理论政策宣讲、理论图书配送、社科理论普及等理论下基层活动，将党的创新理论送到百姓身边，受到基层群众欢迎和好评。

一是面向基层的理论政策宣讲接地气、聚民心。"中国梦·新时代·话小康"系列百姓宣讲活动已经连续举办了7年，2020年农村受众达250万人。新冠肺炎疫情期间，充分运用新媒体平台，创新开展线上理论宣传，推出《理响中国》25期，播出"宣讲时间"40期，举办"微宣讲""线上讲坛"2000余场。山东省委宣传部、省文明办组织编写《乡村振兴战略面对面》等理论通俗读本，向农村基层免费赠送10万多册。党的创新理论形成了线上、线下共促宣传的新模式。

二是新时代文明实践中心助推党的创新理论走进百姓心坎。建设新时代文明实践中心，是党中央从战略和全局上作出的重大决策，是打通宣传群众，教育群众，引导群众，服务群众"最后一公里"，推动习近平新时代中国特色社会主义思想深入人心、落地生根的重大举措。从2018年开始，山东省委宣传部、省文明办就在全省开展了新时代文明实践中心建设工作。经过两年探索实践，全省县乡两级新时代文明实践中心基本实现全覆盖，村级实践站建成率达到79.6%。29个县（市、区）列为全国试点，数量居全国第一。其中，荣成市被中宣部确定为全国10个重点联系县市之一。各文明实践中心（所、站）让身边人说身边事、用百姓话说百姓事、用大白话说天下事，引导基层群众听党话、感党恩、跟党走，涌现了一大批深受农村群众喜爱的基层百姓宣讲品牌，像淄博市淄川区的明理胡同、平度市的庄户学院、单县的乡村夜谈、广饶县的舞前半小时等。龙口市董家洼村"小马扎工作队"在大槐树下宣讲荣登《人民日报》头版头条。荣成市通过建立"志愿服务+信用建设"的工作模式，将文明实践志愿服务纳入城乡信用体系进行管理考核，城乡发生了从外到内的深刻变革。

2. 乡村思想道德建设成果丰硕

山东省委宣传部、省文明办以人居环境、乡风民风、文化生活"三个美起来"为目标，不断提升农民思想道德建设，乡村文明乡风建设有了新气象。在思想道德建设中，探索出了"抓重点、依活动、树典型、扬经验"的以点带面有效路径。

一是文明创建抓住重点，辐射带动力不断提升。山东省委宣传部、省文明办以文明村镇建设为抓手，由重点整治村庄环境向优化家庭环境延伸，由着力改善人居环境向提升人的文明素养延伸，持续推进文明村镇创建工作。2011年，"乡村文明行动"开始实施，截至2017年6月，山东省创建县级以上文明村镇35362个，占全省村镇总数的47%。城乡环卫一体化实现镇村全覆盖，顺利通过国家10部委农村生活垃圾治理验收，成为首批通过全国验收、实现全覆盖的4个省份之一，提前 5 年完成国家任务。① 截至 2018 年 2 月，山东省完成农村无害化卫生厕所改造 841 万户，占应改总量的 86%。连片环境综合整治扎实推进，美丽庭院创建活动广泛开展，农村环境面貌焕然一新。② 到 2019 年底，全省 83.77% 的村镇达到县级及以上文明村镇标准。2020 年，全省 108 个村镇入选第六届全国文明村镇，数量为全国最多。全省开展"从我做起 从家庭做起 制止餐饮浪费 弘扬勤俭家风"、推进"美丽庭院"创建等主题活动，围绕"清洁卫生我先行""绿色生活我主导""家人健康我负责""文明家风我传承"等主题，引领广大农村家庭践行健康生活理念，截至 2020 年 9 月底，全省共建成美丽庭院示范户 160 万余户，全省农村家庭环境得到有效改善，村容村貌实现突破性改观。

二是深化移风易俗，乡村风气持续好转。山东省文明办联合独立第三方，围绕农村环境面貌、移风易俗两方面内容，在全省开展"乡村文明行动重点项目"电话调查，涉及全省 129 个县（市、区）和 38 个县级开发区。2019 年调查数据显示：全省 95.62% 的被访者对本村办喜事办丧事的方式表示满意，有 0.81% 的被访者无法给出明确的结果，全省大概还有 3.57% 的被访者对村里办喜事办丧事的方式不满意。为此，省文明办一方面组织开展"新农村新生活"大规模培训。从 2016 年以来，全省各地每年都举办红白理事会骨干成员培训班、座谈会，由工作做得好的红白理事会骨干"现身说法"，仅在 2019 年，全省各地举办红白理事会培训 712 班次，培训 342603 人次。截至 2020 年，培训农村妇女 668 万人次。省民政厅在全省成立红白理事会 8.6 万余个，实现移风易俗纳入村规民约和红白理事会全覆盖，有效遏制了婚丧嫁娶大操大办现象，移风易俗群众满意率达到 95%。③ 另一方面，省文明办借活动促行动。2020 年，省文明办联合十部门下发文

① 范佳. 我省城乡环卫一体化实现镇村全覆盖 [N]. 齐鲁晚报，2017-06-21（A06）.
②③ 吕兵兵. 山东"乡村文明行动"引领乡风文 [N]. 农民日报，2018-02-07（1）.

件，面向全省农村发出"移风易俗、弘扬新风"倡议书，广泛开展敬老、爱老、养老主题活动，大力倡导群众喜事不办延办、丧事简办，坚决抵制婚丧大操大办的陋习。结合新冠肺炎疫情防控，依托农村红白理事会，在全省广泛开展"讲文明讲卫生 改陋习树新风"活动，实施全民健康普及行动、人居环境改善、文明行为养成、公筷公勺推行、心理健康促进、移风易俗深化六个专项行动，动员广大群众自觉培养文明健康、绿色环保的生活方式，各地红事白事延办、简办 10000 余场，乡镇或村级建成公益性公墓 5411 处。利用春节、清明、七夕、中秋、重阳等传统民族节日，开展"我们的节日"主题系列活动，弘扬中华优秀传统文化，引导践行正确婚丧观和中华孝道。在农村社区深入开展"小家传大爱，共筑家国梦"好家庭、好家教、好家风巡讲活动，仅 2020 年线上线下受众达 20 余万人，移风易俗工作更加扎实有效。再者，树典型，扬经验。省文明办积极推行喜事新办、丧事简办、厚养薄葬，农村大操大办现象得到遏制。山东省移风易俗成效显著，通过树立典型，宣传推广其经验，形成了以点带面的效应。如日照岚山区成立了 170 余支文明迎亲队，为村里办喜事的新人迎亲，"抵制恶俗婚闹、健康文明办喜事"的新风深入人心。荣成市的"暖心食堂"；曲阜市西焦沟村立足"孝德村"定位，兴办"幸福食堂"，让老人品尝到"幸福味道"；沂水县的"惠民礼葬"，有效解决了农村"死不起、葬不起"的问题；巨野县推行"一碗菜"办法办理丧事，"白事一碗菜，能省一万块"在巨野广大农村已渐成共识。

三是"四德工程"建设取得新成绩。"四德工程"建设以"职业道德、社会公德、家庭美德、个人品德"为基本内容，以"孝诚爱仁"为建设主题，深入挖掘倡导中国优秀传统文化蕴含的道德规范，凝聚道德力量，建成善行义举四德榜 9 万余个，实现行政村全覆盖，3000 多万人次上榜。[1] 以孝德为例，注重传承儒家"老吾老以及人之

---

① 吕兵兵. 山东"乡村文明行动"引领乡风文 [N]. 农民日报，2018-02-07 (1).

老，幼吾幼以及人之幼""鳏寡孤独废疾者皆有所养"等文化积淀，引导子女自觉履行赡养义务，倡树良好家风。各地乡村开展好婆婆、好媳妇、好儿女等评选活动，成立养老理事会、签订养老协议，孝顺的登红榜，不孝的上黑榜。全省各地通过子女拿一点、社会捐一点、财政补一点，在村级设立孝善基金，子女每月缴纳 100—200 元，由基金按比例给予 10%—15% 的补助，定期发放钱或实物给老人，让他们的生活有实质改善。全省建立各类孝善基金 12841 个，募集资金 2.53 亿元，惠及老年人 62.35 万人。

二、山东乡村优秀传统文化传承及思想道德建设面临的问题

近年来，山东乡村优秀传统文化传承和思想道德建设在推进中面临一些较为突出的问题，主要表现在：

（一）乡村传统文化传承主体"断层"矛盾依然较为突出

乡村传统文化传承离不开农民群体这一传承主体。长期城镇化造成的山东农村"空心化"问题在短时期内仍将持续，就目前而言，城镇化进程对农村和农民群体产生的强力冲击仍将延续，由乡到城的非均衡人口流动趋势也将在一定时期内持续发展，乡村文化传承主体"断层"矛盾短期内难以得到有效解决，山东乡村文化传承主体后继无人的现象将是今后一段时期内制约乡村文化传承的关键因素。

（二）不合理开发对乡村传统文化传承的破坏依然存在

乡村文化振兴为乡村传统文化传承发展提供了极佳的发展机遇。

但是由于多种复杂因素的影响，山东乡村传统文化传承面临的形势依然严峻。一是不合理的开发方式导致乡村传统文化消失，重开发、轻保护现象仍有发生。在乡村振兴过程中，一些地方政府不因地制宜推行合村并居，导致乡土特色浓郁的传统村落一刀切地被城市建筑所替代。传统村落这一基本的乡村传统文化的承载主体持续萎缩，严重削弱了乡村传统文化传承的社会基础。二是过度商业化开发导致乡村传统文化传承难以为继。山东有些乡村在发展乡村文化产业中，过于注重短期性的商业化开发，村庄整体外移搬迁，把农民这一主体拒斥在外，直接切断了乡村传统文化的源头活水，乡村传统文化传承将不复存在。

（三）农民群体理想信念淡化问题仍然存在

有信仰，才会有力量。理想信念教育是力量迸发的源泉。当前，山东省部分农村理想信念教育弱化，严重影响了农民群体精神面貌。这主要表现在一部分农民政治热情低迷，追逐民间宗教信仰和外来宗教信仰，传播封建迷信和邪教活动，遇事信教友而不信任基层政府组织等方面。有些农村以求医问药和丧事活动为主的封建迷信活动仍有存在；建房修坟问卜占卦看风水，遇灾患病求神拜佛请巫婆等现象时有发生。总之，农村思想道德建设仍存在理想信念"空白地"。

（四）农村不良社会风气整治尚不彻底

当前，山东省乡村不良社会风气主要表现在以下方面：一是集体主义观念淡薄，重私讲利。传统乡村互帮互助习俗消弭，别人有难不去帮忙，过分注重个人利益。二是不孝之风。山东省乡村社会中老人与子女分开居住现象普遍，当前随着城镇化进程的加快，农村的留守老人越来越多，形成农村空巢老人现象。在这种情况下，子女与老人联系较少，除了生活照料缺失外，对老人的精神关爱也缺乏。另外，有些农村中子女不赡养、不孝顺老人的问题依然突出。三是浪费攀比之风。目前，乡村中酒宴名目繁多，随礼费用不断增加，凡事大操大办，存在婚丧嫁娶斗富比阔现象。

三、山东乡村优秀传统文化传承及思想道德建设对策

乡村优秀传统文化传承及思想道德建设是乡村文化振兴重要内容，也是一项长期艰巨的重大任务，需要通过持续传承和发展乡村文明，激发农村内在文化动力。通过社会主义核心价值观引领，培育良好的公共秩序和道德规范，让文明积极的风气内化于每个农民心中。

（一）进一步强化政府责任

乡村优秀传统文化的传承保护在一定意义上具有公共产品的特征，关乎城乡居民共享精神文化产品的公共利益，山东省各级政府在加强规划导向和约束的基础上，一方面必须有效抑制乡村文化产业发展中日益普遍的过度商业化开发现象。要将新农村建设与不破坏乡村文化肌理和建筑风貌做到有机协调，留住乡村优秀传统文化的底蕴，高度重视保护与城市不同的乡村异质性文化特征，保有乡村对城市的差异化特质和吸引力。另一方面，充分认识和高度重视农村群体在乡村优秀传统文化传承中的主体作用，创新"回归乡村"的新的发展机制。

在农村思想道德建设中，地方各级领导要正视和摆正乡村经济发展和乡村精神文明建设的关系，力避口头上"两手抓，两手都要硬"，行动上则"一手硬，一手软"的现象。必须坚持物质文明和精神文明一起抓，引导督促农村基层组织的干部对农村思想道德建设的战略地位和作用端正认识。

（二）坚持不懈实施公民道德建设工程

以社会主义核心价值观为引领，推进社会公德、职业道德、家庭美德、个人品德建设，这是农村思想道德建设的重要内容。为逐步形成和谐的乡村人际关系、良好的乡村社会秩序和健康的乡村社会风气，就目前来看，山东省农村思想道德建设要切实做好四个方面的结合：一是要与移风易俗，破除陈规陋习相结合。弘扬科学精神，普及科学知识，弘扬时代新风，抵制腐朽落后文化侵蚀。二是要与社会主义核心价值观的培育和践行相结合。开展理想信念教育，提高农民群体的思想觉悟，占领农村信仰阵地。三是要与传承和弘扬乡村优秀传统文化相结合。深入挖掘乡村优秀传统文化蕴含的道德规范、人文精神，创造性转换，创新性发展，夯实农村思想道德建设的文化根基。四是要与诚信建设相结合。强化农民群体的社会责任意识和奉献意识，为良好的农村社会风气营造和谐的社会氛围。

山东农村公共文化服务发展报告

李国江[*]

摘　要：党的十九大提出完善公共文化服务体系，深入实施文化惠民工程，丰富群众性文化活动。近年来，山东省在乡村文化振兴中，不断加强农村公共文化服务体系建设，农村公共文化服务体系建设步入发展快车道。山东省以提高乡镇综合文化站、村（社区）综合文化服务中心建设达标率为抓手，推动更多资源向农村和农民倾斜，"送文化到基层"系列文化惠民活动深入开展。建设公共文化服务"齐鲁文化云"平台，在全国率先启动省、市、县三级联合购买文化惠民演出。依托乡村公共文化服务阵地，山东省文化和旅游厅不断创新服务，通过强化数字服务、强化平台建设、强化公益产品和强化文旅融合，大力提升农村公共文化服务供给质量，不断满足乡村群众精神文化生活。

关键词：山东；文化振兴；农村公共文化服务

近年来，山东全力推进乡村公共文化服务标准化、均等化，确保更多资源向农村和农民倾斜，加快了乡村公共文化服务体系建设。通过推动城镇公共文化服务向农村延伸，"文化惠民、服务群众"实事工程的持续实施，乡村公共文化服务水平不断提升，乡村公共文化服务阵地日趋完善，乡村群众性文化活动不断丰富，乡村群众享受到了

---

* 作者简介：李国江，中共山东省委党校（山东行政学院）文史教研部，副教授。

更多更好的公共文化服务。面对农村公共文化服务人才队伍薄弱，尤其是部分贫困地区公共文化服务人才匮乏，公共文化服务效能不高，文物利用不够等问题，山东农村公共文化服务亟须锻造文化队伍，提供人员保障，同时加强文物保护及其合理开发利用。

一、山东农村公共文化服务发展现状

在乡村文化振兴过程中，山东省把基层综合性文化服务中心建设工程作为重点。截至 2020 年，全省 69900 个村（社区）基本建成综合性文化服务中心，全省 8654 个省扶贫工作重点村全部建成综合性文化活动室，提前完成了文化扶贫任务。依托这些阵地，山东省文化和旅游厅不断创新服务，大力提升农村公共文化服务供给质量。

（一）乡村公共文化服务设施不断完善

公共文化服务设施是健全乡村公共文化服务体系的基础。山东省持续加强投入保障、政策保障和机制保障，整合基层宣传文化、党员教育、科学普及、体育健身等内容，发挥好综合服务作用，避免重复建设，杜绝铺张浪费，全力推进乡、村两级综合性文化服务中心建设，夯实乡村公共文化服务阵地。

以提高乡镇综合文化站、村（社区）综合文化服务中心建设达标率为抓手，省级财政积极落实奖补政策，2015—2019 年共投入扶持资金 3.6 亿元，连续四年对经济欠发达地区村级文化设施建设予以扶持，带动市县财政资金投入 32 亿元。2018 年、2019 年两年投入 1200 万元，为 58 个省财政困难县（沂蒙革命老区县）文化馆全部配齐流动文化服务车。2018 年，已有 54379 个村建成综合性文化服务中心，占比达到 78.69%；建成省级以上乡村学校少年宫 1790 个，有 20 万人的群众文化辅导团队、5600 家庄户剧团、30 余万支业余文体队伍活跃在农村。① 截至 2019 年初,山东省已建成村和社区文化广场 64639 个,建成率达 96.5%。山东省文化和旅游厅连续 3 年实施村(社区)文体广场建设工程,总共为村(社区)直接配送便携式拉杆音响 24000 台,市、县两级配送 58000 余台,实现了全覆盖。② 截至 2019 年 12 月,全省 1826 个乡镇(街道)建成综合文化站 1819 个,建成率 99.6%,69900 个行政村(社区)基本建成综合性文化服务中心,建成率为97.5%。全省 8654 个省扶贫工作重点村全部建成综合性文化活动室,提前完成文化扶贫任务。建成农家书屋 7.2 万个,数量居全国第一。基层公共文化服务阵地已经基本实现了全覆盖。

(二)乡村公共文化服务供给质量不断提升

为提高乡村群众文化生活,坚持以文化人、以文育人,面向农村基层深入开展文化惠民活动。两年来积极拓宽供给服务渠道,持续开展"一村一年一场戏""冬春文化惠民活动季"和新创作文艺作品进基层等活动,大力提高供给服务质量,推动优秀文化扎根田野乡间,极大满足了乡村群众文化生活的满意度。

1. 送文化下乡渠道不断拓展

坚持重心下移、资源下移、服务下移,做实做好"送文化到基层"的文章。

一是持续开展"一村一年一场戏"免费送戏工程。按照《山东省文化厅关于进一步做好全省农村"一村一年一场戏"免费送戏工作的意见》,2018 年免费送戏增加到 8 万余场,2019 年达到 9 万余场,行政村覆盖率达到 97.8%,平均每年送戏下乡演出 7 万多场次,已成为

---

① 吕兵兵. 山东"乡村文明行动"引领乡风文明 [N]. 农民日报,2018-02-07(1).
② 山东农村文化广场让生活更有滋味,中国文明网,http://www.wenming.cn/whtzgg_pd/yw_whtzgg/201902/t20190214_5002593.shtml。

丰富乡村文化生活的"重头戏"，群众在家门口看大戏的愿望得以实现。按照《购买省直演艺单位公益演出服务实施办法》，2019年购买省直院团300场下乡演出。2020年，《关于组织2020年省级政府购买公益演出服务有关工作的通知》进一步推动了文艺院团下乡演出工作的开展。2020年继续增加购买服务力度，投入资金650万元，购买省直院团下乡演出325场。2020年，全省第一季度开展戏曲进乡村演出1000余场，截至10月底，全省完成戏曲进乡村演出65255场，省直院团常态化演出177场。农村老百姓在家门口就能看到高水准精品演出。

二是开展冬春文化惠民活动。山东省文化和旅游厅组织开展全省冬春文化惠民季，丰富乡村群众文化生活，打造文化惠民活动品牌。2017—2019年连续三年组织开展全省冬春文化惠民季活动，平均每年开展较大规模冬春群众文化活动1.6万多场次。其中，2018—2019年冬春文化惠民季，全省开展文化惠民活动5.3万场次，惠及群众1696万人次，县级以上规模较大的文化活动达到3700余场次，惠及群众245.6万人次。

三是搭建"永不落幕的文艺大舞台"。在乡村文化振兴中，省文联结合自身优势，对应当下乡村文化需求，深入开展调研，采取措施，保障乡村文艺需求。省文联对50个新时代文明实践试点县（市、区）全面书面调研，实地调研20多个县（市、区），收集反馈1000余条，基层艺术需求100余项。基层百姓最喜爱和最需要的文艺培训有13项，前三位是歌舞类、书法类和戏剧类。在调研基础上，结合调研得出的群众需求，省文联加强顶层设计，制定了《山东省文联乡村振兴工作推进措施》，探索打造了"群众点单、文联派单、文艺家接单、受众评单"的"四单"服务机制，建立了文艺志愿、文艺采风、文艺创作、人才培养、文艺惠民"五位一体"的服务体系，实施国家、省、市、县、乡、村"六级联动"工作机制，形成了新时代文明实践文艺志愿服务助推乡村文化振兴的"山东特色"。经过探索实践，省文联在乡村文化振兴工作中形成了"到人民中去——山东文艺志愿服务主题活动""百县千村书法惠民""农民戏剧展演月""舞动千万家""蒲公英音乐合唱""百姓春晚""蒲公英培训计划"等特色品牌，得到了中央文明委办公室、中国文学艺术界联合会、省委宣传部、省文明办的充分肯定。济南市莱芜区的"百姓春晚"，农民群众"自家编、自家演"成为了晚会的主角，在村镇形成了"比学赶超"的"攀比风"，两年时间累计举办"百姓春晚"1100 余场，现场惠及群众 30 万余人，网络辐射带动 200 余万人次。"山东省农民戏剧展演月"已经连续举办三届，每年从全省 4000 余家"庄户剧团"中选拔出 150 余家进行重点培训、巡回展演，目前已累计演出 1000 余场，惠及农民群众 470 余万人，真正做到了"还戏于民"。"百县千村"书法惠民活动已累计开展 5800 余场（次），发动书法家 23000 余人次，为基层群众书写作品近 90 万件；开设"王羲之书法大讲堂"900 余场，培养基层书法骨干 2.5 万人次，惠及群众 400 余万人，荣获中宣部、中央文明委办公室 2019 年学雷锋志愿服务"四个 100"最佳服务项目。

另外，开展新春走基层活动。结合开展"我们的中国梦"——文化进万家新春走基层活动。先后 3 期累计展示 204 部文艺作品（其中大戏 4 部，小型文艺作品 200 部），现场及网络视听观众 240 余万人次，为基层群众送去文化大餐。以政府购买方式购置 150 余部小型文艺作品版权，供基层文艺单位和文艺爱好者无偿移植、创排演出，有效缓解基层单位新作品创作的瓶颈问题。

2. 线上公共文化服务不断加强

按照全省公共文化云平台建设方案要求，各市积极推进本地云平台建设，提升数字化文化服务，为实现全省平台联通及开展服务奠定基础。2019 年 6 月，举办"全省乡村题材小型文艺作品（区域）展演"活动，来自 16 市、37 个县区、63 支演出队伍的 82 部优秀文艺作品，分别在济宁、德州、菏泽三市累计展演 11 场，并首次开展网络视频直播；国庆期间，线上线下结合在全省开展"我和我的祖国"——文旅新生活山东省广场舞云上展演活动，借助全省"云上广场舞"平台进行"全省广场舞活动联播"。同年11月，在济南再次举办"放歌新时代——山东省乡村题材优秀文艺作品集中展演"，最终4部大型剧目、12部小型戏曲、24个舞蹈曲艺小品和歌曲节目入选展演，分别评选出"山东省乡村题材优秀剧目"及"山东省乡村题材优秀文艺作品"一、二、三等奖，并从中购买了20余部主题新颖，质量较好，可看性强，群众喜闻乐见的作品，一次性买断移植改编权，支持各级各类文艺单位免费移植演出，让更多群众享受文艺发展优秀成果。2020年，按照防疫要求，建设公共文化服务"齐鲁文化云"平台，各级公共图书馆、文化馆不断加强线上服务，充分利用网站、微博、微信、文化云、数字图书馆、共享工程等平台，相继策划推出各类线上文化活动，免费为广大群众提供包括电子书、慕课、线上展厅、文娱节目、线上培训等海量在线数字文化资源。在2020年新冠肺炎疫情防控条件下，线上数字化服务成为公共文化服务的重要手段，深受群众欢迎。例如，"阅读·与爱同行"第十五届全省读书朗诵大赛，首次采用在"山东公共文化云"线上平台举办的形式，覆盖全省16市，参赛选手突破2万人。同时积极探索与各行业新的融合方式，真正做到图书馆闭馆不停摆，极大程度地满足了公众足不出户在线阅读观览的需求。2020年举办了首届山东省公共文化机构文创产品设计大赛，于8月19日开展了"全省公共图书馆文创产品开发与推广项目"活动，围绕文创产品资源挖掘与开发、文创项目与产品策划、地方特色文创项目与产品实践等方面，对全省公共图书馆文创业务骨干进行了培训；8月下旬，文创大赛组委会联合济南市图书馆共同举办了"济南市图书馆设计周"，并作为本次文创大赛"图书馆主题"的引领性活动，引导各市、县图书馆从挖掘特色馆藏、创新工作模式等方面着手，积极探索适合本单位的文创开发模式，实现馆藏资源的创造性转化和创新性发展，共同打造山东省公共图书馆界的文创品牌。

3. 乡村"书香"氛围更趋浓厚

自 2007 年山东农家书屋建设全面开展以来，各地农家书屋在推广试点建设的过程中纷纷走出因地制宜的特色路径。近年来，随着农家书屋在齐鲁大地遍地开花，乡村大地兴起阅读热。2020 年，山东省组织各地农家书屋广泛开展了"书香农家·助力小康"阅读朗读大赛、"我爱读书打卡 100 天"、"小康年·读书乐"视频分享等系列主题阅读活动。淄博市高青县通过创新实施"农家书屋 1+N"管理模式，实现了"农家书屋+旅游公司""农家书屋+名人故居""农家书屋+儒学讲堂"等多种新型农家书屋建设管理模式，探索出一条提升服务效能、惠及基层群众、文化力量助力乡村振兴的公共文化服务发展之路。目前，淄博、潍坊等地已走在全国前列。为更好地为广大农家书屋的农民读者服务，给他们提供宝贵的精神食粮，2020 年 6 月，山东省委宣传部、省农业农村厅联合下发文件，在全省开展 2020 "新时代乡村阅读季"暨农家书屋万场主题阅读活动。通过开展读书打卡、视频分享、图书捐赠、朗读大赛等九大活动，将农家书屋深度融入新时代文明实践中心建设，以文明实践志愿服务队伍为主体力量，省、市、县、乡、村五级联动，线上线下共同发力开展活动。山东新华书店集团有限公司、山东人民出版社、山东教育出版社、明天出版社、济南出版社等向农家书屋捐赠图书，引导广大群众读好书，好读书。目前，每个书屋全年组织阅读活动不少于 4 场，全省达万场以上。

结合近两年山东乡村公共文化服务发展来看，乡村公共文化服务设施建设得到了进一步加强，乡村公共文化产品和资源的供给得到了有效保证。乡村公共文化服务在满足乡村民众文化生活和精神需求方面发挥着越来越重要的作用。

（三）山东农村题材文艺作品创作更加繁荣

近年来，山东省不断加大农村现实题材艺术作品创作力度，突出加强扶贫题材艺术创作引导和政策扶持，各级文艺单位创作推出更多反映新农村建设的优秀作品，用艺术的形式表现了全省脱贫攻坚的精神风貌。

1. 加强创作组织引导，支持农村题材剧目创作

为进一步做好新形势下农村题材文艺创作工作，大力推进山东省农村精神文明建设，文艺工作者不断推出反映农民生产生活尤其是乡村振兴的优秀文艺作品，充分展示了新时代农村农民的精神面貌，原省文化厅印发了《山东省文化厅关于繁荣农村现实题材文艺创作的意见》，对农村现实题材艺术创作加强规划引导。2018 年 4 月，制定出台了《深入生活、扎根人民实践活动实施意见》。一方面，深入开展"扎根人民、扎根生活"实践活动，全省艺术工作者赴农村地区开展采风活动，加强了对农村现实题材挖掘力度，重点对农村地区移风易俗、扶贫扶志、家教家风等方面艺术题材线索进行深入挖掘。据不完全统计，2018 年山东省市县各级共组织开展 160 余批次 600 余人次深入农村采风活动，成功挖掘出反映农村题材的创作选题 360 余个，一大批优秀农村题材小戏作品登上舞台。另一方面，充分利用"4+1"工程等省内扶持政策，完善地方戏振兴和京剧保护扶持工作、优秀保留剧目等舞台艺术扶持工程，有重点地对农村题材加大资金支持力度，广大艺术创作者积极开展了形式多样的题材创作。

2. 农村题材文艺作品成果丰硕

突出抓好乡村振兴文艺创作，积极打造适合农民"口味"的精品力作。2018 年以来，先后创作推出农村题材舞台艺术作品 600 余部，仅 2019 年就创作推出了大型剧目 20 余部、小戏作品 60 余部。其中民族歌剧《马向阳下乡记》、渔鼓小戏《老邪上任》获得我国政府最高奖——"文华奖"以及"群星奖"，在全国产生较大影响。近两年创作推出扶贫题材作品 100 余部，2019 年创作扶贫题材艺术作品 60 余部，如歌剧《马向阳下乡记》、吕剧《一号村台》、柳琴戏《福大妮和

山杠子》、茂腔《辣椒红了》、山东梆子《承诺》。其中，反映第一书记扶贫工作的歌剧《马向阳下乡记》获第十二届中国艺术节文华大奖；反映黄河滩区脱贫迁建的吕剧《一号村台》成功入选 2020 年度全国舞台艺术精品创作扶持工程重点扶持剧目。电视剧《绿水青山带笑颜》《遍地书香》带火了博山琉璃产业和蒙山旅游业。2020 年以来，创作推出扶贫题材艺术作品 50 余部，五音戏《风起东郝峪》、吕剧《社区书记》、儿童剧《荡起双桨》等农村题材作品深受基层群众欢迎。

3. 乡村题材文艺作品展演形式多样

一是实施推广行动。针对优秀农村小戏作品短小灵活、易学易演、群众喜爱、传唱度高等特点，考虑基层院团现实困难，制定出台了《乡村题材小型文艺作品创作推广计划实施方案》。2018 年底，原省文化厅组织实施了"乡村题材小型文艺作品创作推广计划"，围绕移风易俗、扶贫扶志、家教家风等题材，征集推出了曲艺、小戏、小品等342 部作品。2019 年，面向全省广泛发动，择优遴选出 132 件作品结集制作成 1500 套音视频光盘和作品文集。上述作品以光盘、文本汇编的形式免费赠送给基层文艺单位学习、移植、创排和演出。

二是举办集中展演。为贯彻落实省委、省政府乡村振兴战略要求，持续营造繁荣乡村题材文艺创作的良好氛围，更多文艺单位踊跃投身于乡村题材文艺创作，集中展示乡村题材文艺创作的优秀成果，自2019 年初以来，山东省文化和旅游厅先后组织举办了乡村题材优秀文艺作品的"征集推广、分区域展演"等活动，累计推出 200 多个优秀作品。2019 年 9 月，山东省文化和旅游厅首次举办"全省乡村题材小型文艺作品（区域）展演"活动，先后在山东省济宁市嘉祥县、德州市夏津县、菏泽学院举办了 11 场演出，共有 82 部小型文艺作品参加。2019 年 11 月，在济南举办"放歌新时代——山东省乡村题材优秀文艺作品集中展演"活动，经过 16 地市集中申报和专家组统一评选，最终共有 4 部大型剧目、12 部小型戏曲、24 个舞蹈曲艺小品和歌曲节目入选此次展演。2019 年，共遴选 100 部优秀剧（节）目参加展演，受到全省观众的热烈欢迎和高度关注。2020 年，山东省文化和旅游厅于 12 月组织举办了全省乡村题材优秀文艺作品网络展播活动。

4. 为作家、艺术家下基层挂职锻炼确立了制度保障

按照山东省推动乡村文化振兴工作方案要求，探索制定了作家艺术家下基层挂职锻炼制度。2019 年 9 月，中共山东省委组织部印发了《关于鼓励引导人才向基层流动的若干意见》，推动全省包括作家艺术家在内的各类人才向基层一线特别是重点扶持区域流动，为新时代乡村文化振兴提供了相应的人才支撑。

农村现实题材文艺创作的推进，提升了文化文艺工作服务乡村振兴战略的能力水平，唱响了新时代山东农村建设赞歌。文艺工作者在深入挖掘山东省乡村振兴战略中的重大事件、重大成果、先进事迹、鲜活事例过程中，创作推出了一批展示当前乡村振兴重大成就、反映当代农民精神风貌、农民群众喜闻乐见的优秀文艺作品。同时积极搭建集中展示平台，探索了作品的有效传播形式，既提升了乡村文化的影响度，也丰富繁荣了乡村群众的文化生活。

（四）公共文化服务人才培养力度加大

重点进行全省基层文化骨干业务培训，以点带面，提升全省公共文化培训质量，提高基层文化队伍服务水平。2019 年 4 月，威海市举办了全省基层舞蹈（广场舞）骨干培训班，来自山东省 15 地市和重庆市共 80 多名基层业务骨干参加了此次培训①。2019 年 8 月，庆祝建国 70 周年全省群众大合唱系列活动正式启动，全省基层合唱骨干培训班作为该活动的重要内容成功举办，共培训 90 余人，对于提高基层文

---

① 2019 年全省文化馆（群艺馆）业务骨干广场舞培训班成功举办，山东省文化馆，https//www. sdpcc. cn/document/2510. html。

化队伍业务水平发挥了良好示范带动作用。2020 年以来，贯彻党中央决策部署和省委、省政府关于抗疫工作要求，公共文化服务队伍培训由线下转为线上。各级公共图书馆、文化馆充分利用网站、微博、微信、文化云、数字图书馆、共享工程等平台，相继策划推出各类线上培训和文化活动，为全省公共文化服务队伍和广大群众提供包括网上培训、慕课、线上展厅、文娱节目等海量在线数字文化资源。8 月以来，组织举办 4 期由文化和旅游部组织的公共文化服务线上业务培训，全省公共图书馆、文化馆负责人 300 余人参加了培训。省文联也面向基层开展"蒲公英"培训 70 余场次，培育基层文艺骨干人才 1 万余人。

二、山东农村公共文化服务存在问题

整体上看，经过近年来的文化振兴，山东乡村公共文化服务体系建设呈现出可喜的发展势头，基层公共文化服务阵地已经基本实现了全覆盖。但农村公共文化服务人才队伍薄弱、公共文化服务效能不高等问题仍然比较突出，严重影响了农村公共文化服务质量，与农村群众日益增长的美好生活需要之间还存在差距。具体来讲，主要还存在以下问题：

（一）农村公共文化服务人才队伍薄弱

从近两年农村公共文化服务人才培育情况来看，农村文化服务人才队伍建设依然是乡村文化振兴的薄弱环节。农村公共文化机构专职人员数量严重不足、队伍不稳定、服务水平参差不齐等问题，制约了农村公共文化服务质量的提升。

1. 基层政府部门的文化干部存在缺编少编、混编混岗情况

2016 年以来，原文化部对全国乡镇文化站建设服务效能进行了抽

查，缺编少编、混岗混编一直是抽查情况通报中的突出问题。山东省一些镇、村的上述问题同样突出。究其原因，主要在于现行公务员和事业单位招考工作机制，对文化单位招录专业人才造成一定阻碍。包括县级的图书馆、文化馆在人员编制、年龄结构、学历层次、专业素质等方面均有较大欠账，有的县级图书馆编制只有几个人，在岗仅1—2人且年龄偏大，参加全国公共图书馆评估定级都难以应对。乡镇综合文化站不是独立法人单位，绝大多数综合文化站长都是半路出家，专职不专、视野不宽、业务水平不高，同时乡镇文化站长兼任乡镇政府其他岗位职务的情况较为普遍，相当一部分人员忙于其他事务，无暇顾及文化工作。村文化管理员队伍不稳定，专业水平参差不齐。

2. 存在"人不专才、事不专干"现象

限于当前基层综合性文化服务中心管理体制，乡镇综合文化站工作人员身兼多职，存在"专职不专干"现象；村综合性文化服务中心无专职工作人员编制，管理员主要由"两委"成员兼任，部分人员不熟悉、不热爱文化工作。乡村文化团队、庄户剧团大多属于自发性质，演出场地和时间不固定，基层文化部门人手紧张，既缺少扶持资金，又缺乏有效监督管理机制，影响了其作用的发挥和业务水平的提高。

3. 业余文化骨干年龄结构失衡

群众业余文化是农村公共文化的重要内容，业余文化骨干是重要的人才支撑。目前，山东各地乡村业余文化队伍总体年龄偏大，青年人才占比少、储备不足。例如，滨州市乡村文化人才群体中，60岁以上人员占比35.7%，30岁以下人员占比15.5%；而在民间艺人和非遗传承人当中，60岁以上人员占比超过70%，30岁以下人员仅占比9%。受身体条件所限，难以保证以老年人为主的基层文化骨干组织开展活动的经常性。

（二）乡村公共文化服务效能不高

从近年来山东乡村公共文化服务体系建设来看，有两方面的问题仍需加强改善：

1. 乡村公共文化设施服务效能不高

乡村公共文化设施满足数量的情况下，设施效能发挥欠佳，发展中暴露出了"重基础设施建设，轻管理使用"的问题。具体表现为对公共文化设施及其配套设备的购置、维护、服务跟进不力，设施服务资源与群众需求不相契合，造成服务设施利用率低，很难实现公共资源社会效益的最大化，在一定程度上直接导致了资源浪费现象。这一问题的出现，一方面受制于资金支持力度。目前，乡村公共文化设施开展服务的配套资金保障力度不足，有些设施处于"半空壳"状态，制约了公共文化设施的正常运行。另一方面，设施效能低也受制于乡村公共文化产品供给。一般而言，供给产品及供给方式与乡村群众接受条件的契合度在很大程度上决定着设施服务效能的高低。综合近两年来的公共文化供给情况可以看出，乡村公共文化产品的提供方式手段仍相对单一，主要采取"送"的方式，未能探索出有效的长效机制。在目前的供给方式下，一是以送为主，造成乡村公共文化"送则有，不送则无"的现象，难以支撑乡村文化持续繁荣。二是未能很好地结合乡村民众群体的爱好和接受条件，有的地方存在文化服务供给落后于需求，文化产品、文化服务、文化项目的针对性不强，吸引力不够，导致送的内容难以切合乡村群众实际需要的问题。三是当前部分乡村人口大多由老人和小孩组成，该群体数字网络技术普遍欠缺。当前，乡村人口的结构现状直接制约着数字和网络技术在乡村公共文化供给领域的应用，这在一定程度上也造成了乡村公共文化设施难以发挥应有的服务效能。

2. 乡村公共文化服务供给主体相对单一

目前，山东乡村公共文化服务供给主体仍然主要由政府提供或举办，乡村公共文化服务领域的社会组织公共服务意识不强，参与机制不完善，造成社会组织参与度不高。这反映到乡村公共文化服务体系中则直接造成当前乡村公共文化服务供给动力不足的现象。

（三）乡村文物利用不够

目前，部分地区没有将乡村文物保护和利用有机结合起来，或保护不够或利用过度，如留村石墓群及周边海草房与乡村产业、乡村旅游的结合程度较弱，合理利用明显不足。

除以上突出问题之外，近年来山东农村公共文化服务发展中还存在以下需要引起重视的问题，如全省农村题材创作领域存在题材重复、创作角度新颖度不够、创作人才断档、问题意识缺失等问题。

三、山东农村公共文化服务发展对策

针对山东农村公共文化服务发展中存在的问题，在今后文化振兴中，需要不断创新服务，大力提升农村公共文化服务供给质量，满足农村群众精神文化生活需求。

（一）优先推进乡村文化人才培育工作

人才是不断推进乡村文化各领域发展的核心和关键。在乡村公共文化领域，按照中央、省的有关文件要求，严格落实乡镇文化站1—2人的编制；鼓励各地公共文化机构积极探索政府购买公益岗位；继续实施公共文化服务人才培养工程，督促指导各级文化部门、单位结合本地实际，抓好本地公共文化队伍培训，锻造文化队伍，为乡村文化振兴持续提供人员保障。

（二）加强公共文化服务的规划引导

山东农村公共文化服务发展的方向是继续探索文化服务如何更适合百姓口味，在设施利用、"送""种"结合、管理运行体制等方面更好地做好统筹工作。进一步健全完善公共文化服务标准体系，夯实乡村公共文化服务阵地。探索行之有效的措施，在乡村民众，尤其是老年群体中尽可能多地普及数字和网络技术教育，以增加乡村公共文化人群覆盖面。深化省、市、县三级联合购买文化惠民演出，在全省广泛开展"五个大家"（"大家创""大家唱""大家演""大家拍""大家评"）系列活动，让农民唱"主角"，激发其参与热情，增强其文化获得感、幸福感。鼓励和支持成立公共文化服务领域的社会组织，畅通社会组织参与服务的渠道，完善非营利组织的政策支持体系和激励机制，丰富乡村公共文化服务的供给主体，提高乡村公共文化服务的供给动力。

（三）抓好文物保护，合理开发利用

在保护文物的前提下，与当地经济建设发展有机结合，处理好传统与现代、继承与发展的关系，在保护中发展、在发展中保护。让人民群众记得起历史沧桑，看得见岁月留痕，留得住文明根脉，进一步助力乡村文化产业和旅游业发展。

山东乡村文化产业发展报告

李国江

李国江*

摘　要：振兴乡村文化，既要加强乡村公共文化服务体系建设，又要发展乡村文化产业，实现"双轮并驱"。乡村文化产业既是传播文化的重要载体，也是农民实现增收致富的重要途径。近年来，围绕发挥乡村文化产业对乡村振兴的助推作用，依托特色乡村文化资源，将其与旅游要素相结合，积极培育乡村文旅产业，打造了多样的乡村文化产品，形成了不少有代表性的文化产业精品，探索出了一条文旅融合、文化产业化的乡村文化振兴之路。但是，在强化文旅融合促进乡村文化产业发展的过程中，乡村文化资源的产业化挖掘利用存在结构失衡的现象，尤其是乡村红色文化资源的产业化程度低，造成了乡村红色文化旅游产业吸引力不够强，发展相对滞后的局面。山东乡村文化产业未来发展中亟须推进丰富的乡村红色文化资源的产业化转化。

关键词：山东；文化产业；文化振兴；文化产业化

中共中央、国务院印发的《乡村振兴战略规划（2018—2022年）》提出发展乡村特色文化产业，推动文化、旅游与其他产业深度融合、创新发展，进而繁荣发展乡村文化。山东乡村文化振兴实施以来，加大对乡村文化产业的扶持力度，注重对乡村文化产业人才的培养，依托乡村特色文化资源，走文化产业化之路，融合旅游等产业，

---

　* 作者简介：李国江，中共山东省委党校（山东行政学院）文史教研部，副教授。

发展出了具有地方特色的文化产业精品，尤其是与旅游融合发展的乡村文旅产业渐成规模。在乡村文化产业化过程中，山东乡村文化资源存在产业化挖掘利用结构性失衡以及与民众现代生活融合度低等问题。契合乡村民众现代生活需求，平衡乡村文化资源的产业化利用，助力乡村文化繁荣，成为山东乡村文化产业今后发展的重要着力方向。

一、乡村文化产业发展现状

实施乡村文化振兴行动以来，借助"非遗助力脱贫、推动乡村振兴"工程，培育形成了一批木版年画、剪纸、草柳编制作等专业乡镇、专业村，助推了乡村传统工艺产业的良性发展。全省各地将文化和旅游相结合，不断加大乡村文旅产业专业人才的培训力度，培育形成了一批乡村旅游集群片区、精品旅游小镇等乡村文化产业精品。

（一）乡村传统工艺产业步入良性振兴轨道

近年来，山东各级政府高度重视乡村传统手工艺遗存情况，实施"非遗助力脱贫、推动乡村振兴"工程，发展当代手工艺产业。

一方面，省文化和旅游厅与省扶贫办评选推出 60 个"非遗助力脱贫、推动乡村振兴"典型乡镇（街道），打造了 10 个乡村振兴特色村。依托传统工艺项目，培育形成一批木雕、木版年画、剪纸、草柳编、刺绣、古琴制作等专业乡镇、专业村，大力支持开展非遗小镇、非遗特色乡村建设，全省建成 3 个国家级、68 个省级非遗生产性保护示范基地，带动 23 万人就业，其中全省传统工艺类企业吸纳省定贫困村就业人口 17.6 万人。

另一方面，拓展了一批乡村非遗新型业态。各地非遗类企业积极开展"互联网+非遗扶贫"研究和探索，非遗类项目成为创客空间、创新工场、智慧小企业等创业的重点对象和优质资源。传统工艺企业探索"互联网+传统工艺"模式，全省共有 5661 个非遗活跃电商，创新型手工艺企业 1996 家。其中，菏泽市召开"连接·为乡村"电商大会，即墨市打造"农村电商示范小镇"等，为非遗插上科技翅膀，打开了广阔市场，提升了非遗消费，扩大了乡村文化影响力。

再者，培育了一批乡村非遗特色产业品牌。全省非遗产业通过整合资源、挖掘特色、强化推介，涌现出东阿阿胶、玉堂酱菜、周村烧饼、德州扒鸡等一批重点非遗企业，带动形成一批乡村非遗创新产品。一些乡村非遗类产业瞄准海外市场出口创汇，临沭晴朗工艺品有限公司依托临沭柳编项目，产品远销日本、韩国、美国等 30 多个国家和地区，实现自营出口创汇 1000 多万美元。全县草柳编出口占全省柳编出口的 48%，占全国柳编出口的 26%。

（二）精品乡村旅游标准体系不断完善，乡村文旅产业精品多点培育

省文化和旅游厅联合省发展改革委等 14 个部门制定印发了《关于促进旅游民宿高质量发展的指导意见》，联合省自然资源厅、省农业农村厅、省住房和城乡建设厅等部门印发了《关于开展村庄景区化建设工作的指导意见》，制定印发了《关于开展全省乡村旅游精品化创建和村庄景区化培育工作的通知》，出台了《山东省精品旅游镇村评定管理办法（试行）》，完善了《山东客栈服务与评定标准》乡村酒店评定标准和《好客人家服务与评定标准》旅游民宿评定标准，编制完成了《乡村旅游集群片区评定标准》《乡村旅游度假区评定标准》《精品旅游小镇服务规范与评定》《精品乡村旅游特色村评定标准》等乡村旅游标准，指导全省乡村旅游规范化、精品化发展。

将文旅要素聚集起来，打造具有地方特色的文旅项目和旅游文化产业。先后建成了兰陵县压油沟景区、日照春风十里、山亭翼云石头部落、泰安九女峰乡村旅游度假区等一批高端乡村旅游点，涌现出泗

水王家庄村、邹城上磨石村、淄川峨庄村、长清马套村、高密平安村、沂南常山庄等一批画家村、影视村、艺术村。结合交通区位和乡村旅游发展状况，推出乡村田园生态休闲之旅、亲情沂蒙红色人文之旅、慢村慢镇怀旧追忆之旅、最美乡村赏花采摘之旅等 10 条乡村旅游精品线路，串联 86 个乡村旅游规模化村庄、41 个乡村旅游精品景区，为乡村旅游繁荣发展开辟了新空间。2019 年前三季度，全省乡村旅游发展平稳，乡村旅游接待人次 3.99 亿人次，同比增长 11.08%，实现乡村旅游消费 2308.18 亿元，同比增长 13.55%。2019 年全年，全省乡村接待游客 5.4 亿人次，乡村旅游消费总额 2709 亿元。截至 2020 年 11 月，全省规模化发展乡村旅游的村达 3500 余个，继 2019 年全省 10 个乡村进入首批国家乡村旅游重点村后，2020 年，有 24 个乡村被评为第二届国家乡村旅游重点村，位居全国前列。全省旅游扶贫先后探索出"临沂模式""枣庄模式""中郝峪模式"等地方旅游扶贫模式，先后有 8 个旅游扶贫村纳入全国乡村旅游重点村，在世界旅游联盟发布的 100 个旅游减贫案例中，山东省临沂市兰陵县压油沟村、威海市西山后村等 5 地榜上有名，居全国首位。

（三）资金扶持和培育力度不断加大

整合乡村旅游发展资金纳入乡村振兴重大专项资金，支持 300 个特色文化资源和自然资源丰富的乡村开展村庄景区化创建工作。2019 年，整合 9000 万元乡村旅游发展资金纳入乡村振兴重大专项资金，支持章丘区五彩山村等 7 个乡村旅游集群片区和曲阜尼山圣境鲁源小镇等 7 个旅游小镇的建设，每个支持 500 万元，引导全省形成发展乡村旅游热潮。扶持兰陵县、新泰市等 9 个县市区开展乡村旅游扶贫工作，每个县 200 万元，为沂水县桃棵子村编制乡村旅游发展规划，全面深化巩固文化旅游扶贫成果。全省兰陵压油沟村等 10 个村庄入选全国乡村旅游重点村。在潍坊临朐举办全省第六届乡村文化旅游节，以节会活动带动乡村旅游持续发展。

（四）乡村旅游带头人的培训和扶持力度得到强化

2019 年山东省文化和旅游厅将"景区运营管理人才""规划设计人才""金牌导游"和"旅游创客"等全省旅游精英人才培训以及省派第一书记、千名干部下基层帮扶乡村旅游系列培训列入年度培训计划。组织全省 318 名乡村旅游带头人赴法国、荷兰和日本开展精准交流活动，其中日本 200 人，法国、荷兰 118 人。2013 年至 2019 年底，共组织 7238 人赴境外交流学习，借鉴了先进发展经验，提升了发展理念。在浙江大学组织乡村旅游人才培训班，采取课堂教学、现场观摩等形式，重点培训乡村旅游业务骨干和带头人 400 余名。组织高校教师规划团队和实战派专家到乡村旅游重点帮扶村进行辅导，从规划理念、文化创意、技能服务和营销管理方面进行重点帮扶。自 2020 年初以来，每周三组织全省乡村旅游带头人参加文化和旅游部组织的网络课堂乡村旅游培训班，学员得到了全面培训。组织 2 名旅游小镇负责人参加全国文化旅游小镇培训班，组织 11 名全国乡村旅游重点村负责人参加在浙江湖州举办的全国乡村旅游重点村培训班。指导社会团体在泗水龙湾湖片区举办旅游民宿管家培训班，全面提升民宿运营管理水平。通过培训，培养了一批留得住、用得上、懂经济、善管理的乡村实用型人才。

（五）启动乡村旅游专项辅导项目

2020 年，山东省文化和旅游厅通过招标，采取"三零小院"的模式（零时差、零距离、零收费），组织第三方机构，对亟须提升的乡村旅游点从业人员实施专项辅导。同时，委托山东大学组织专家对全省 30 个同质化较大的村开展乡村旅游定向辅导，实现 400 个旅游扶贫村培训全覆盖。组织发展较好的旅游扶贫村带头人赴境外、省外开展精准交流，举办了全省文化旅游脱贫攻坚培训班，组织山东大学、山东旅游职业学院等院校"送智下乡、送教到户"，免费培训全省旅游扶贫带头人和镇、村业务骨干。

二、乡村文化产业发展存在的主要问题

　　红色旅游吸引力还不够强。乡村特色文化是乡村文化产业发展所依托的资源。一般而言，山东乡村文化资源结构主要包括乡村传统文化、乡村现代文化和乡村红色文化三类资源。从文化产业发展来看，乡村传统文化和乡村红色文化多为被挖掘利用的资源，尤其是具有特色的文化资源。但是从当前乡村文化产业发展情况来看，所依托资源多集中在乡村传统文化，包括乡村物质文化和非物质文化。相较于山东乡村文化资源的丰富度来讲，山东乡村蕴含的红色文化资源利用率则相对较低，乡村文化资源的产业化挖掘利用存在结构失衡。这表现为乡村红色文化资源利用滞后，较突出地反映出红色旅游宣传工作不充分，红色文化旅游产业吸引力还不够强，其市场占有率一直较低的问题。乡村红色文化资源在产业发展利用中的结构性失衡直接制约了乡村红色文化旅游产业的发展。另外，目前山东乡村红色文化旅游景区配套不够完善，设施基础较差，资金短缺，难以应对旺季时的旅游服务，吃、住、行、娱、购、游等旅游基础要素方面的综合配套服务设施落后问题相当明显，这也严重制约乡村红色文化旅游产业的发展，进而影响到乡村文化振兴。

　　除以上问题之外，乡村传统文化产业化过程中，存在与民众现代生活的融合度低的问题，这也是山东乡村文化产业发展中需要引起重视的问题。

三、乡村文化产业发展对策

针对乡村文化产业资源利用存在结构性失衡，导致乡村红色文化旅游产业发展相对滞后的问题，乡村文化产业在后续发展中需要着力强化乡村红色文化旅游产业发展，将红色旅游这一短板弱项补足强化，打造品牌体系。在"好客山东"和十大文化旅游目的地主品牌下，以"红色沂蒙　英雄齐鲁"为红色旅游核心品牌，加大宣传推广，形成具有山东特色的红色旅游品牌体系。同时，重点培育和建设红色旅游IP项目和精品线路产品，形成具有山东特色的红色旅游产品体系。建设山东红色旅游特色商品体系，以全省的旅游纪念品、工艺美术品、民间艺术品、文化艺术品、风味美食、当地特产等特色旅游商品为基础，紧密结合山东乡村红色文化内容，立足革命老区产业发展实际，推进红色旅游商品的研发与生产，大力发展一批符合市场需求、内容丰富、特色鲜明的红色旅游商品。

山东农村教育发展报告

李国江[*]

摘　要： 乡村教育振兴是乡村文化振兴的基础。山东省通过实施乡村教育振兴行动，打造"乡村温馨校园"，提升乡村教育质量，建立教育结对帮扶机制，推进区域间教育协调发展，全面实现优质学校与薄弱学校、城市学校与农村学校的结对办学。总结推广支教经验，打造教育志愿者专业团队，建立名师、名校长支持服务乡村教育制度。完善乡村职业教育体系，农村教育得到了较快发展，但农村师资队伍、农村教育投入、农村继续教育体系等方面仍面临困境。从乡村文化振兴的长远发展来看，今后要大力实施农村教育水平提升工程，持续改善和优化乡村教育条件，推进城乡学前教育和基础教育的均衡发展，完善农村职业教育体系，完善控辍保学部门联动机制，进一步发展农村教育，不断提升农村群众的知识文化水平和农民精神风貌，为乡村文化振兴提供持续的内生动力。

关键词： 山东；文化振兴；农村教育

乡村教育是乡村文化繁荣发展的基础。近年来，山东省始终高度重视农村教育事业的发展状况，先后印发了《山东省人民政府办公厅关于印发〈山东省乡村教师支持计划〉（2015—2020 年）实施办法的通知》（鲁政办发〔2015〕60 号）、《关于印发山东省教育扶贫实施方

---

　* 作者简介：李国江，中共山东省委党校（山东行政学员）文史教研部，副教授。

案任务分工的通知》（鲁教厅办发〔2016〕7号）、《山东省乡村振兴战略规划（2018—2022年）》（鲁发〔2018〕20号）、《山东省关于推进乡村教育振兴的实施意见》（鲁教基字〔2019〕11号）等一系列文件，并推动政策落地见效，山东农村教育得到了较快发展。

一、农村教育发展现状

根据山东省教育厅关于《政府工作报告》重点工作2020年落实情况的报告，山东省实施乡村教育振兴计划，扎实推进义务教育薄弱环节改善与能力提升工作，以乡村小规模学校和乡镇寄宿制学校为重点，对各市推进义务教育薄弱环节改善与能力提升工作进行评估。面向1276所学校，新建、改扩建校舍面积累计251万平方米，购置配备了价值9.9亿元仪器设备。遴选100个乡村温馨校园优秀案例在全省推广，深入开展乡村温馨校园建设，农村教育得到了稳步发展。

（一）乡村师资队伍建设进一步加强

乡村教育振兴关键在教师，建强乡村教师人才队伍是关键之举。自2015年起实施乡村教师支持计划以来，山东省在城乡教师交流、破解乡村学校教师编制难题、改善和加强乡村教师待遇等方面推出系列组合拳。2015年以来，各地共向乡村学校交流学校教师7207人，对小规模学校和教学点按照班师比核增加教师编制5.64万名，增加全省乡村学校中、高级岗位2.8万个，建立乡镇专业技术人员职称直评直聘机制，实施"2贴、2房、1体检、1荣誉、1特岗"等惠师政策，实施公费师范生培养计划等，优秀师资"下得去、留得住、教得好"的局面初步形成，带动了乡村学校办学质量的显著提升。[①] 2017年以

---

① 山东省教育厅《〈关于偏远乡村建设美丽乡村的建议〉的答复》，山东省教育厅（省委教育工委）网站，http://edu.shandong.gov.cn/art/2020/4/18/art_107084_10079674.html。

来，全省新补充乡村教师 3.5 万人，从城镇学校到农村学校交流轮岗教师 2.4 万人。截至 2019 年，山东省公费师范生培养规模达 1.7 万人。2020 年首届公费师范生毕业 2900 人，补充到了农村学校。同时，教师享受乡镇工作补贴也已全面落实，乡村教师比城区教师人均月增资约 400 元；实施艰苦偏远乡村教师生活补助政策，微山县等乡村教师每人每月再增发 600 元，山区艰苦偏远乡村教师由各地根据实际确定。1200 名教师聘任到农村特级教师岗位，并将其纳入省级骨干教师培训计划。2020 年，重点推动中小学教师绩效工资制度改革，建立教师绩效工资增量机制，绩效工资向农村学校倾斜。① 实施了山东省乡村优秀青年教师培养计划，全省每年遴选 300 名优秀青年教师进行重点培养。每人给予 5000 元的奖励，并将其纳入省级名师培训范围计划，予以重点培养。2019 年表彰 537 名山东省优秀教师。② 每年为乡村教师开展 1 次有质量的健康体检。实施中小学校长能力提升工程，截至 2020 年，省、市、县三级乡村中小学校长轮训一遍。

（二）乡村学前教育快速发展

为实现农村学前教育全覆盖工程，"十三五"期间，全省实施农村幼儿园建设与提升工程，优先利用中小学闲置校舍改建幼儿园或在小学附近建设幼儿园，加大对贫困村幼儿园的扶持力度，保障方圆 1.5 公里之内有普惠性幼儿园。2018 年以来，全省共新建、改扩建农村幼儿园 2713 所，新增 32 万个学位，其中，建设贫困村幼儿园 1615 所，实现农村学前教育全覆盖。③ 截至 2020 年 11 月，包括城镇幼儿园

---

① 振兴乡村教育！山东首届公费师范生毕业 2900 人补充到农村学校，舜网，http：// news. e23. cn/shandong/2020-06-23/2020062300760. html。

② 《关于推动经济薄弱地区教育事业发展的建议》的答复，山东省教育厅（省委教育工委）网站，http：//edu. shandong. gov. cn/art/2020/5/21/art_107084_10080049. html。

③ 牢记嘱托 走在前列 全面开创"家门口就能上好幼儿园"，山东省教育厅（省委教育工委）网站，http：//edu. shandong. gov. cn/art/2020/10/9/art_11975_9836985. html。

在内，全省学前三年毛入园率达到 90.4%，普惠性幼儿园覆盖率达到 85.21%。① 提升农村幼儿园办园质量：一是实施"优质园+"办园模式，建立完善示范园对薄弱园、农村园、民办园的结对帮扶机制。二是全面推行镇村一体化管理体制，社区、农村幼儿园由乡镇（街道）中心幼儿园统一管理，带动区域内学前教育质量发展和提高。三是治理幼儿园"小学化"倾向，抓好小学"零起点"教学和校外培训机构治理，整治效果明显。四是开展无证园整治。山东省教育厅指导各市按照《山东省无证幼儿园专项整治工作方案》要求，"一园一案"，妥善做好无证幼儿园的清理整顿工作。截至 2019 年 6 月底，全省 10342 所无证幼儿园已全部整治完成，其中准入 5695 所，取缔 4647 所，整治完成率 100%。

（三）乡村中小学办学条件稳步改善

近年来，先后实施了农村中小学课桌凳更新工程、农村中小学"211 工程"、农村中小学图书配备工程、中小学校舍安全工程、全面改薄工程等。以全面改薄工程为例，该项工程覆盖 15 市 111 个县（市、区）9579 所义务教育办学条件薄弱学校，全省 2014—2018 年累计投入资金 517.47 亿元，建设校舍 2380.08 万平方米，购置补充 88.16 亿元设施设备，乡村义务教育薄弱学校基本办学条件明显改善。为巩固前期工作成果，深化提升乡村学校办学质量水平，② 2019 年底，山东省教育厅会同省直 11 部门联合启动实施了乡村教育振兴计划，部署实施了乡村学校办学条件提升等十大工程，以乡村小规模学校和乡镇寄宿制学校为重点，扎实推进义务教育薄弱环节改善与能力提升工作，面向 1276 所学校，新建改扩建校舍 203 万平方米，购置配备了价

① 2020 年重点任务公开承诺事项完成情况，山东省教育厅（省委教育工委）网站，http://edu.shandong.gov.cn/art/2020/11/30/art_183238_10146502.html。

② 《关于偏远乡村建设美丽乡村的建议》的答复，山东省教育厅（省委教育工委）网站，http://edu.shandong.gov.cn/art/2020/4/18/art_107084_10079674.html。

值8.4亿元仪器设备。印发了《关于创建乡村温馨校园工作的通知》，在全省部署实施乡村温馨校园建设，提升学校品质，创造良好就学环境，推动全省义务教育优质均衡发展。①

（四）乡村职业教育网络不断完善

近年来，山东省结合国家对于加强新型职业农民培育的部署和要求，将新型职业农民培育纳入全省职业教育发展规划，大力发展现代农业职业教育，基本构建了以职业院校、高校成人教育学院、继续教育院校（含各级广播电视学校）、城乡社区教育中心为主体，基本覆盖全省、服务较为完善的现代职业农民教育网络。截至2020年4月，全省职业院校共有农业类专业51个、布点数241个、在校生逾3.8万人。

二、农村教育发展中的问题

从近年山东农村教育发展情况来看，结合乡村振兴战略的实施，乡村教育得到了较快发展，总体上来看，农村的办学条件逐渐得到改善，农村教育水平和农民素质也得到了明显的提高。但是，农村教育发展仍面临以下主要困境。

一是农村师资队伍建设滞后。突出表现为农村教师数量不足，结构欠合理现象。这导致教师所学专业与所教学科不匹配，出现跨专业任教的问题，严重影响教育质量。二是失学、辍学现象仍有存在。有些地方对控辍保学工作重视程度不够，消极应付，有的地方对此工作不严不实，存在底数不清、台账不细、办法不多等情况。三是经济薄弱乡村地区教育投入仍显不足。经济薄弱的乡村地区在学校办学条件

---

① 山东省教育厅《2020年重点任务公开承诺事项完成情况》，山东省教育厅（省委教育工委）网站，http://edu.shandong.gov.cn/art/2020/11/30/art_183238_10146502.html。

山东乡村振兴蓝皮书（2019—2020）

如校舍、功能室、运动场地，教学仪器设备等方面受制于经费投入，有的尚未达到省定办学条件标准。四是在发展农村基础教育的同时，还要大力发展农村职业教育。目前农村上述两类教育的发展尚不平衡，农村职业教育体系和农民继续教育体系还不完善，新型职业农民的培养还远不能适应乡村文化振兴对人才的需求。

三、农村教育发展对策

农村教育是乡村文化振兴的基础。从乡村文化振兴的长远发展来看，今后要大力实施农村教育水平提升工程，持续改善和优化乡村教育条件，推进城乡学前教育和基础教育的均衡发展，完善农村职业教育体系，完善控辍保学部门联动机制。

（一）持续改善现存学校办学条件，提升教育质量

以乡村小规模学校和乡镇寄宿制学校建设为重点，以农村幼儿园建设提升工程为抓手，尤其是经济薄弱乡村学校办学，稳定资金投入渠道，重点保障好教育教学设备、玩教具、游戏健身器材以及图书等设施设备，实施农村幼儿园建设与提升工程。加强城乡学校结对协作，建立示范性幼儿园对薄弱园、农村园的结对帮扶机制，推进城乡学校（幼儿园）协同发展、综合考评，引导优质教育资源向农村地区辐射拓展，缩小城乡学校差距。加强中小学校特色课程建设和教学研究支撑，强化学前教育区域教研和园本教研支持，激发中小学校和幼儿园内涵发展动力。实施乡村温馨校园建设工程，完善校园文化建设、制度建设和管理标准化建设，着力建设小而美、小而优的乡村学校。建立县域、镇域游戏教育实验区，提高农村幼儿园科学保教水平。进一步加强调度督促，推动全省教育资源更精准地向经济薄弱乡村地区倾斜、乡村教师待遇保障机制完善、定向培养农村教师队伍等政策落实见效。

198

（二） 加强对乡村失学、辍学监控工作

省教育厅联合相关部门，进一步完善控辍保学部门联动机制，重点保障农村残疾儿童、特困家庭儿童、留守儿童接受义务教育权利，对失学、辍学高发县（市、区）重点监控。加强特殊群体教育关爱服务，探索建成一批特殊群体关爱学校，学生食宿和学校运行经费由财政给予优先支持；支持接收 5 名以上残疾儿童的乡村义务教育学校、幼儿园建立随班就读资源教室，配备专、兼职资源教师。

（三） 加快完善农村继续教育体系

依托各职业院校、高校成人教育学院、继续教育院校（含各级广播电视学校）、城乡社区教育中心等，重点设置农民工就业技能培训基地，将开展新型职业农民培育纳入全省职业教育发展规划。为此，需重点做好以下方面工作：

1. 加强对涉农类专业的支持力度

对接新旧动能转换产业群布局需要，重点建设新兴涉农产业相关专业，着力升级改造传统产业相关专业，特别是着重强化现代高效农业、精品旅游等与"十强"产业相契合的涉农类专业。积极融入地方传统文化和传统工艺，为农业农村经济社会发展培养技术人才。

2. 建设多样化的涉农专业实训基地

校内实训基地方面，以专业需求为导向，鼓励学校建设标准、规范、先进的校内农业生产示范实训基地，为新型职业农民培训提供实践平台。校外实训基地方面，深入实施产教融合计划，与大型涉农企业集团、农业生产合作社、种养殖大户等合作，共同建设校外实训基地。

3. 加大涉农职业教育财政经费保障力度

着力构建经费投入长效机制，着力提高农村职业教育，特别是涉

农类专业经费投入水平，全面改善涉农职业教育的办学条件。

4. 建设高水平涉农专业教师队伍

鼓励加强涉农类专业高端人才培养，为相关专业提供师资力量支持。在具备办学条件和基础的院校，设立涉农类专业师资培训基地，每年定期组织开展涉农类专业教师培训，并逐步扩大培训规模，引导教师围绕教学改革、专业建设、课程开发等方面进行深入交流，着力培养业务水平高、敬业精神强、创新能力突出的教学领军人才。

5. 进一步加强校企合作

依托农业高等学校、职业院校组建农业教育集团。鼓励涉农类企业、行业协会、农业合作社举办或参与举办农业职业院校，参与涉农专业、课程和人才培养模式改革。鼓励涉农类企业参与产教融合、校企合作。鼓励支持社会力量通过独资、合资、合作等形式举办或参与举办涉农类职业院校，推动开展股份制、混合所有制改革。

另外，要借助各种教育渠道，加强对农民的文化艺术教育，提高农民的综合素质。持之以恒地加强对农民的理想信念教育，提高农民的进取意识和奋斗精神，让广大农村群众真正成为推动乡村文化振兴的主体。

现代治理篇

Modern Governance
Report

内容提要

　　山东省现代治理篇包括乡村基层党组织建设、乡村治理体系建设创新、啃下乡村脱贫攻坚硬骨头三个主要部分。前两部分属于组织振兴的范畴，第三部分属于产业振兴的范畴。近几年来，山东省在乡村现代治理等工作中，取得了非凡的成就。

　　党的乡村基层组织是确保党的乡村振兴战略决策部署贯彻落实的基础。乡村组织振兴是乡村振兴的坚强保障与内生动力。山东省基层党组织建设的成就主要体现在加强"头雁"队伍建设、打造过硬的农村基层党组织、整治软弱涣散村党组织、提升农村党员队伍的雁阵效应等方面。加强"头雁"队伍建设的措施主要是拓宽选拔渠道、实施素质提升工程、加强考核与正向激励。在建设过硬基层党组织方面，山东省涌现出了建强村级党组织、党组织领创办、党组织聚合、党群同心联动等几种组织振兴的典型。大力整治软弱涣散村党组织，是补短板、促后进的有力措施。在省委的坚强领导下，乡村组织振兴取得了实实在在的成效。对村级党员实施分类管理，激活了党员队伍的先锋模范作用。本篇在总结取得成效的基础上，也分析了基层党组织建设存在的短板，提出了解决方案。

　　山东乡村治理体系创新，在组织振兴的前提下，取得了一系列成果，主要体现在增强村民自治组织能力、提升乡镇与村服务能力等方面。增强村民自治组织能力主要措施包括加强村民委员会规范化建设、推进村务公开明晰化、制定与完善村规民约、健全议事协商制度等。提升乡村服务能力主要体现在加快乡镇政府职能转变、提升服务效能、强化民生保障、提高社会救助水平等。与此同时，乡村治理体系同样也存在一些问题与短板，如乡村治理能力有待提高、公共服务供给不足等，本篇提出了可行的对策。

山东省脱贫攻坚成绩斐然，采取的措施主要是坚持"五级书记"抓脱贫攻坚、强化制度和政策支撑、持续推进产业扶贫和就业扶贫、聚焦重点难点集中攻坚、建立完善全社会力量参与的大扶贫格局、实行最严格的考核监督等。本篇分析了山东省巩固拓展脱贫攻坚成果中遇到的问题，如影响脱贫成效和导致返贫的因素依然很多，巩固脱贫攻坚成果仍然十分艰巨，脱贫攻坚与乡村振兴如何紧密衔接等。本篇也对巩固拓展脱贫攻坚成果、推动乡村振兴提出了较好的建议。

山东乡村基层党组织建设报告

孙玉华[*]

摘　要： 山东省在努力打造乡村振兴的"齐鲁样板"进程中，精心打造千千万万个坚强的农村基层党组织，培养千千万万名优秀的农村基层党组织书记。山东省在加强乡村基层党组织建设中，取得了较好的成绩，形成了组织振兴的"齐鲁样板"，积累了不少的先进经验。但仍存在一些与全国其他省份有共性或个性的问题，需要在乡村振兴的实践进程中加以解决。

关键词： 基层党组织；乡村振兴；山东

2018 年以来，山东省以习近平总书记关于打造乡村振兴"齐鲁样板"的重要指示精神为根本遵循，出台了关于贯彻落实党中央实施乡村振兴战略的意见，制定了《山东省乡村振兴战略规划》和《山东省推动乡村组织振兴工作方案》等五大方案，着眼于"走在前列"的目标定位，以提升农村基层党组织组织力为重点，以实现乡村治理体系和治理能力现代化为目标，坚持以党组织建设带动其他组织建设、以组织振兴促进乡村振兴。山东省各地积极贯彻落实这一要求，在加强基层党组织建设方面取得了丰硕成果。

　＊ 作者简介：孙玉华，中共山东省委党校（山东行政学院）党建教研部，副教授、硕士生导师。

一、山东乡村基层党组织建设成就

农村富不富，关键看支部。2019—2020 年，山东省在推进乡村组织振兴进程中，省、市、县、乡、村五级党组织上下联动，多措并举，综合施策，大力推进农村基层党的建设。农村基层党建工作在加强建设"头雁"队伍、建设过硬农村基层党组织、整顿软弱涣散村党组织、提升农村党员队伍的"雁阵效应"等方面取得明显成效。

（一）抓好"头雁"队伍建设

村子强不强，关键看"头雁"。村党支部书记作为村"两委"① 班子的主心骨、党员队伍的排头兵、发展经济的领头雁、农民群众的当家人，是基层党组织发挥领导核心作用的关键。山东省在推进乡村振兴进程中，紧紧抓住这一关键，实施"头雁"工程，致力于打造一支振兴乡村、政治过硬、素质优良的"头雁"队伍。

1. 拓宽"头雁"选拔渠道，配备优秀人选

随着城镇化的推进，农村人口转移进城者愈益增多，农村党组织的"头雁"选拔工作大受影响。为解决这一难题，山东省从退役军人、机关干部、回乡创业人员等群体中选配村党组织书记 3300 余名。滨州沾化区，为实施招收群雁充实村级班子工程，制定出台了《沾化区回引优秀人才返乡创业任职实施办法》，招引在外优秀人才到村任职。党员和非党员人才分别择优担任第一书记和第一主任。新选派的209 名第一书记和 178 名第一主任全部到岗开展工作。从 2012 年起，全省连续 4 轮选派 5 万多名第一书记，扎根基层抓党建、促脱贫，把

———————————

① "两委"即村党支部委员会和村民委员会。

党的组织优势、干部优势、密切联系群众优势转化为扶贫优势、发展优势。①

2. 加强培训，实施"头雁"素质提升工程

为全面提升村党组织书记履职能力，山东省启动实施"乡村振兴育英计划"，省级每年集中组织 2000 名村党组织书记到省内外先进地区培训，带动市县将所有村党组织书记轮训一遍。②

3. 加强考核，提高履职能力

加强对村党组织书记的日常管理和监督，严格落实动态调整、县乡联审、县级党委备案管理等制度。山东省充分利用"灯塔—党建在线"党组织和党员信息库，对全省村党组织书记进行日常考核、管理和监督，对不合格、不胜任、不作为的 2124 名村党组织书记及时予以调整，改变了过去"干与不干一个样、干多干少一个样、干好干坏一个样"的局面，形成争先恐后推动乡村振兴的良好氛围。

4. 激励优秀，激发"头雁"队伍的积极性、创造性

为激励全省村党组织书记的工作积极性、主动性、创造性，山东省采取了两项措施：一是探索提高报酬的举措，对优秀村党组织书记试行比照当地乡镇机关干部发放工资；二是打破村党组织书记的"天花板"，单设计划面向优秀村（居）党组织书记招考 87 名乡镇（街道）公务员。

经过多年的努力，山东省基层党组织的"头雁"队伍，涌现出了章丘区三涧溪村高淑贞、青岛西海岸新区灵山岛省级自然保护区毛家沟村肖永飞、淄川区双杨镇月庄村高名生、滕州市南沙河镇北池村秦应炼、广饶县大王镇西李村李永泰、莱州市虎头崖镇东大宋村任尚泉、高密市阚家镇松兴屯村徐林收、曲阜市时庄街道八里庙村颜景立、东平县银山镇耿山口村耿进平、文登区张家产镇口子李村王文水、莒县

---

①② 鲁祖轩. 强基 引领 振兴——山东以莱西会议 30 年为新起点开启党建引领乡村振兴新篇［N］. 中国组织人事报，2020-10-12（1）.

洛河镇洛河崖村单宗玲、兰陵县代村王传喜、德州市经济技术开发区长河街道东风社区簸箕刘董吉增、聊城市经济技术开发区广平乡吴家所村刘万涛、邹平市黛溪街道北关村赵方东、菏泽市经济开发区佃户屯街道张和庄社区张景宪等一大批优秀村（社区）党组织书记。

（二）建设过硬农村基层党组织

党的农村基层组织是党在农村社会基层组织中的战斗堡垒，是党的农村全部工作和战斗力的基础。经过三年的努力，到2020年党在农村的基本组织、基本队伍、基本活动、基本制度、基本保障健全完善，党的领导、党的工作有效覆盖农村各类组织和群体，党组织政治领导力、组织覆盖力、群众凝聚力、社会号召力、发展推动力、自我革新力得到充分发挥，使农村基层党组织已成为宣传党的主张、贯彻党的决定、领导基层治理、团结动员群众、推动改革发展的坚强战斗堡垒。在加强农村基层过硬党组织建设进程中涌现出了以下几种先进典型①：

建强村级组织型。该类型就是立足本组织实际，采取措施使党组织自身硬起来。例如，青岛市即墨区鳌山卫街道鳌角石村大力实施党建"134"工程：抓住1条主线、创新3项机制、做好4个服务。抓住红色传承这条主线。进入新时代，鳌角石村党支部本着"发展的重点和难点在哪里，党组织就建立在哪里，党员的作用就发挥在哪里"的原则，创新"党建引领+工作线"的组织模式，创建"初心永恒"的党建文化品牌，打造全省首家村级"不忘初心、牢记使命"的党史馆，牢牢抓住"不忘初心、牢记使命"这条红色主线。鳌角石村党组织坚持区域统建、龙头带建、行业联建、结对共建的原则，创新组织领导、区域化党建、党员教育管理三项机制，通过"内强骨骼、充筋活血、扩大外延"，切实增强了党的基层组织覆盖，围绕产业发展、

---

① 中共山东省委农业农村委员会办公室：《山东省实施乡村振兴战略文件汇编》，第191-192页。

乡村治理、生态宜居和优化服务四项重点工作，促进乡村全面振兴。又如莒县城阳街道岳家村，以公心文化建强村党组织，将公心教育与农村综合改革、基层党建、集体经济发展和人居环境整治等紧密结合，走出了以"公心精神"为引领的乡村善治之路。

党组织领办创办型。该类型在选优配强村"两委"班子的基础上，充分发挥基层党组织的战斗堡垒作用，引领乡村走向振兴。栖霞市衣家村党支部通过领办合作社把群众组织起来，以股份合作的方式把集体和群众联结在一起，形成经济利益共同体，带领群众无水挖井、逢山开路、发展产业，靠双手开拓出集体、群众"双增收"的致富路。莒南县道口镇赫马岭村党支部，组织村民以承包地、集体土地入股，村集体以农业机械入股，供销社以烘干设备作价入股，实行专业合作社统一运营，实现了村级增收、村民致富，趟出了组织振兴新路径。昌乐县五图街道庵上湖村，探索实行"党支部+合作社"模式，组织群众"抱团"发展现代农业、乡村旅游和田园综合体，走出了一条村社共建的强村富民新路子。曲阜市为破解支部领办合作社存在规模小、实力弱、品牌优势不明显、市场竞争力不强、龙头带动作用发挥不充分等难题，自 2020 年 2 月起建立支部领办合作社联盟，探索推动支部领办合作社高质量发展新路径。支部领办合作社，不仅促进了富民强村，也构建起党支部为群众谋利益的新渠道，为增强村党组织政治功能和组织力探索了新路径。截至 2020 年底，全省已发展党支部领办合作社 2 万多家，每个合作社平均增加村集体收入 4.27 万元，社员户均增收 3900 元。①

党组织聚合型。该类型建设通过组织联合，使党组织强起来。栖霞市庙后镇地处偏远、基础设施落后、资源匮乏，镇党委在实践中升级合作社形式，联合 25 个村党支部领办合作社，成立镇联合社，发展

---

① 鲁祖轩.强基 引领 振兴——山东以莱西会议 30 年为新起点开启党建引领乡村振兴新篇 [N].中国组织人事报，2020-10-12（1）.

大樱桃产业，探索出一条增强基层组织力、加速乡村振兴的新路径。2019年，针对村小、村散、村弱且选拔党组织书记难的现状，淄博市沂源县燕崖镇打破对就村抓村的路径依赖，优化组织设置，以朱家户村为中心，联合周边7个村成立了朱家户联村党委，推动政策、资金、资源、技术、人才等发展要素的有效统筹和聚集，构建起了党建引领、资源共享、管理高效、抱团发展的乡村振兴新格局。德州平原县聚合村级党组织，撤销11个村级党支部，设立平原县军仓社区党委和11个网格党支部，构建起"社区党委+网格党支部+楼宇党小组"的精简高效组织架构，优化了社区干部队伍结构，拓宽了选拔社区干部的范围和视野，有效解决了村小、人少、干部党员选拔培养的难题，社区治理效能大幅提升，2019年社区实现了"零信访"。诸城市实施"三区同建"，充分发挥农业产业化、农村社区化两大优势，深入推进生产园区、生活社区、生态景区"三区"共建共享，探索乡村振兴片区化发展新路径，赋予"诸城模式"新内涵。总之，全省党组织联建模式各有不同，但都打破了就村抓村的传统路径，推动了资源整合、发展融合。截至2020年底，全省共建立联合党组织2011个，覆盖1.28万个行政村，形成横向到边、纵向到底的基层组织体系。①

党群联动型。该类型建设是党组织发动群众，党群合力助推乡村振兴。济南市章丘区官庄街道，以改善农村人居环境为突破口，通过党支部推动、党员干部带动、群众义务出工、政府给予资助的方式，让村民从"观众"变"主角"，有效破解了"干部干、群众看"的困局，有序推动了乡村振兴各项工作，走出了一条在基层党组织带领下，通过自力更生，紧紧依靠农民群众，实现山区乡村振兴之路。莒南县农村党支部领办志愿服务队像冬日里的暖阳，通过号召志愿服务队开展爱心志愿服务，让农村的留守老人、儿童感受到组织的温暖，让大

---

① 鲁祖轩.强基 引领 振兴——山东以莱西会议30年为新起点开启党建引领乡村振兴新篇［N］.中国组织人事报，2020-10-12（1）.

街小巷变得干净整洁，助力美丽乡村建设。

（三）大力整顿软弱涣散村党组织

整顿软弱涣散村党组织是补短板、加强农村基层组织建设的重要内容。2019 年，山东省在抓实年初确定的 2811 个软弱涣散村党组织集中整顿的同时，坚持自我加压，在主题教育期间倒排 4462 个工作相对落后、有矛盾隐患的后进村一并纳入整顿范围。采取的主要措施是：①细分类型，确定方案。将软弱涣散村大致细分为班子软弱型、发展缓慢型、矛盾突出型、党员老化型、工作滞后型五种类型，研究解决措施，确定整顿方案。②建立机制，靶向整顿。全面落实省委确定的"四个一"措施，即一个县领导联系、一个工作组进驻、一名第一书记指导、一个镇领导负责。莒县在"四个一"措施的基础上创新举措，推行"1+6"整顿工作机制，即"拿出一套整顿方案"和"一名县级领导班子成员联村、一名乡镇（街道）领导班子成员包村、一个县级以上部门结对联系、一个工作队靠上整顿、一名第一书记驻点帮扶、一名县级乡村振兴领头雁共建提升"，落实落细"六项工作举措"：建强支部班子、优化党员结构、严格组织生活、壮大集体经济、化解信访矛盾、提升治理能力等。实现"一村一策"解决基层组织建设突出问题。③巩固验收，确保成效。确定验收目标，严格验收流程。确定"支部班子有作为、集体经济有保障、制度建设有落实、村容村貌有提升、群众评价有口碑"的"五有"目标，按照"村级申报、乡镇核实、县级验收"的工作流程，对软弱涣散村党组织整顿转化情况，逐一验收。把软弱涣散村党组织整顿工作纳入乡镇（街道）党（工）委书记抓党建述职评议考核。对工作滞后、推进缓慢的，及时约谈、提醒相关责任人。④严格标准，纯洁队伍。全省清理有问题、违纪的村"两委"成员 237 名。建立软弱涣散基层党组织在线管理信息库，对 16 个市整顿情况暗访抽查全覆盖。

（四）激活党员队伍的先锋模范作用

党员队伍本就是先锋队，但是事实上农村党员存在"作用难发挥、表现难评价、效果难长效"等问题。平邑县为改善村级党员管理现状，推动农村党员党内政治生活常态化，细化党员类型，推行党员管理"六大工程"，激发党员的热情和奉献精神，提高党员党性修养，发挥党员的先锋模范作用，助力乡村振兴。

实施干部党员"有责工程"。对干部党员实施目标管理，年初开展村"两委"党员干部"公开承诺"活动。以支部为单位与每名在职党员签订岗位责任承诺书，充分调动干部党员的工作积极性、主动性。每月依据《村级综合考核办法》由镇直部门对各村进行千分制考核，并将考核结果与村"两委"干部月绩效工资挂钩。每季度利用"主题党日"召开"村情发布会"，向党员、群众代表通报党组织工作进展情况，接受质询、评议，征求意见、建议，年终根据岗位目标完成情况予以奖惩。推进干部党员"结亲连心"活动，干部党员每人结对帮扶一名致富能手、一名信访户、一名贫困户，帮助厘清发展思路，解决实际困难，化解民怨和矛盾。

实施无职党员"有为工程"。对无职党员，通过"挂牌亮户"，即党员公开亮身份、家庭公开作承诺，使党员从人群中站出来，党员家庭从坐标上显出来。根据党员个人实际，结合村级重点工作，设置民主监督岗、矛盾纠纷调解岗、参政议政岗、环境卫生岗、政策宣传岗、文明新风岗等。通过个人选岗、党员议岗、支部定岗、群众评岗等方式，为居民党员设岗定责，让他们"有责、有位、有为"。采取党员自愿报名与组织安排相结合，根据党员特长，依托支部领办志愿服务队，将"合适"的人分配到"合适"的岗位，每月结合党员星级评定对党员履岗情况进行评议，每年"七一"对表现突出的党员进行表彰。

实施流动党员"连心工程"。对农村外出务工经商党员、异地居住党员和返乡大中专毕业生党员等进行摸底调查，实现了流动党员"四清"，即去留情况清、外出去向清、家庭情况清、联系方式清，为每一名党员"建档立卡"，详细记录流动党员的个人基本情况、流出流入情况、参加活动情况等。由村"两委"党员干部"一对一"连心结对帮扶，每月通过电话联系、微信视频等了解党员的思想状态、外出务工状况和存在的实际困难等。通过"网上班级""党建"微信公众号，各支部党员管理群等开展远程教育，确保党员"流动"不"流学"，积极鼓励流动党员为家乡引项目、送技术、提建议，实现村党支部和流动党员"双向服务"。

实施创业党员"帮扶工程"。一是探索实施"支部领办合作社"的工作模式，充分发挥党组织的引领作用，从解决制约农民致富增收的实际问题入手，以村"两委"成员牵头，普通党员及村内致富能手参与的形式展开。严格会议程序，坚持公开透明，接受党员、群众监督。二是鼓励年轻党员回乡创业，村"两委"协助创业党员办理相关证件，帮助创业党员争取创业贷款、"强村贷"等资金支持。

实施老党员"余热工程"。发挥离退休老党员政治素质、知识水平、管理经验、群众威望等方面的优势，推荐政治素质强、工作热情高、群众基础好的老党员进入村务监督委员会，充分发挥他们在村级工作中沟通联系、民主监督、参谋助手、维护稳定等方面的作用，担任社会环境整治监督员、党建工作巡视员、社会信息反馈员、政治理论宣传员，为他们发挥作用搭建平台。老党员积极为村庄经济发展和民生事业发挥余热，让他们老有所为。

实施困难党员"关爱工程"。为精准帮扶困难党员，充分发挥党员关爱基金的作用，做到"平时有人访、难时有人帮、节日有温暖"，让真正需要帮助的党员得到帮助，严格落实三项关爱措施，为基金的发放提供制度保障。一是建立困难老党员定期生活补助管理台账，准确记录厘清党员生活情况；二是规范关爱基金申请程序，明确准入门槛，做到精准发放；三是整合党员关爱基金，确保专款专用，在每年的"七一"和春节期间集中走访慰问困难党员，给他们送去党的关心和温暖。

通过开展党员管理"六大工程"在党员中形成履职尽责当先锋、立足岗位争优秀的浓厚氛围，提高党员的表率和示范作用，提高党组织凝聚力、战斗力，发挥先锋模范作用。

二、山东基层党组织建设存在的突出问题

山东省大力加强基层党组织建设，取得了组织振兴的优异成绩。同时，基层党组织建设仍存在一些不容忽视的问题。

（一）党组织书记的后备人选缺乏问题

很多地方反映，村党组织书记队伍建设存在"人难选、干不着、干不好、干不了"的困境。农村自改革开放以来，人才长期持续外流。人才外流主要有以下几种情况：一是由于国家的人才选拔机制，农村人才通过升学渠道彻底离开农村，一般只在逢年过节才短暂回村与老人团聚，很难参与本村的经济社会发展事务。二是留在本村者，不参与村务。有的长期离家务工，家庭仍然留在农村，只在农忙时节"迁徙"回村务农；有的居家经营、务工，从事自己的买卖或者生计。三是即使是返乡的退伍军人，迫于生计，也很少留在农村。农村人才相对匮乏，制约了基层党组织书记的后备人选。此外，村党组织书记岗位待遇不高也是影响因素之一。即使省委已经出台了提高村党组织书记报酬的相关政策，各地也纷纷采取措施加强村党组织书记队伍专职化建设，村党组织书记岗位还是存在"能人"不愿干的情况。村党组织书记队伍后继乏人的问题，影响着乡村振兴战略的实施。

（二）基层党组织建设不均衡问题

农村基层党组织建设存在质量和水平不均衡、发挥作用与群众的期盼存在差距等问题，主要表现在以下几个方面：在发展党员方面，由于积极分子威望不高或党员投票分散不符合要求等，有些村党组织不能及时、顺利地发展党员；在贯彻落实上级政策方面，由于政治站位不高、党性修养不强等，有些党组织对上级工作贯彻落实不积极、不创新，甚至拖后腿；在推动本村集体经济发展方面，有些组织书记开拓创新意识不强、能力有欠缺，举措不新，不同程度地存在"等、要、靠"思想，在群众中威信不高，根本不能发挥基层组织的领导核心和战斗堡垒等作用。

（三）基层党组织制度落实问题

新时代，随着全面从严治党向基层延伸，农村基层党组织制度建设日臻完善，但有些基层党组织在落实全面加强党的领导、全面从严治党、依规行政、依法治村等方面仍有一些差距，如有些基层党组织仍然不能严格执行党的民主集中制、不严格落实"四议两公开"等民主决策制度；有的村务监督委员会的监督存在形式主义问题，不能真正发挥作用。上述问题致使党组织在群众中的威信大受影响，损害党群、干群关系，影响党组织的组织力。

三、加强农村基层党组织建设的对策

党的十九届五中全会通过的《中共中央关于制定国民经济和社会发展第十四个五年规划和二〇三五年远景目标的建议》中强调，坚持把解决好"三农"问题作为全党工作重中之重，走中国特色社会主义乡村振兴道路，全面实施乡村振兴战略。完成上述重大任务，必须坚持五级书记统筹抓、补短板，继续加强农村基层党组织建设。

（一）多措统筹推进，确保书记"头雁"队伍整体优化提升

一是拓宽选人视野和渠道，备足村党组织书记后备人选。山东省明确要求以县（市、区）为单位建立村党组织书记后备人才库，统筹各方面人才资源，有序推进村党组织书记优化升级、新老交替。书记的后备人选，不再局限于农村本村，甚至可以从各级党政机关、企事业单位选派，从根本上提升了村党组织书记队伍的素质。二是完善建立多村联合党委、优秀书记跨村任职制度。鉴于农村人口的减少，地域相邻、资源互补、共享的村庄，可以探索跨村任职。这种举措既可以减轻村务负担，又可以实现先进带后进、邻村抱团规模发展，为乡村振兴奠定坚实基础。如上文提到的淄博市沂源县燕崖镇打破就村抓村的路径依赖，优化组织设置，以朱家户村为中心，联合周边7个村成立了朱家户联村党委，精选能人跨村任职，实现邻村"抱团"振兴。三是优化乡村布局，建立新型农村社区党组织，精选"能人"担任书记。农村空心化、宅基地闲置化，浪费了土地资源与空间，不利于农民的生产与生活，不利于乡村振兴。因此可以通过科学的村庄规划，经过充分的民主协商，实现多村聚集，重新设置村党组织，精选能人担任书记，发展农业产业，建设为民便民利民富民的社会主义新农村。

（二）上级现场参与，落实村党组织的各项制度

村党组织的各项规定，既有规范性的要求，也有监督性的举措。村党组织自身既要加强规范建设，也需要上级的现场指导与监督。第一，规范开展党内政治生活。落实政治生活的各项准则，要以组织生活为重要内容和载体。坚定理想信念，必须推进"两学一做"学习教

育常态化制度化，组织农村基层党组织和广大党员用党的创新理论武装头脑，增强"四个意识"，坚定"四个自信"，做到"两个维护"。全面落实"三会一课"、主题党日、组织生活会、民主评议党员等党的组织生活制度，提升村级党组织的政治生活水平。第二，加强对党组织制度落实的考核、监督与管理。党组织毫无疑问都是先锋队，但先锋模范程度和表现形式客观上存在差别。通过建立统一的考评细则和规范，区分党员的职业、年龄、身体状况和流动情况，对党员和党组织实施科学的量化管理和考核，引导和激励党员和党组织在乡村振兴中发挥先锋模范作用，如对村级党组织领导的"四议两公开"制度运行、村民监督委员会发挥作用情况的监督检查等。

（三）完善抓乡（镇）促村，帮助落后村党组织补短板赶先进

为压实抓乡促村责任，全省各地要积极探索。县域要落实中央关于"抓乡（镇）促村"的部署，建立信息共享机制，搞好日常和年终考核。①县域建立县直多部门乡村信息共享机制。这一举措，不但可以减轻基层村庄重复填报表格负担，又可以县直部门联动，提高工作效率。由县委组织部牵头，加强与县纪检监察、巡察、政法、扶贫等职能部门联动，及时收集在巡视巡察、脱贫攻坚、扫黑除恶等重点领域中发现的问题突出村，作为日常和年终考核的重要内容。②搞好日常和年终考核。每半年或岁末年初，以乡镇街道为单位，对村"两委"班子运行情况、基层党组织建设情况进行全面检查考核。结合村级目标管理、村党组织书记抓基层党建述职评议考核结果等情况，逐村考核研判，对村党组织划定为"好、中、差"三个等级，将"差"评等级的村级党组织作为重点整顿转化对象。在考核中，坚决避免形式主义的问题与现象。③分季度确定整改措施。根据半年或全年考核，每季度召开村级班子分析研判会议，通过党组织自查、工作组初判、

党委评判、县委组织部联判等措施，随时掌握村级班子运行情况，实现动态监督，随时督促整改，使村级班子形成争先创优的良好氛围。

结　语

山东省承担着习近平总书记关于打造乡村振兴"齐鲁样板"的重任。经过几年的艰苦探索和努力，山东已经初步交出了令人满意的答卷。乡村振兴是一个系统而艰巨的战略性任务，完成这一重任不可能一蹴而就，关键要持续抓好农村基层党组织建设，需要村党组织带领广大农民群众前后接力，贯彻落实好习近平总书记和党中央的决策部署，坚持不懈地努力奋斗。

参考文献

[1] 中共山东省委农业农村委员会办公室编：《山东省实施乡村振兴战略文件汇编》（内部资料）。

山东乡村治理体系建设创新报告

陈晓红*

摘　要：2019 年以来，山东省不断完善乡村治理体系建设，推动乡村治理重心向基层下移，充分发挥农村基层党组织作用，探索自治、法治、德治相结合的路径，乡村治理体系建设取得明显成效，有效解决了乡村治理中存在的一些难点、痛点、堵点问题。但是，面对新时代新形势的发展环境，也存在着一些现实性困境问题，如基层党组织建设还有所欠缺、乡村治理能力还需提高、公共服务供给不足等。针对这些问题和挑战，今后应构建党组织领导的共建共治共享治理格局、加强乡村治理能力建设、补齐乡村公共服务短板等。

关键词：乡村治理；体系；创新；山东

党的十九大报告指出，加强农村基层基础工作，健全自治、法治、德治相结合的乡村治理体系。① 党的十九届四中全会强调，坚持和完善中国特色社会主义制度、推进国家治理体系和治理能力现代化，是全党的一项重大战略任务，② 而乡村是国家治理的基本单元，关系到乡村振兴战略的实施，关系到国家治理现代化的进程。

　＊ 作者简介：陈晓红，中共山东省委党校（山东行政学院）校刊编辑部，副教授。

　① 习近平. 决胜全面建成小康社会　夺取新时代中国特色社会主义伟大胜利——在中国共产党第十九次全国代表大会上的报告［N］. 人民日报，2017-10-28（1）.

　② 中共中央关于坚持和完善中国特色社会主义制度　推进国家治理体系和治理能力现代化若干重大问题的决定［N］. 人民日报，2019-11-06（1）.

一、山东乡村治理创新

2019 年以来，山东省深入贯彻习近平总书记关于乡村治理的重要指示，不断完善乡村治理体系，乡村治理取得明显成效。如表 1 所示。

表 1　山东省乡村治理主要指标情况

指标	单位	数值	指标	单位	数值
全国乡村治理体系建设试点单位	个	6	县级及以上文明村镇标准	%	83.77
全国乡村治理示范乡镇	个	5	省级以上民主法治村	个	1468
全国乡村治理示范村	个	52	全国新时代文明实践中心试点区县	个	27
美丽乡村示范村	个	1500	美丽庭院示范户	万户	160

资料来源：根据山东省政府新闻办举行的新闻发布会等公开信息整理。

（一）加强农村党组织建设

中国共产党领导是中国特色社会主义最本质的特征，推进社会治理现代化，必须毫不动摇地坚持党对社会治理的领导。在社会治理实践中，各级党委是社会治理的主体，是领导者和引领者，起核心作用，因此必须全面加强党在社会治理中的领导核心作用。

一是优化提升带头人队伍。2020 年公开遴选 2567 名村党组织书记，开展"人才回引"活动，1577 名人才回乡创业任职。利用视频方式，对全省 711 名新任驻村干部、乡村干部集中培训。济南市致力于打造高素质专业化村党组织书记队伍。创新"头雁指数"量化评价体系，设立"忠诚指数、能力指数、担当指数、口碑指数、律己指数"5 个指数和 18 项刚性指标，每半年对村党组织书记进行一次履职评估。明确调整退出的 10 种情形，采取淘汰不胜任的、劝退年龄大的、辞退口碑差的等办法，对村党组织书记所在村连续两年考核在镇（街道）排名后 5% 等情况，都要进行岗位调整。加快更新换代节奏，平均年龄下降 5.1 岁，高中以上学历的增长 27%。建好村干部后备人才库，每村培养储备不少于 2 人。每年评选"乡村振兴好书记"，涌现出三涧溪村高淑贞、马套村肖舒荣等一批先进典型。①

二是深化过硬支部建设。2020 年，山东省组织 6 个县（市、区）的 1615 个行政村，部署开展村"两委"换届选举试点。围绕推动美丽宜居乡村建设，就发挥村党组织和党员作用提出具体要求。持续开展村党组织评星定级，从市、县、乡、村四级遴选推广 79 个典型工作案例，不断提升党组织建设水平。平原县积极构建党组织领导的"三治"相结合的乡村治理体系，以党的高质量建设推动基层社会治理水平提升，努力把每个农村基层党组织都建成乡村治理的坚强战斗堡垒。通过公开遴选、建立青年协会等措施，创新村干部选任渠道，村级党员干部队伍结构持续优化。截至 2019 年，全县 45 岁以下村级干部占比较 2016 年提高 23 个百分点，中专以上学历占比提高 28 个百分点。以乡镇为单位，对县域外平原籍经商创业人员、企业高层管理人员、高校优秀毕业生、愿意为家乡做贡献人员等进行摸排，建立返乡人才库。全县返乡人才库已录入各类人才 430 余名，其中返乡到村任职大学生 20 余名，37 名在外经商人才返乡创业。②

三是推动村级集体经济提档升级。积极推动村党组织领办合作社，全省已成立 2 万多家，累计完成"强村贷"授信贷款 3 亿多元。整合各级财政资金 7.46 亿元，扶持 1492 个村发展集体经济。昌乐县自 2019 年被确定为山东省乡村治理体系建设试点示范县以来，制定出台了《关于加强和改进乡村治理的实施意见》和《体系建设试点工作方

---

① "头雁队伍提升"行动实施意见，齐鲁网，http：//jinan.iqilu.com/jinanshizheng/2019/1108/4373853.shtml。

② 平原县：实施"雁阵工程"优化提升农村党组织书记队伍，灯塔—党建在线，http：//www.dtdjzx.gov.cn/staticPage/jcdzzjsw/villpractice/20200608/2710613.html。

案》，聚焦乡村治理突出问题和薄弱环节，鼓励试点村庄综合运用党建规范提升、党组织领办合作社等措施，推动小村庄实现大变化。沂源县越水种植养殖合作社，探索"合作社办公司带农户"经营模式，把第一、第二、第三产业紧密结合起来，推动了乡村产业振兴，为乡村治理打下了坚实的经济基础。

（二）增强村民自治组织能力

一是加强村民委员会规范化建设。对全省68562个行政村进行数据核准；推进村委会规范化建设，开展村务公开和村规民约监督落实专项行动，1.77万个行政村新建或修缮村务公开栏。开展美丽宜居村庄（社区）建设数据核查，制定山东省市县村庄布局规划编制导则，有序推进乡村融合发展。推进网格化服务管理"一网统筹"，村（社区）覆盖率达100%。推进乡村立体化治安防控体系建设，60%的村实现人防、技防、物防"三防融合"。莱西市完善党领导的自治机制，把加强党的领导有关要求写入村民自治组织、村级集体经济组织等相关组织章程，厘清政府管理权和村民自治权的边界，实行村级重大事项决策"四议两公开"，健全基层协商民主制度，推动村民自治组织规范化、制度化建设，实现自我管理、自我服务、自我教育、自我监督。针对村庄结构优化调整后，新村党员数量较多、议事决策难以组织的问题，制定《莱西市新村党员议事代表制度（试行）》，在全国率先探索建立新村党员议事代表制度，目前已选举产生4699名党员议事代表。

二是推进村务公开明晰化。山东省组织各市以县（市、区）为单位制定了村务公开目录，进一步规范公开的内容和程序，强化村务公开民主管理。涉农资金、民生保障等10大类事项全面公开，一般事项每季度公开一次，村级财务收支情况每月公开一次，涉及村民利益的重大事项随时公开。近年来，涌现出平原县村事阳光报告会、威海市文登区村级事务阳光工程等典型做法，促进了群众对村级事务的民主监督。平原县实施"三务三资"阳光报告会制度，推进村民自治向深里走。报告会严格按照"一述、两问、三评、四定"程序落实。一述是报告会党支部书记代表班子向全体村民做报告；两问是村民提意见有现场询问和书面询问两个环节；三评是对党支部书记、"两委"班子成员、党员开展民主测评；四定是对征求来的村民意见和诉求，定目标、定措施、定责任人、定完成时限。自2017年以来，平原县共举办阳光报告会5100余次，公开村级事务36700余项，群众当场提出质询13509条，村干部当场答复10817条，事后答复2156条，县乡协调解决536条。这样的问政会议已在全县851个村全面召开。① 2019年，昌邑市探索打造农村"三资"管理网络化办公监管平台，村级资金、资产、资源的经济事项审批不需要再到社区、镇政府和银行现场办理，而是通过手机App和互联网办理，农村"三资"管理得到进一步升级：提升了规范化、流程化水平；提升了数据共享服务能力；提高了工作效率；提高了百姓满意度。

三是制定与完善村规民约。山东省指导强化村民自我管理、自我服务、自我教育。指导各地从规范日常行为、维护公共秩序、保障群众权益、引导民风民俗四个方面，结合实际充实调整相关内容。2019年底普遍完成新一轮修订工作，《村规民约》更加务实管用。推动乡镇党委政府将村规民约落实情况纳入村"两委"班子目标责任考核内容，加强村务监督委员会、道德评议会、红白理事会、村"两委"成员、村民代表的监督，促进村规民约的遵守和落实。例如，荣成市有790个村居党组织、2.3万名党员干部、26.3万农村群众建立了信用档案，制定了具体化的激励和约束办法。对捐款捐物、志愿服务等好

---

① 德州市平原县"三务三资"将微权利"晒"在阳光下，以公开提升基层治理水平，潇湘晨报官方百家号，https：//baijiahao.baidu.com/s？id＝1682014634948936470&wfr＝spider&for＝pc。

人好事，以及参与村级事务 150 多项给予了信用加分；对一些不遵守村规民约等 60 多项不文明、不道德的行为给予扣分，每月公布一次积分情况，兑现奖惩措施。淄博市淄川区双杨镇赵瓦村 2004 年起，就制定了集体的《村规民约》。《村规民约》经过全村 10 个村民小组和村民代表大会表决后通过，并通过召开村民代表大会、举办村规民约培训班等形式，让村民熟悉并理解。自公布《村规民约》以来，各地一直顺利执行。[①]

四是健全议事协商制度。各县（市、区）制定了议事协商目录。依托村民会议、村民代表会议、村民议事会、民主评议会、决策听证会等，组织开展村民说事、民情恳谈、百姓议事等协商活动，围绕村内具体事务，共同商量解决办法，充分听取群众意见。全省建立议事协商示范点 1200 多个，围绕畅通诉求表达、维护合法利益、化解矛盾纠纷、提升村级服务，积极探索创新议事协商的经验做法。单县兴起的"乡村夜话"，由县、乡、村干部组织村民利用晚饭后的时间，围绕村内具体事务，共同商量解决办法。单县还将"乡村夜话"作为新时代文明实践活动的重要载体和内容，有效提升了群众投身乡村振兴的自觉性和行动力。目前，"乡村夜话"正在单县 22 个乡镇 502 个村推广，有效推动了基层治理攻坚克难。

（三）提升乡镇与村为农服务能力

一是提升乡镇为农服务能力。加快乡镇政府职能转变，提升服务效能。2020 年 6 月 12 日，山东省第十三届人民代表大会常务委员会第二十次会议通过了《山东省乡镇人民政府工作条例》（以下简称《条例》），这是全国首部以减轻基层负担、完善乡镇服务管理职能为宗旨的省级地方性法规。《条例》强调乡镇公共服务职能，完善乡镇公

---

① 山东荣成打造"志愿 信用"乡村治理新模式，新华网山东频道，http：//www.sd.xinhuanet.com/wh/2020-12/02/c_1126813268.htm。

共服务平台，为乡镇提高为农服务能力提供了法治化、制度化保障。2019 年，龙口市出台《关于加强镇政府服务能力建设的实施方案》，进一步加快镇政府职能转变，全面推进镇治理体系和治理能力现代化，入选全国乡镇政府服务能力建设十大典型经验。重点强化镇政府服务功能、优化镇基本公共服务资源配置和创新镇公共服务供给方式。

二是强化民生保障。实施乡村温馨校园建设、村卫生室标准化建设，累计改造乡村薄弱校区 203 万平方米，2020 年年内建设完成省市示范村卫生室 1150 所。开展"战疫情 助复工 促就业"网络招聘、"关爱女性 健康扶贫"公益保险捐赠等活动，帮助 9 万多名群众达成就业意向，为 4 万余名贫困妇女捐赠救助保险。目前全省农村无害化卫生厕所已完成 1075 万户，城乡生活垃圾焚烧处理率达 75%左右，农作物秸秆综合利用率达 91%以上。2017 年以来，全省完成造林面积731.1 万亩，全省共创建美丽乡村示范村 1500 个。[①] 2020 年，山东省108 个村镇入选第六届全国文明村镇，数量为全国之最；全省 83.77%的村镇达到县级及以上文明村镇标准，全省农村环境面貌不断改善。在全省开展推进"美丽庭院"创建等主题活动，引领广大农村家庭践行健康生活理念。截至 2020 年 9 月底，全省共建成美丽庭院示范户160 万余户，全省农村家庭环境得到有效改善。[②]

三是提高社会救助水平。山东省民政厅、财政厅联合印发《关于提高困难群众救助保障水平的通知》，自 2020 年 1 月 1 日起，提高困难群众救助保障水平，提高范围包括城乡低保、农村特困人员供养、孤儿、重点困境儿童、残疾人两项补贴等项目，提高后相关项目标准将不低于全国平均水平。按照 2019 年农村居民人均消费支出的 35%—45%动态调整农村低保标准，及时把脱贫不稳定户、边缘易致贫户，

---

① 山东：农村无害化卫生厕所改造已完成 1075 万户，新华网，http：//www.xinhuanet.com/2020-06/29/c_1126174606.htm。

② 山东 108 个村镇入选第六届全国文明村镇，齐鲁网，http：//news.iqilu.com/shandong/zhengwu/zwxw/2020/1106/4692723.shtml。

以及因新冠肺炎疫情或其他原因收入骤减或支出骤增户中符合低保政策的人员，全部纳入低保范围。建立保障标准动态调整机制，全省农村低保标准、特困人员基本生活标准，2020年较2019年底分别提高47元和63元。山东省启动社会救助保障标准与物价上涨挂钩联动机制，为困难群众发放一次性价格补贴6.1亿元。

二、山东乡村治理面临的主要问题

（一）基层党组织建设存在欠缺

党的农村基层组织是党在农村全部工作和战斗力的基础。新时代农村基层党组织建设总体上是成效显著的，但也存在着一些现实性困境。

农村党员干部队伍总体老化。村党组织书记队伍年龄老化、能力弱化等不适应、不胜任的问题日益凸显。某市60岁以上的村党组织书记数量占18%，仅靠农村自身选拔渠道难以产生优秀人选，吸收发展年轻党员明显无力乏力。就山东省乃至全国很多地方的情况来看，连续10年不发展年轻党员的村子不在少数，甚至有的村已经连续15年没有发展党员了[①]。

农村党员干部队伍素质需提高。部分村支部书记治理乡村工作被动、服务意识不强，只求满足村庄稳定不出问题，对村级事务管理等工作迟疑、观望。村务公开还不够透明，村支部书记一定程度存在"一言堂"现象，村务管理存在隐患等，学历层次普遍偏低。鲁西北地区3个乡镇中，75%—80%的农村党员干部的学历以小学、初中为主，高中学历的农村党员干部占比仅为15%左右，只有极少数农村党员干部有大专或本科学历。[②]此外，领导班子发展经济能力欠缺。由于

---

①② 张书林. 新时代农村基层党建创新：困境、肇因、路径——基于对山东农村基层党建综合调研的视角［J］. 中共福建省委党校（福建行政学院）学报，2020（3）.

村集体经济收入少、来源单一，主要以集体土地承包、公共设施占地为主，农村仍面临发展路子窄、收益低的处境。

（二）乡村治理能力有待提高

治理能力的不足既有体制机制方面的原因，也有缺乏人才方面的原因。

农村行政化倾向明显。村委会作为居民自治组织，却在承担大量行政事务。随着乡村治理的不断推进，文化、卫生、平安、扶贫等功能也得到不断完善。许多政府工作进农村，让村里承接了许多社会性事务，被动地行政化，很多工作原本村委会只是协助，而现在经常成为主力军。农村社区"两委"行政任务负担重、忙于应付政府部门的工作，导致村"两委"感到工作和精神上疲于应付。

乡村治理制度缺乏统一规划和有机整合。乡村发展规划、公共服务体系建设等统筹不够，治理信息互通与资源共享存在一些障碍，多数地方存在资金投入分散化、工作人员配置不合理、服务不精准等问题，乡村治理的规范化、统筹化程度相对较低，没有形成推进工作的合力。[①] 当前，尽管不少部门都高度重视基层治理工作，如在场所建设方面，组织部门建设红帆驿站、宣传部门建设新时代文明实践站、政法部门打造"综治中心"和"网格会客厅"、信访部门建设"和为贵"治理服务中心等，但是导致了工作合力不易形成。因此，亟须统筹考虑，把各种力量形成一个拳头发挥作用。

乡村社会各项事业的推进缺乏人才。乡村青年人口大量外流，带来许多村庄人口的稀疏化、老龄化、空心化。村里老年人多、留守儿童多、种地的多数是五十岁以上老人。经济基础越薄弱，人才流失越严重；人才流失越严重，经济发展越困难，因此造成了恶性循环。甚至有

---

① 如何突破乡村治理面临的四重困境，人民论坛，http：//www.rmlt.com.cn/2020/0707/586045.shtml。

的村里的"四议两公开"也因凑不够法定人数而处于无法召开的状态。

（三）农村公共服务供给不足

基础设施建设滞后、公共服务供给不足，是制约乡村发展的突出短板，也是制约乡村民生改善的突出问题。山东省是农业大省，也是人口大省，受支付能力、消费意愿、服务设施、专业队伍等条件制约，农村养老服务市场发育缓慢，成为养老服务体系建设的短板和难题。随着生活水平的提高，人们在满足物质生活的同时开始追求精神生活，健身意识逐渐增强。农村体育公共服务基础设施虽然逐步建立，不断满足农民的健身需求，但现有的场地设施大多乏人问津，缺乏专人进行管理、维修保养。农民进行健身锻炼时缺少专业人员对其进行指导。个别地区文化基础设施相对落后。在基层农村较偏远、人口较少、经济欠发达的行政村（社区），没有规范的文化场所，农村文化设施建设仍然存在许多空白点。部分行政村文化设施面积不达标或勉强达标，文化大院配套设施过于简单、陈旧、单一。文化活动室里一般只是"一块牌子、几张桌子、几把椅子"。有组织的文化娱乐活动较少，一般只在节日期间，村里才会根据上级要求组织一些群众娱乐活动。一些具有文化专长、素质较高的文艺人才队伍不愿意扎根农村工作①。

三、加强山东乡村治理体系建设的对策建议

（一）构建党组织领导的共建共治共享治理格局

党的十九届四中全会明确指出，必须加强和创新社会治理，完善党委领导、政府负责、民主协商、社会协同、公众参与、法治保障、

---

① 李燕. 山东农村基层公共文化服务体系的调查与思考——以德州市平原县为例 [J]. 人文天下，2019，137（3）：57-61.

科技支撑的社会治理体系，建设人人有责、人人尽责、人人享有的社会治理共同体，构建基层社会治理新格局。① 习近平总书记强调，"无论农村社会结构如何变化，无论各类经济社会组织如何发育成长，农村基层党组织的领导地位不能动摇、战斗堡垒作用不能削弱"。要确保基层党组织成为乡村社会治理的核心，乡村治理要充分发挥基层党组织的领导作用。一方面，党的农村基层组织应当加强对各类组织的统一领导，健全党组织领导的自治、法治、德治相结合的乡村治理体系，形成以党组织为领导核心的多元共治格局。另一方面，需要探索多种路径，使基层党组织有效融入乡村治理格局中。② 山东省正在深化拓展"莱西会议"经验、推进党建引领乡村治理的指导意见及相关配套文件落实落地，健全党建引领乡村振兴制度体系。抓好村"两委"换届试点工作，加强监督和跟踪指导。党的农村基层组织应当加强对各类组织的统一领导，在农村集体经济组织、经济合作组织等各类组织中建立党组织，发挥党组织的领导作用。按照中央要求，"村党组织书记应当通过法定程序担任村委会主任和集体经济组织、合作经济组织负责人"，③ 探索多种路径，使基层党组织有效融入乡村治理格局中，坚持创设载体，搭建平台，凝聚组织合力，把党组织、党员和农民群众拧成"一股绳"。理顺各类乡村治理主体间的相互关系，建立多元主体共同参与和有效协同的乡村治理长效机制，改变就村抓村的路径依赖，通过统筹推进党组织联建，实现优势互补、发展共进。

（二）加强乡村治理能力建设

第一，加强乡村治理组织建设。加强和改进乡村治理，应探索

---

① 习近平. 关于《中共中央关于坚持和完善中国特色社会主义制度，推进国家治理体系和治理能力现代化若干重大问题的决定》的说明 [J]. 党建研究，2019（11）.

② 构建党组织领导的共建共治共享乡村善治新格局，人民网，https：//baijiahao. baidu. com/s？ id=656295924546867930&wfr=spider&for=pc。

③ 中办国办印发《指导意见》加强和改进乡村治理 [J]. 支部生活（山东），2019（7）：7-10.

"建立以基层党组织为领导、村民自治组织和村务监督组织为基础、集体经济组织和农民合作组织为纽带、其他经济社会组织为补充的村级组织体系"。[①] 第二，加强乡村治理制度建设。基本形成现代乡村治理制度框架；强化基层党组织在选举选拔、全面覆盖、廉政建设等方面的制度建设；创新民主议事、协商、评议等自治制度；建立健全党员干部联系群众、服务群众等制度；建立健全农民诉求表达制度；加强政府及村组织的投入制度建设[②]；健全村规民约和法治体系等，将承包地调整、宅基地清理、移风易俗、村容村貌等与老百姓密切相关的内容纳入村规民约。第三，加强乡村治理能力建设。提高县乡干部治理能力。加强对县乡干部的组织培训和学习，提倡县乡干部深入基层，加强同农民的交流，还要走进百姓家，疏导化解不稳定隐患。安排年轻干部参与包村工作，把基础最差、距离群众最近、困难矛盾最集中、治理工作难度最大的村，作为县乡干部的锻炼平台和检验舞台，提高村干部治理能力。把乡村治理与发展经济、扶贫等联系起来，夯实治理的基础；提高村干部德治水平，做到以德服人、秉公办事；选育结合，积蓄优良充足的村干部后备力量；加强培训学习，提高法治素养，提高治理能力。

（三）补齐乡村公共服务短板

一是科学规划，搞好村庄建设。在充分论证的基础上，应对村庄制定科学规划，以规划为指导，以美丽乡村建设、村庄环境整治为抓手，把垃圾污水治理、"厕所革命"和村容村貌提升为重点，进行村庄建设，改善农村人居环境。二是有效提供农村公共产品和服务。切实按照中央要求实现公共资源在城乡间的均衡配置，大幅度增加政府

① 中办国办印发《指导意见》加强和改进乡村治理 [J]. 支部生活（山东），2019（7）：7-10.

② 郭振宗. 我国乡村治理的背景演变，转型趋向与有效途径 [J]. 理论学刊，2020（3）.

公共资源向农村的倾斜投入，大力加强农村基础设施建设以及大力发展教育、医疗卫生、社会保障等事业，切实提高农村公共产品和服务供给的可行性和实效性。实施乡村教育振兴行动计划，完成 2019—2030 年中小学、幼儿园布局规划。推进村卫生室产权公有、乡村医生"县招乡管村用"，推动乡村医生职业化。乡村是中华文明的根基，是优秀传统文化的发源地。提升乡村治理质效，还要以新时代文明实践中心为平台和载体加强乡村文化建设，夯实乡村振兴战略的文化根基。通过乡村文化建设，能够有效满足村民精神文化需求，提升村民精神风貌，推动形成良好民风民俗，在引导村民形成心理认同与达成价值共识中构建良好社会秩序，从而使乡村治理实现现代化。三是建立解决相对贫困的长效机制。加强对脱贫不稳定户和边缘户的监测，对存在返贫致贫风险的困难群众，及时纳入帮扶范围，有针对性地落实帮扶举措。四是加强平安乡村建设。平安乡村建设是实施乡村振兴战略的重要保障。创新现代农村警务机制，积极适应构建乡村治理新体系，壮大农村警务助理队伍，广泛发动农村群防群治力量，深入开展法制宣传教育。依法严厉打击各类违法犯罪活动，维护农村政治稳定和治安秩序。进一步健全完善基层矛盾纠纷预防、排查、调处、化解工作机制，确保乡村和谐稳定。加强农村道路交通、消防安全隐患治理等农村公共安全监管。

结　语

乡村治理是一项系统工程，包含各个层面的问题，需要统筹各种资源和力量进行整合，从而实现有效治理。当前我国乡村治理处在一个新的历史起点，还需要加强党的全面领导，突出问题导向，创新治理方式，提高公共服务水平，从而实现乡村治理现代化。

山东乡村脱贫攻坚报告

贺全进[*]

摘　要： 党的十八大以来，山东省委、省政府深入贯彻习近平总书记关于扶贫工作的重要论述和视察山东时的重要讲话和指示精神，通过坚持"五级书记"抓脱贫，聚焦重点难点，强化制度和政策支撑，持续推进产业扶贫、就业扶贫，建立完善全社会参与的大扶贫格局等方式，使脱贫攻坚取得重大成效。但是，我们必须清醒地看到山东省在巩固脱贫成果、防止返贫、衔接乡村振兴等方面还存在不少问题。为此，山东省必须坚持重点发力，紧盯重点任务，持续巩固脱贫攻坚成果；必须坚持统筹兼顾，推动重点区域乡村全面振兴；必须坚持从严从实，以强有力的措施确保脱贫攻坚与乡村振兴有效衔接。

关键词： 脱贫攻坚；乡村振兴；乡村振兴"齐鲁样板"

党的十八大以来，山东省委、省政府深入贯彻习近平总书记关于扶贫工作的重要论述和视察山东时的重要讲话和指示精神，全面落实党中央决策部署，把脱贫攻坚作为最大政治责任、最大民生工程、最大发展机遇，不断完善体制机制，加大各方面投入，强化政策落实。特别是2019年以来，山东省尽锐出战，采取超常规举措推进脱贫攻坚，取得重大成就。

---

* 作者简介：贺全进，中共山东省委党校（山东行政学院）党的建设教研部，讲师，省派第四批第一书记。

一、山东脱贫攻坚主要成效

（一）脱贫攻坚任务基本完成，脱贫成果不断巩固提升

2018 年 7 月，山东省印发《关于打赢脱贫攻坚战三年行动的实施意见》，明确提出"2018 年基本完成、2019 年巩固提升、2020 年全面完成"的脱贫攻坚工作布局。经过不懈努力，山东省脱贫攻坚成效显著。

一是脱贫攻坚任务基本完成。2018 年，全省剩余的 17.2 万省扶贫标准建档立卡贫困人口全部脱贫，8654 个省扶贫工作重点村全部退出①，贫困发生率"归零"。山东省绝对贫困问题得到历史性解决。

二是脱贫攻坚成果不断巩固提升。产业扶贫方面，2019 年全省全年实施产业扶贫项目 1581 个，覆盖带动贫困人口 85.9 万人；基础设施建设方面，2019 年 400 个省扶贫工作重点村饮水安全工程全部完工，改造危房 3.2 万户；资金投入方面，2016—2019 年，全省共投入各项财政专项扶贫资金 237.38 亿元，统筹整合行业扶贫资金 407.41亿元，发放扶贫小额信贷 23.73 亿元、"富民生产贷" 156.41 亿元。②山东省通过着力解决"两不愁三保障"突出问题，不断提高脱贫质量；通过建立健全即时帮扶机制，有效防止返贫和产生新的贫困；通过加强扶贫资金运营管理，实现资产可持续发挥效益。

在基本完成脱贫攻坚任务以后，山东省就把防止返贫和新致贫摆在重要位置，坚持精准扶贫、精准脱贫，深入开展问题排查整改，狠抓各项扶贫政策落实，持续巩固脱贫攻坚成果。经过全省上下接续努

---

① 这就是山东 决战 2020，看山东如何打赢脱贫攻坚收官战，凤凰网山东，https://sd.ifeng.com/a/20200523/14227862_0.shtml。

② 脱贫攻坚网络展——山东篇，国务院扶贫办—国家乡村振兴局，http://fpzg.cpad.gov.cn/429463/429470/429487/index.html。

力，目前脱贫攻坚已取得全面胜利。

（二）深度贫困地区和特殊贫困群体脱贫取得重大成效

山东省虽然是东部经济大省，但受地理区位、资源禀赋等诸多因素影响，区域经济发展并不均衡。沂蒙山区，鲁西南地区，黄河滩区、湖区和渤海湾盐碱涝洼地区是贫困主要发生地。2018年6月，习近平总书记在视察山东省时指出，山东省还有17.2万农村贫困人口，主要集中在菏泽、临沂2个市及20个县、200个乡镇、2000个村，老弱病残占大多数，是难啃的硬骨头。已脱贫的人口需要脱贫不脱扶持政策，持续巩固提高。要强化脱贫攻坚责任意识，坚持精准扶贫精准脱贫，紧盯"黄河滩"、聚焦"沂蒙山"、锁定"老病残"，深化扶贫举措，保证脱贫质量，确保如期完成脱贫攻坚任务。

1. 紧盯"黄河滩"，共筑安居梦

黄河贯穿山东省境内，由东明进入，由垦利流入渤海，全省黄河滩区面积1702平方千米，涉及9市，25个县（市、区），居住人口60多万。长期以来，受特殊自然地理条件和黄河防洪政策限制，滩区经济发展滞后，群众生活困难，是山东省较为集中的连片贫困地区和脱贫攻坚的重点区域。2017年山东省启动黄河滩区居民迁建工作，黄河滩区居民迁建资金方面，截至2019年底累计下达投资计划226.6亿元，27个外迁社区主体全部封顶，28个村台安置社区开工18个，99个旧村台改造提升工程全部开工。2020年11月，27个外迁社区中有20个已经搬迁入住，28个村台全部开工，其中9个主体完工，即将解决60.62万滩区居民防洪安全和安居问题①。

2. 聚焦"沂蒙山"，打赢攻坚战

沂蒙山区是全国著名的革命老区，主要包括临沂市12个县区、潍

---

① 紧盯"黄河滩"聚焦"沂蒙山"——山东全力打好脱贫攻坚战，人民网，http：//baijiahao.baidu.com/s？id=1663543433878099245&hfr=spider&for=pc。

坊临朐县、淄博沂源县、济宁泗水县、泰安新泰市、日照五莲县和莒县18个县（市、区）。沂蒙山区主要城市临沂市，是山东省人口最多、面积最大的地级市，也是一个山区面积占比较大的农业大市，底子薄、条件差。2015年底，全市568个贫困村，建档立卡贫困户44.2万人，贫困村和贫困人口均占全省1/6①。经过不懈努力，2019年全市45.1万人脱贫，建档立卡贫困户人均纯收入6913元，贫困发生率降为零②。

3. 锁定"老病残"，托住保障线

2019年底，山东省享受脱贫政策人口197.9万，其中60岁及以上老人占比56.4%，患慢性病、大病、残疾的占比59.8%③。针对老病残这一特殊群体，山东省综合运用养老保险、医疗保险、低保、特困人员救助供养、临时救助、残疾人帮扶等综合社会保障措施，统筹解决残疾人、空巢老人、家庭困难人员等面临的问题，做到应保尽保。

二、山东脱贫攻坚主要做法

（一）坚持"五级书记"抓脱贫攻坚

党的领导是打赢脱贫攻坚战的根本保证。2020年实现现行标准下贫困人口全部脱贫，是党向人民作出的庄严承诺，为此中央明确提出要层层压实责任，省市县乡村五级书记一起抓脱贫。山东省成立了以省委书记刘家义同志为组长，省长、省委副书记、分管副省长担任副组长，34个省直部门单位主要负责同志为成员的省扶贫开发领导小

---

① 紧盯"黄河滩"聚焦"沂蒙山"——山东全力打好脱贫攻坚战，人民网，http：//baiji-ahao. baidu. com/s？id=1663543433878099245&hfr=spidr&for=pc。

②③ ［老区脱贫致富］以战役姿态铸就无愧历史的"脱贫丰碑"——红色沂蒙老区临沂脱贫攻坚调查，国务院扶贫办—国家乡村振兴局，http：//www. cpad. gov. cn/art/2020/11/30/art_30_185567. html？from=groupmessage&isappinstalled=0。

组。坚持党政一齐上、党委靠前站，五级书记抓、书记作示范。刘家义书记身体力行带头抓脱贫攻坚，经常采取"四不两直"方式深入贫困村、贫困户走访调研，指导工作。省委、省政府还与各市党委、政府签订脱贫责任书，市县乡党委、政府逐级签订责任书、立下"军令状"，建立起横到边、纵到底的责任体系。

2018年脱贫责任书

（样稿）

　　根据省委省政府脱贫攻坚工作布局，为确保2018年全省基本完成脱贫任务，省扶贫开发领导小组办公室与××市人民政府签订2018年脱贫责任书。

　　××市2018年省定扶贫标准以下（含国家扶贫标准）建档立卡农村贫困人口实现稳定脱贫；对已脱贫人口巩固提升，确保不返贫。

　　××市要落实脱贫攻坚责任，实施精准脱贫，完成脱贫任务。确保脱贫质量，防止虚假脱贫。

　　本责任书一式两份，省扶贫开发领导小组办公室与××市人民政府各持一份。

省扶贫开发领导小组办公室××市人民政府

2018年3月26日

图1　脱贫责任书样稿

（二）强化制度和政策支撑

制度和政策是打赢脱贫攻坚战的重要支撑。2015年，山东省委、省政府印发了关于坚决打赢脱贫攻坚战的意见，各行业部门围绕完成行业扶贫任务编制了25个专项实施方案和23个工作意见，形成了"1+25+23"脱贫攻坚政策体系。2018年，省委、省政府制定《关于打赢脱贫攻坚战三年行动的实施意见》，省扶贫开发领导小组成员单位和省有关部门编制了50个打赢脱贫攻坚战三年行动工作方案。2020年，省委、省政府印发了《关于贯彻落实习近平总书记重要讲话精神统筹抓好新冠肺炎疫情防控和决战决胜脱贫攻坚的意见》，提出12个方面重点任务。这些制度和政策为打赢脱贫攻坚战构建起较为完备的支撑体系。

（三） 持续推进产业扶贫和就业扶贫

产业和就业是脱贫攻坚的根本之策。山东省坚持"输血"与"造血"相结合，引导贫困人口通过发展产业、参与就业实现稳定脱贫。为规范产业扶贫，山东省制定了《产业扶贫项目管理工作模板》和《产业扶贫项目检查指引》，成为全国唯一专门针对产业扶贫项目及资产管理的两个标准化模板。全国首创"扶贫车间"模式，解决贫困劳动力就近就地就业问题。利用财政专项扶贫资金、光伏电站等扶贫项目收益，开发村内公益岗位、扶贫专岗等，2020 年通过公益岗位安置贫困人口达 11 万人。开展扶贫扶志行动，提出 10 余项政策措施，充分调动了贫困群众依靠自身脱贫致富的积极性和主动性。

（四） 聚焦重点难点集中攻坚

聚焦重点难点是打赢脱贫攻坚战的重要方法。习近平总书记指出，到 2020 年，稳定实现贫困人口不愁吃、不愁穿，义务教育、基本医疗、住房安全有保障，是贫困人口脱贫的基本要求和核心指标。山东省聚焦"两不愁三保障"和饮水安全核心指标，不断完善政策措施，强化政策供给，逐村逐户逐人逐项开展核查，全面摸清"两不愁三保障"情况，对发现的问题，采取有效措施，着力补齐短板。省委办公厅、省政府办公厅印发《关于进一步强化政策措施推进深度贫困地区精准脱贫的实施意见》，把菏泽和临沂 2 个市、20 个脱贫任务比较重的县（市、区）、200 个重点扶持乡镇（街道）、2000 个省扶贫工作重点村和黄河滩区作为山东省深度贫困地区，统筹调配全省资源予以倾斜，专项资金优先支持、扶贫项目优先安排、干部帮扶优先选派。

（五） 建立完善全社会力量参与的大扶贫格局

构建全社会参与的大扶贫格局是打赢脱贫攻坚战的必然要求。习近平总书记指出，脱贫攻坚，各方参与是合力，必须坚持充分发挥政府和社会两方面力量作用。山东省注重发挥政府主导作用，健全动员激励机制，调动机关、企事业单位、群团组织、社会力量参与扶贫的积极性，凝聚脱贫攻坚的强大合力。省扶贫开发领导小组成员单位立足各自扶贫职责，充分发挥行业资源优势，扎实推进行业扶贫工作，8654 个省扶贫工作重点村实现道路、客运班车、宽带、有线电视"村村通"，村村有综合性文化活动室和健身广场，基础设施条件和公共服务水平明显改善。开展省内"6+6"扶贫协作，省委、省政府确定济南与临沂、青岛与菏泽、淄博与滨州、烟台与德州、潍坊与聊城、威海与枣庄结成扶贫协作关系。开展"千企帮千村"脱贫攻坚行动，动员 2452 家民营企业结对帮扶 1741 个省扶贫工作重点村，帮扶贫困人口 12.45 万人。

（六）实行最严格的考核监督

考核监督是打赢脱贫攻坚战的重要保障。习近平总书记指出，要实施经常性的督查巡查和最严格的考核评估，确保脱贫过程扎实、脱贫结果真实，使脱贫成效经得起实践和历史检验。山东省每年采用明察、第三方暗访等方式，对各市党委政府、省扶贫开发领导小组成员单位的扶贫工作成效进行考核，较真碰硬，奖优罚劣。始终坚持问题导向，以中央巡视和国家考核发现的问题为镜鉴，统筹省委巡视、巡视"回头看"、审计、考核时发现的问题，聚焦"两不愁三保障"和饮水安全、扶贫项目资金资产管理、即时帮扶机制落实等重点，全面开展问题排查，建立台账，逐项整改销号。

三、山东巩固拓展脱贫攻坚成果中遇到的问题

山东省进入脱贫攻坚与乡村振兴战略融合期，并承担试点工作，工作中还存在不少困难和问题，任务仍然十分艰巨。

（一）影响脱贫成效和导致返贫的因素依然很多，巩固脱贫攻坚成果仍然十分艰巨

贫困具有长期性和动态性的特点，所以解决贫困问题不仅仅是一时"摘穷帽"，更要"拔穷根"。习近平总书记指出："已脱贫的地区和人口中，有的产业基础比较薄弱，有的产业项目同质化严重，有的就业不够稳定，有的政策性收入占比高。据各地初步摸底，已脱贫人口中有近200万人存在返贫风险，边缘人口中还有近300万存在致贫风险。"总书记指出的上述问题在山东同样存在。

从扶贫的对象来看，2018年山东省基本完成脱贫攻坚任务时，共有239.7万人享受脱贫政策，其中60岁及以上占56%，患慢性病、大病、残疾的占56.9%，无劳动和丧失劳动力的占55.7%，弱或半劳动力的占14%；2019年底，山东脱贫享受政策人口197.9万，其中60岁以上老人占56.4%，患大病、慢性病、残疾的占59.8%[1]。数据表明享受脱贫政策的人口中老弱病残占比较大，且有上升趋势，这部分群体基本无"造血"功能，虽然已脱贫，但容易返贫。

从产业方面来看，目前扶贫过程中产生的"家门口"就业工程多以劳动密集型企业为主，多集中在种植业、养殖业、手工加工业等方面，产品替代性强，市场竞争力弱，而且现在所依靠的地方宣传和价格优势，很难抵御市场风险，这种企业随着经济社会的发展，必然面临转型问题。不仅如此，在实际工作中所开发的部分扶贫产业还可能存在着以下几个方面的问题：第一，扶贫产业前期论证不严谨，地理、环境、市场、劳动力等诸多因素考虑不周；第二，扶贫产业项目属租赁经营，租金收益较低，短时间内无法收回成本；第三，光伏发电产业项目资金折旧率逐年大幅度递增，光伏发电项目收益率逐年降低；

---

① 山东人民谱写着告别贫困共享小康美好篇章，灯塔党建在线网站，http://www.dtdjzx.gov.cn/staticPage/dtsy/redianguanzhu/20200515/2701530.html。

第四，部分扶贫产业项目技术要求高，而农村从事生产的多以"50后""60后"为主，其参与扶贫项目的能力不足，或产业收益有限，贫困户参与意愿不高等。

从帮扶政策来看，实际工作中精准扶贫识别主要考虑收入标准，但因支出导致的贫困也应值得关注。所谓支出型贫困是指由于突发事件、重大疾病、慢性病、身体残疾或者子女就学等特殊原因造成家庭长期刚性支出过大，导致家庭在一定时期内陷入贫困的低收入家庭。支出型贫困家庭分为两类：一类是经过各种救助后仍然存在突出困难的；另一类是现行救助政策未能覆盖的家庭。这两类人群应当成为关注的重点。

（二）脱贫攻坚与乡村振兴如何实现紧密衔接仍需进一步探索

脱贫攻坚胜利之后，还需要一个长效稳定的机制来巩固提升脱贫成果。乡村振兴战略正好契合这项要求。但脱贫攻坚与乡村振兴的有效衔接是一项系统工程，涉及工作人群的衔接、工作任务目标的衔接、治理体系的衔接、经济产业体系的衔接、社会支持体系的衔接等诸多方面。与脱贫攻坚相比，乡村振兴涉及的目标人群更大、更广，它几乎涉及所有农村、所有农民，其目标人群是全局性的；乡村振兴包含文化、生态、治理等方面，层次更高，跨度更大；乡村振兴的治理体系更为复杂。所以，脱贫攻坚形成的领导小组制度、帮扶制度、第一书记和驻村帮扶制度等，是否可以应用于乡村振兴，还需要进一步探索。2020年11月2日，山东省政府举行新闻发布会，省扶贫办提出，"下一步，将在认真总结试点工作经验的基础上，加快研究巩固脱贫攻坚成果与乡村振兴有效衔接的总体框架和政策措施，推动减贫战略和工作体系平稳转型。"[1]

---

[1] 山东加快研究巩固拓展脱贫攻坚成果与乡村振兴有效衔接的总体框架和政策措施，山东广播电视台闪电新闻，https：//baijiahao. baidu. com/s？id=1682243524389092563&wfr=spider&for=pc。

（三）脱贫攻坚还需持续加力

脱贫攻坚是一场伟大的社会变革，但有些地方对巩固脱贫成果的艰巨性、复杂性认识不足，存在松口气、歇歇脚的倾向；有些地方没有下足"绣花"功夫，稳定脱贫的精准度不够高；有些地方贫困群众的内生动力还未充分激发，仍不同程度地存在"等靠要"思想；有些地方干部作风不够扎实，形式主义、官僚主义甚至腐败问题仍未杜绝。第十一届山东省委第六轮巡视发现，仍有形式主义、官僚主义；工作浮于表面、敷衍应付；工作不作为、慢作为等问题。

上述问题虽表现形式不一，但均与干部作风建设密切相关。干部作风直接关系全面小康的成色，保持斗志昂扬的精气神，是打赢脱贫攻坚战的思想动力源泉。要杜绝"松口气""歇歇脚"的想法，不能消极应付，不能把脱贫攻坚当作一般性工作安排，要清醒认识到扶贫工作中的短板与不足，进行有针对性的调整；要严格落实上级决策部署，充分调动群众积极性，不能口号喊得震天响、行动起来有点飘，把说的当做了，把做了当做成了；要坚决克服形式主义、官僚主义，不能事事留痕，把"痕迹"当"政绩"，不能把精准扶贫搞成了精准填表，用纸面数字来展现所谓扶贫成效等，不能热衷于搞"面子工程""造亮点""堆盆景""刷白墙"。这些检查中发现的问题要坚决整改，引以为戒。

四、山东巩固拓展脱贫攻坚成果推动乡村振兴的对策建议

（一）坚持重点发力，巩固拓展脱贫攻坚成果推动乡村振兴

第一，要重点关注深度贫困问题。解决深度贫困问题是打赢脱贫

攻坚、实现乡村振兴的"坚中之坚"。习近平总书记曾经把深度贫困的特征概括为"两高、一低、一差、三重"，即"贫困人口占比高、贫困发生率高；人均可支配收入低；基础设施和住房差；低保五保贫困人口脱贫任务重、因病致贫返贫人口脱贫任务重、贫困老人脱贫任务重"。针对深度贫困问题，山东省要按照总书记在山东考察时的指示精神，聚焦重点区域和老弱病残特殊贫困群体。

第二，要重点筑牢贫困人口脱贫底线。习近平总书记指出："到2020年稳定实现农村贫困人口不愁吃、不愁穿，义务教育、基本医疗、住房安全有保障，是贫困人口脱贫的基本要求和核心指标，直接关系攻坚战质量。"在新冠肺炎疫情防控常态化情况下，更应注意"两不愁三保障"情况，及时掌握贫困人口的生活状况，采取有效措施，防止出现返贫或新增贫困等问题。

第三，要重点构建稳定脱贫的长效机制。习近平总书记指出：脱贫既要看数量，更要看质量，不能到时候都说完成了脱贫任务，过一两年又大规模返贫。要多管齐下提高脱贫质量，巩固脱贫成果。所以，脱贫不是为了一时"达标过线"，而要立足当前，着眼长远，构建稳定脱贫机制，消除绝对贫困，达到共同富裕。首先是把防止返贫摆在重要位置，这是稳定脱贫的基础。要建立返贫监测预警机制，及时对返贫人口和新产生的贫困人口进行帮扶。山东省在这方面取得了一定成效。2019年，山东在全国率先建立即时发现即时帮扶机制，采取日常监测和筛查预警相结合的方式进行动态监测，及时发现因病因学因灾因意外等存在致贫返贫风险的困难群众，严格认定程序，实行分类动态管理，开展针对性帮扶。2020年，山东扶贫开发领导小组印发《关于健全防止返贫致贫动态监测和即时帮扶机制的通知》和《关于进一步规范即时帮扶工作标准和程序的通知》，从监测对象、监测方法、纳入标准、认定程序和帮扶措施等方面进行明确。其次要探索稳定脱贫的长效机制，特别要发挥产业在稳定脱贫中的作用。习近平总书记指出，"产业兴旺，是解决农村一切问题的前提""产业扶贫是最直接、最有效的办法，也是增强贫困地区造血功能、帮助群众就地就业的长远之计"。没有产业，村集体、贫困户就缺乏稳定的收入来源，就很难实现稳定的脱贫。但在发展产业的时候，要坚持因地制宜、立足长远、绿色发展的原则，将产业扶贫同就业扶贫、教育扶贫、消费扶贫等结合起来。

（二）坚持统筹谋划，推进脱贫攻坚与乡村振兴深度衔接

脱贫攻坚和乡村振兴是党中央确立的两大战略，两者紧密相连。习近平总书记指出："打好脱贫攻坚战是实施乡村振兴战略的优先任务。贫困村和所在县乡当前的工作重点就是脱贫攻坚，目标不变、靶心不散、频道不换。2020 年全面建成小康社会之后，我们将消除绝对贫困，但相对贫困仍将长期存在。到那时，现在针对绝对贫困的脱贫攻坚举措要逐步调整为针对相对贫困的日常性帮扶措施，并纳入乡村振兴战略架构下统筹安排。这个问题要及早谋划、早作打算。"

山东省要深刻领会总书记讲话精神，准确把握脱贫攻坚和乡村振兴相互关系，做好两者的有机衔接。要充分认识两者在根本目标上的一致性，解决好新时代发展的不平衡和不充分问题；要充分把握两者的特点，把脱贫攻坚作为乡村振兴的优先任务，解决好山东省当前存在的区域性贫困问题，以打赢脱贫攻坚战夯实乡村振兴的基础，用乡村振兴的成效巩固好脱贫攻坚成果；要统筹两者在规划、政策、项目、资金等方面的衔接，健全工作推进机制，整合各种资源，找准工作切合点，凝聚各方面力量，打赢脱贫攻坚战，打造乡村振兴"齐鲁样板"。

具体实施起来，一是要做好观念的衔接。要注重理论指导的连续性，深刻领会习近平总书记扶贫思想的精神实质，继承"精准"理念，总结脱贫攻坚的先进经验，指导脱贫和乡村振兴。二是要做好规

划的衔接。规划要遵循乡村发展规律，符合地方实际，制定出切实可行、行之有效的脱贫攻坚和乡村振兴有机衔接的过渡计划。三要做好政策衔接。要按照乡村振兴的目标要求，抓紧梳理现行扶贫政策，总结梳理脱贫攻坚中好的理论成果、实践经验，用于完善乡村振兴的政策体系。

（三）坚持从严从实，为巩固脱贫攻坚和实施乡村振兴提供保障

习近平总书记强调，"要把全面从严治党要求贯穿脱贫攻坚全过程，强化作风建设，确保扶贫工作务实、脱贫过程扎实、脱贫结果真实。"所以，从严从实是脱贫攻坚和乡村振兴的必然要求。

第一，要强化使命担当。中国共产党的初心和使命，就是为中国人民谋幸福，为中华民族谋复兴。党员干部要主动自我加压，进一步改进工作作风，主动深入一线，深入基层进行调查研究，当好党委政府的参谋助手，以"时不我待、只争朝夕"的干劲书写脱贫攻坚、乡村振兴的时代华章。组织部门要加强引导，强化工作责任制，激励党员干部在脱贫攻坚和乡村振兴中发挥示范引领作用。

第二，要强化监督考核。用好监督考核"指挥棒"，要坚持脱贫攻坚和乡村振兴安排到哪里，监督考核就要跟进到哪里；要深入开展两大领域中腐败和作风问题专项整治，坚决整治工作中的形式主义、官僚主义问题，严肃查处违法违纪行为；要完善两大领域监督联动机制，加强纪委监委机关、扶贫系统、审计机关等部门在问题线索上的共享。

第三，要完善奖惩、激励机制。对奋战在脱贫攻坚和乡村振兴一线、作风过硬、干出实际成绩的、受群众欢迎的干部，要注意培养使用；对在重大关头和关键时刻挺身而出的干部，要提拔重用；对在脱贫工作中不作为、慢作为，甚至弄虚作假的干部要坚决处理。

结　语

　　脱贫攻坚是一项伟大的历史性工程，经过 8 年持续奋斗，我们如期完成了新时代脱贫攻坚目标任务，为实现第一个百年奋斗目标打下了坚实基础。但当前发展不平衡不充分的问题仍然突出，巩固拓展脱贫攻坚成果的任务依然艰巨。我们要深入学习习近平总书记关于扶贫工作的重要论述，切实增强政治判断力、政治领悟力、政治执行力，紧盯重点任务持续巩固脱贫攻坚成果，推动重点区域乡村全面振兴，以强有力的措施确保脱贫攻坚与乡村振兴的有效衔接。

参考文献

　　[1] 习近平. 在决战决胜脱贫攻坚座谈会上的讲话 [J]. 党建，2020（4）：7-10.

　　[2] 崔健海. 关于全省脱贫攻坚工作情况的报告——2019 年 3 月 27 日在山东省第十三届人民代表大会常务委员会第十一次会议上 [J]. 山东省人民代表大会常务委员会公报，2019（2）：339.

　　[3] 习近平. 在深度贫困地区脱贫攻坚座谈会上的讲话 [J]. 求是，2017（17）：4.

　　[4] 习近平. 在解决"两不愁三保障"突出问题座谈会上的讲话 [J]. 求是，2019（16）：3.

　　[5] 习近平. 把乡村振兴战略作为新时代"三农"工作总抓手 [J]. 社会主义论坛，2019（7）.

　　[6] 学而时习工作室. 产业扶贫是最直接、最有效的办法——习近平论产业扶贫 [EB/OL].（2020-6-24）[2020-12-01]. http://www.qstheory.cn/zhuanqu/2020-06/24/c_1126155769.htm.

　　[7] 武新越. 把全面从严治党要求贯穿脱贫攻坚全过程 [J]. 中国纪检监察报，2017.

人才兴旺篇
Talent Boom Report

内容提要

　　人才兴则乡村兴，人气旺则乡村旺。打造乡村振兴"齐鲁样板"，人才振兴是基石。戏好要靠唱戏人。人走了，村空了，地闲了，乡村振兴就是一句空话。乡村如果没有人才，再好的政策也难以实施，再好的资源也难以利用。山东省遵循习近平总书记关于推进乡村人才振兴重要指示精神的总体要求，省政府成立了乡村人才振兴工作专班，聚焦乡村人才引得来、留得住、用得好，努力培养了一支"懂农业""爱农村""爱农民"的乡村振兴人才队伍，特别是围绕乡村农业科技和管理人才、乡村职业技术培训和乡村返乡人才发展，在乡村人才评价、培育、引进、激励、保障、服务等方面集中发力，开展了卓有成效的实践探索。

　　山东省委、省政府切实加强对全省乡村人才振兴工作的组织领导。首先是创新体制机制，突出解决基层人才成长的"天花板"。全面推开新型职业农民职称评定制度，通过改革基层职称评审制度，实行乡镇专业技术人才"直评"，简化基层用编进人程序，推动编制下沉，提高基层事业单位专业技术岗位设置比例，打破基层人才职务晋升瓶颈制约。其次是加大乡村人才引进力度，推动乡村产业高质量发展。聚焦乡村现代生态农业、精品旅游等产业发展，着力引进产业人才。组建大宗农产品及优势特色产业的创新团队，实现主要农产品人才与技术支撑全覆盖，着力引进科技人才。发挥管理在科技成果转化、特色产业开发等方面的技术优势和资源优势，着力引进管理人才。最后是持续优化创新创业环境，逐步健全服务保障机制。通过制定"百千万专家服务基层实施方案",构建海内外专家服务基层活动长效工作机制。同时,搭建乡村人才发展的载体平台,引导更多高层次专家常态化深入基层、服务一线。山东省大力发展普惠金融服务,加强对家庭农场、普惠型农户等农村经营主体的信贷支持力度。

山东省乡村人才振兴工作虽然取得了一些成绩,但在推进实施过程中,还存在一些薄弱环节和不足,主要是乡村人才总量匮乏、结构不合理、与产业融合不够等矛盾依然存在。准确把握目前乡村振兴实际情况,坚持问题导向,造就一支规模宏大、素质优良的高素质人才队伍,是破解农村发展不平衡、不充分的问题的根本所在。今后一段时期,山东乡村人才振兴工作,要紧紧围绕习近平总书记提出的"把人力资本开发放在首要位置""加快培育新型农业经营主体""打造一支强大的乡村振兴人才队伍"的指示要求,继续强化以下几方面工作:一是不断强化乡村振兴人才专班作用。充分发挥乡村人才振兴工作专班在统筹谋划、综合协调、整体推进、督促落实等方面的牵头作用。二是聚焦乡村人才振兴重点,加大人才引进力度,创新柔性引才机制,吸引更多高层次人才到乡村创新、创业。进一步健全完善职业农民职称制度,让农民从一种"身份"转变为一个有吸引力的"职业"。强化市场机制,在政府主导的同时,进一步引导市场主体参与乡土人才培育。三是继续深入探索建立省市县区联动、协同配合工作机制,及时挖掘基层的典型经验和创新举措,总结提炼一批可复制、可推广的乡村人才振兴的路径模式,不断壮大乡村人才振兴队伍。

山东乡村农业科技和管理人才
发展报告

徐加明*

摘　要：山东省深入学习贯彻习近平总书记关于乡村振兴的重要指示精神，积极推进乡村人才振兴工作，注重促进乡村农业科技和管理人才发展。省政府成立乡村人才振兴工作专班，加强对全省乡村人才振兴工作的组织领导，强化乡村农业科技和管理人才支撑，通过多种形式进行重点督办、督促调研，强化责任担当，狠抓工作落实，塑造一支强大的乡村农业科技和管理人才队伍，推动和促进乡村振兴"齐鲁样板"建设。

关键词：乡村振兴；农业科技和管理人才；发展

人才振兴是乡村振兴的关键因素，乡村迫切需要建设一支爱农业、有文化、懂技术、会经营的人才队伍，而乡村农业科技和管理人才发展是乡村人才振兴不可或缺的重要力量。山东省在实施乡村振兴过程中，牢固树立"人才是第一资源"理念，着力破除束缚人才发展的体制机制障碍，着力抓好科技和管理专业人才的引进、培训和培养，积极为乡村农业科技和管理人才发展创造条件，发挥优秀人才的资源优势，有力地推动农村经济社会各项事业的快速发展。

---

* 作者简介：徐加明，中共山东省委党校（山东行政学院）经济学教研部，教授。

一、山东乡村农业科技和管理人才发展现状

（一）乡村农业科技和管理人才政策推进机制逐步落实

人才振兴是乡村振兴的关键因素，而乡村农业科技和管理人才发展是乡村人才振兴不可或缺的重要力量。一是逐步健全实施了乡村农业科技和管理人才的引进、培育、评价、流动和激励等机制，明确落实措施的主体责任，保证各项政策任务切实落地见效。东营市强化激励保障，从政策扩容、落地实施、流程简化、服务提升等多方面，鼓励支持各类乡村农业科技和管理人才就业创业，让人才政策"活"起来。2018 年以来，东营市突出乡村农业科技和管理人才的引领作用，率先在全省开展新型职业农民职称制度试点，修订完善新型职业农民职称评价标准和操作细则，截至 2020 年 7 月，评选新型职业农民高级职称 11 人、中级职称 49 人、初级职称 118 人，打通了新时期农民职业化发展的"晋升通道"。东营市在评选推荐省市级重点人才工程方面注重向乡村振兴领域倾斜，在 2019 年推荐的获评省、市有突出贡献的中青年专家中，乡村振兴领域就有 4 人入选。东营市落实创业扶持政策，制定《东营市创业担保贷款实施办法（试行）》，2019 年累计发放乡村农业科技和管理人才创业担保贷款 22 亿元，占全省的 1/5。东营市实施"乡村好青年创客计划"，依托"东青基准贷"扶持青年创业贷款项目额度由每年 3000 万元提高至 2 亿元①，扶持乡村好青年创新创业，并注重向各类乡村农业科技和管理人才就业创业倾斜。烟台市探索鼓励各类乡村农业科技和管理人才返乡创业，以大学生、进城务工人员、退伍军人为重点，实施农村优秀乡村农业科技和管理人

---

① "东青创业扶持计划"首期项目路演成功举办，http://www.sdyl.gov.cn/webs/NewsView.aspx?id=cc8d3476-c19b-42ba-a545-41d0183b0388。

才"回引计划"，培育壮大新乡贤队伍，引导各类乡村农业科技和管理人才投身乡村建设。龙口市黄山馆镇建立青年农民创业园，吸引在外各类乡村农业科技和管理人才参与家乡建设、服务家乡发展，先后有5名乡贤返乡创业、3名青年人才创办农场。招远市大户陈家村尝试实行合作社统一领导下的乡土人才负责制，将流转来的土地规划成20—90亩的种植片区，发包给懂技术、善管理的乡土人才，全村120多名承包者中，外来人才占比近1/3。济宁市大力吸引社会各类乡村农业科技和管理人才支持乡村振兴，市农业农村部门成立了绿色稻米、大豆、大蒜、西红柿、西甜瓜等市级农业创新服务团队23个，科技部门建成大豆、大蒜、食用菌、淡水渔业等院士工作站12家，年培训新型职业农民2000人以上。支持农民参加技能培训，每年新培训转移就业农民近3万人，实现非农产业转移就业，并为返乡农民工每年发放创业担保贷款1.8亿元。实施"村村都有好青年"选培，共评选"乡村好青年"5700名，支持青年在乡村建功立业。在全省率先开展"乡村振兴合伙人"试点，截至2020年7月共招募合伙人173名、落地项目146个、带动就业1.4万人。二是出台落实终身职业技能培训制度，鼓励支持农业科技和管理人才培养，将职业能力考核项目纳入就业技能补贴范围，引导鼓励更多的乡村农业科技和管理人才通过培训提升技能。三是实现产业集聚与乡村农业科技和管理人才的良性互动，突出产业发展导向，遵循市场规律，围绕本地重点产业、重点企业，形成良性互动机制。淄博市坚持推进"筑巢引凤"和"就地孵化"工程，着力打造一支强有力的各类乡村农业科技和管理人才队伍。在"引"上下功夫，积极开展现代农业招才引智，打好"感情牌""乡愁牌"，积极鼓励各类乡村农业科技和管理人才回归乡村，人才供给渠道进一步畅通。2019年，淄博籍在外企业家等100名高层次人才纳入乡村振兴专家智库。在"育"上下功夫，深入挖掘现有农村各类人才资源，通过实施乡村本土人才学历提升工程、开展乡土人才知识更新工程培训、实施新型职业农民和农业专业技术人才继续教育工程等，着力抓好乡村人才能力提升。在"用"上下功夫，开展高层次城市退休专家服务队"走基层"活动，组建 30 个科技扶贫服务队到田间地头、生产车间开展技术指导。2019 年，全市出动科技人员 3550 人次，集中办班 462 个，指导培训农户数 3.4 万户，服务指导新型经营主体 1054 个。

（二）明确了政策引导方向，多渠道引进乡村农业科技和管理人才

坚持引资引技引智并重集聚乡村农业科技和管理人才，将乡村农业科技和管理人才引进培育纳入全省重点项目计划。政策扶持，鼓励各类乡村农业科技和管理人才流向乡村。推广实施基层事业单位公开招聘工作，适时做好对基层一线急需乡村农业科技和管理人才设立"特岗"状况的调研摸底，按照乡村基层单位需求，不定期组织乡村农业科技和管理人才公开招聘，做好农业农村乡村农业科技和管理人才选派工作。潍坊市完善人才政策体系，制定出台《潍坊市推动乡村人才振兴工作方案》《加强全市农业农村干部人才队伍建设若干措施》等"一揽子"文件，健全政策体系，不断集聚政策优势。从培育"双创"主体、打造创业平台、强化政策服务等方面，制定配套政策，吸引各类乡村农业科技和管理人才投身乡村振兴。充分发挥北京大学现代农业研究院、全国蔬菜质量标准中心、国际院士谷等重大创新平台作用，组织"高端专家潍坊行""才聚鸢都——直通名校"等系列引才活动，畅通高端农业科技和管理人才招引渠道。2018 年以来，潍坊市共引进乡村振兴领域乡村农业科技和管理人才 2335 人，占全部高层次人才的 32%。峡山区通过引进 80 后"海归"王春林，创办华以农业科技有限公司，在废弃矿坑上建成国际生态农业示范园区，并以此为平台，建立了与北京大学农学院的联系，为北京大学现代农业研究院落户潍坊奠定了基础。东营市创新引才方式，把优秀乡村农业科技

和管理人才"请"进来。一是大力引进急需紧缺人才,组织"东营学子家乡行""名校名企直通车"等人才交流活动,广泛吸引各类乡村农业科技和管理人才来东营创业就业。举办"乡村振兴创业之星"评选活动,示范带动返乡下乡创业大学生和农民工创业。东营市在全省率先举办乡村振兴传统技艺技能大赛,并先后9次登上学习强国平台,在社会引起广泛关注。持续做好乡村振兴高层次人才服务工作,为12名高层次人才发放"东营优才卡",积极帮助申办"山东惠才卡",营造关心关爱人才的良好氛围。二是强化涉农科技高校毕业生引进。实施高校毕业生"三支一扶"人员和大学生基层服务岗位招募计划。三是强化各类乡村农业科技和管理人才下乡返乡就业创业扶持,出台实施稳定和扩大就业新政,促进实现城乡一体化、同城同待遇。四是组织开展"专家服务基层"活动。组建农业专家服务队,指导农业公司、合作社设立专家工作站,邀请高层次乡村农业科技和管理人才,走进社区服务基层,对农户进行面对面辅导咨询,解决具体问题。临沂市强化政策支持,制定出台了《关于实施"四雁"工程强化乡村振兴人才支撑的意见》和《关于推进乡村人才振兴若干措施的实施意见》,加大县乡事业单位公开招聘力度,实施大学生"三支一扶"招募计划,激发各类乡村农业科技和管理人才参与乡村振兴建设。

(三) 加强组织,开展了多种形式的乡村农业科技和管理人才培训

依靠农村基层党组织,发挥各界社会组织作用,开展了多种形式的乡村农业科技和管理人才培训。一是开展乡村农业科技和管理人才继续教育,着力提升农业科技专业知识、技能和管理水平。潍坊市围绕解决"谁来种地"问题,以打造一支爱农业、懂技术、善经营的新型职业农民队伍为目标,一方面,抓住部省共建职业教育创新发展高地的机遇,依托潍坊职业农民学院、山东畜牧兽医职业学院等职业院

校，开展高素质农民教育，每年培训农民 1 万人次；另一方面，大力开展以需求为导向的精准培训，着力培养一批"土专家""田秀才"。全市建有省级农民教育实训基地 35 处，市级"田间学校"45 个，截至 2020 年 7 月累计培育新型农业经营主体带头人、农业经理人等 1.63 万人。二是开展基层农技人员专题培训班，面向家庭农场、农民合作社、小微农企和农业社会化服务组织带头人，实施新型农业经营主体带头人轮训计划和现代青年农场主培养计划，助推乡村农业科技和管理人才队伍建设。山东农村干部学院位于全国蔬菜之乡寿光市，坐落于红色历史厚重、风景旖旎秀丽的巨淀湖畔，是一个面向全省乃至全国农业农村干部、农村实用人才、新型职业农民开展培训的专业培训基地。学院紧紧围绕服务乡村振兴战略的宗旨，遵循"务实、管用、高效"的培训理念，坚持"红色引领、绿色发展"，充分利用本地丰富的红色文化资源优势和现代农业发展优势，紧扣农村经济社会发展和农业农村干部、各类乡村农业科技和管理人才成长需要，立足潍坊、服务山东、面向全国，以培养懂农业、爱农业、爱农民的"三农"干部队伍为己任，积极探索与其他干部学院优势互补、错位发展，个性化、差异化、特色化明显的办学新路子，创新教学模式，精心开发课程，高标准打造实践教学基地，形成了"进门是课堂、出门是现场"的特色培训模式。学院成立不到三年的时间，就已举办各类培训班 165 期，培训 2 万余人次，为中央党校四个定点扶贫县、新疆生产建设兵团和山东、吉林、河南、北京、甘肃、西藏、新疆等 17 个省区市培训了大批乡村振兴急需的各类乡村农业科技和管理人才。三是实施乡村农业科技和管理人才定向培养计划，与高校、科研院所、行业企业开展科技和管理人才合作。威海市深入开展各类乡村农业科技和管理人才就业创业培训下基层活动，对接乡村振兴十大样板片区，依托全市 20 个培训基地和中心镇培训点，常态化开展各类乡村农业科技和管理人才就业创业培训下基层活动。临沂市深化实践新型职业农民培育"临沂模式",加大各类乡村农业科技和管理人才培育。截至2020年7月,临沂市累计培训新型职业农民14.5万人,颁发职业农民证书2.1万人,培训人数和颁发证书数量均居全省第一位。临沂市农民专业合作社示范社、家庭农场示范场分别达到1250家和432家,其中郯城县农大家庭农场、恒丰农机合作社、金丰公社社会化服务经验被列入全国典型案例。

(四) 探索建立了乡村农业科技和管理人才评价制度

积极开发特色专项职业能力考核项目,做好乡村农业科技和管理人才评价与认定工作。鼓励和推进乡镇基层事业单位专业技术岗位管理制度改革,在岗位设置、职称评聘等方面向基层技术人员倾斜。鼓励支持事业单位专业技术人员到乡村基层挂职、兼职和离岗创业。推行"定向评价、定向使用"的基层高级专业技术职称制度和乡村农业科技与管理人才直评直聘政策,鼓励乡村农业科技和管理人才参与乡村振兴,将乡村农业科技和管理人才在基层服务的经历、贡献和业绩作为职称评审的重要指标。威海市落实"三农"领域高层次各类乡村农业科技和管理人才服务特殊政策,已累计向乡村振兴高层次人才发放山东惠才卡15张、威海英才卡53张,持卡人才凭卡可享受交通旅游、健康查体等30项绿色通道服务。深化基层事业单位职称制度改革,将乡镇事业单位中高级专业技术岗位占比由35%提高到60%,首次设置正高级岗位59个。开通乡镇人才职称评审"绿色通道",乡镇专业技术人员从事专业技术工作10年以上申报中级职称、20年以上申报副高级职称、30年以上申报正高级职称,可不受单位岗位结构比例限制,评审通过即可聘用,目前已有148人享受"直评"申报政策。大力实施"威海鲁菜师傅"品牌培育行动,建立职业培训、技能竞赛、技能鉴定、促进就业创业"四位一体"培养体系,累计培训3000人次以上。

（五）通过整合资源，搭建了乡村农业科技和管理人才集聚平台

为充分发挥高层次各类乡村农业科技和管理人才资源对乡村振兴发展的支撑引领作用，引导高层次专家与乡村振兴发展需求对接，建立支撑专家服务基层的重要载体和平台，健全乡村农业科技和管理人才柔性流动机制，鼓励引导乡村农业科技和管理人才向基层一线流动。发挥各类乡村农业科技和管理人才在科技研发、成果转化等方面的智力优势，形成各种涉农产学研用有机融合平台、科技成果转化平台、资源协同创新平台，服务和支持农业农村更好地集聚创新资源、突破关键技术、优化产业结构，培养急需乡村农业科技和管理人才。实施"雁归工程"，以乡情乡愁为纽带，吸引聚集各类优秀"雁归"乡村农业科技和管理人才回乡创业，回到农村被培育成为新型职业农民。建立农技农情信息服务平台，组织农业专家、农技推广人员、培训机构、培训教师利用现代信息技术手段和网络云平台，为农民提供便捷高效的在线教育培训、移动互联服务和全程跟踪指导，让农民群众能够及时方便地联系到专家和农技推广人员，得到农业科技服务。威海市多措并举，加大各类乡村农业科技和管理高端人才招引力度。在文登区试点推行"首席专家"制度，出台管理暂行办法，为特优专家提供10万元工作津贴、为创办项目提供200万元的资金支持、科研经费补助、人才公寓分配等一揽子优惠政策，面向全国首批评聘高校专家、文化名人、致富带头人等各类"首席专家"126名，带动一大批文创设计、乡村旅游、高效种养项目落户文登，打造形成了30多个新兴特色"产业乡村"和20多个特色"文化小村"品牌。加大农业领域合作力度，举办各类乡村农业科技和管理高层次人才助推乡村振兴对接洽谈会、互联网赋能乡村振兴专家行等系列对接活动，达成合作意向34个，现场签约2个；与韩中文化经济友好协会、日中农林水产科技协会签订

了系列合作协议，引进韩国、日本优良品种和栽培技术，合作建立苹果、蔬菜、中草药、畜牧养殖等农业技术示范项目。与省农科院签订合作协议，开展百名专家联基地活动，组织特色产业专家服务团，建设精致农业产业技术研究院。加大高校优秀毕业生引进力度，对新引进的博士、硕士和本科毕业生，每月分别发放5000元、2000元、1000元生活津贴，在连续两年面向重点高校开展优秀毕业生直招的基础上，2020年专项设置46个农学优秀毕业生岗位计划，吸引了513名考生报考，其中有411名考生通过资格初审，面试评聘后，充实基层、服务基层。日照市实施各类乡村农业科技和管理高端人才团队引进、专业人才上山下乡、科技副镇长选派等工程，持续做好科技副职选聘管理工作，截至2020年7月共选聘科技副职70名，实现区县、园区和乡镇街道科技副职全覆盖；探索"乡村振兴合伙人"计划，储备村级后备人才1.2万人；下沉乡村各类农业科技和管理人才1000多名，引进乡村高层次创业创新团队10个，创新人才66名；培训"新六产"带头人、农业企业家400多名，培训电商4000余人次；出台《专家服务基地建设管理办法》，创建省级乡村振兴专家服务基地2处。临沂市积极搭建各类乡村农业科技和管理人才的聚才平台，深入实施乡村优秀人才"回引计划"。瞄准产业需求开展精准化人才引进，设立博士后科研工作站和创新实践基地45家，打造省级专家服务基地6家；临沂大学乡村振兴学院、浙大山东（临沂）农研院相继揭牌成立，每年为临沂市培养乡村振兴各类乡村农业科技和管理人才2万人。

二、山东乡村农业科技和管理人才发展存在的主要问题

山东乡村农业科技和管理人才发展工作中，还存在一些困难和问题，主要表现在以下几个方面：

一是对推进乡村农业科技和管理人才队伍建设的重视程度不够高、紧迫感不够强。虽然山东省相继出台了一些相关意见和措施，但有效的协调运行机制尚不健全，相关职能部门对推进乡村农业科技和管理人才发展思想还不够解放。尤其是在基层的县市区、镇、村对乡村农业科技和管理人才队伍建设意识还不强烈，推进乡村农业科技和管理人才发展内生动力不够足，合力抓乡村农业科技和管理人才发展的工作格局尚未形成。

二是乡村农业科技和管理人才发展的相关重点任务的责任主体尚不明确、经费保障尚不配套。比如，在开展乡村农业科技和管理人才开发引进、定向培养、专家服务、平台建设的政策性资金补助和投入支持方面不够及时。在各类乡村农业科技和管理人才服务基地资金配套和完善相关平台内容、促进各类乡村农业科技和管理人才创业园持续发展等方面动力不足，农业好项目引不来，农业发展规模小效益低、各类乡村农业科技和管理人才创业积极性不高等。

三是乡村农业科技和管理人才培育投入不足、针对性不强。乡村农业科技和管理人才培养投入不足，职业培训机构师资和硬件条件薄弱，培训资源不足，培训经费有限，开展乡村农业科技和管理人才培训规模小、方式单一。实用型的乡村农业科技和管理人才专业分散、技术种类繁多，而培训专业的设置大多停留在种植、养殖等共性专业培训上，而对企业经营、专业技术等培训力度不大。

四是乡村农业科技和管理人才流失问题突出。农村基础设施薄弱，与农民群众的期盼相比，农村改厕问题清零、生活污水治理设施配套、农村道路"户户通"和公共服务的配套等还有不小差距，制约了乡村农业科技和管理人才发展。乡村振兴急需的各类乡村农业科技和管理高层次人才短缺，部分项目缺乏专业技术人才。农村对各类乡村农业科技和管理人才特别是年轻人才的吸引力仍然不足，年轻人"下乡""返乡"意愿不强，对乡村工匠、农业职业经理人、经纪人、文化能人、非遗传承人等力量有效整合使用的成效还不够明显。比如青岛市，2020年全市农村常住人口占户籍人口比例将近50%，常住人口以40—65岁为主，农村日益空心化、老龄化，不仅年轻人留不住，科教文卫等公共服务专业人才更是缺乏。

五是鼓励乡村农业科技和管理人才干事创业政策乏力。镇村干部外出培训考察学习活动较少，部分镇村两级干部带动乡村振兴能力需加强，谋划工作仍需解放思想，新型农业经营主体及农民参与乡村振兴积极性仍需进一步调动。产业带头人缺乏，"田秀才、土专家"年龄总体偏大，一般先进村都有一个强大的领导核心，而村集体经济薄弱村的领导班子，普遍存在年龄结构老化、思路办法少等问题，对集中流转土地之后，如何吸引鼓励各类乡村农业科技和管理人才投资兴业，没有清晰的政策思路。在各级集中优势资源，积极打造本区域重点学校、重点医院的大背景下，农村成为教育、医疗等公共服务"末梢"，生活环境吸引力与便利度仍与城市有较大差距，当前农村青壮年劳动力流出问题突出，鼓励吸引各类乡村农业科技和管理人才干事创业政策乏力，各类乡村农业科技和管理人才去农村兴业创业的积极性不高。

六是城乡各类农业科技和管理人才融合发展制约因素明显。这也充分体现出，城乡要素合理双向流动的机制不够健全，尤其是各类乡村农业科技和管理人才融合的制约因素依然存在，城乡各类农业科技和管理人才正常交流脱节断档。据统计，农村住户从业人员平均受教育时间不到7年，青年农民仍然达不到九年义务教育水平，46岁以上的中老年农民有1/3左右为文盲和半文盲，且绝大多数青壮年劳动力和素质较高的人口一般都是进城务工。农村基础设施和公共服务依然存在短板，留不住人的问题仍很突出，农村缺少各类农业科技和管理实用人才尤为明显。尽管山东全面建成小康社会各项指标完成较好，但由于历史欠账多，农村教育、医疗、养老等公共服务能力有待提升，以及农村水、电、路、气、网等基础设施建设，仍是"十四五"期间的重要任务。同时，村庄建设还不够科学规范，村庄分类规划还存在研判不够精准、论证不够充分情况，做到"多规合一"的村庄还不够多。一些地方在村庄改造、建设、搬迁等方面存在决策不严谨、程序不规范、作风不严实等问题。

三、山东乡村农业科技和管理人才发展的建议和对策

乡村农业科技和管理人才发展是乡村人才振兴的重要方面。根据目前乡村农业科技和管理人才发展工作现状及存在的主要问题，山东省将继续深入贯彻落实习近平总书记重要讲话精神，有针对性地实施乡村农业科技和管理人才培育、管理和提升，为努力培养造就一支懂农业、爱农村、爱农民的"三农"乡村人才队伍夯实基础。

（一）全面推进乡村农业科技和管理人才集聚

继续加强人才振兴工作专班办公室，明确专班运行规则、整合细化重点任务责任分解。确保专班工作统筹协调有力，运行有序，切实有效、全面推进乡村农业科技和管理人才集聚攻坚。加强乡村农业科技和管理人才发展政策措施推介宣传，依托亲缘、人缘、地缘优势，吸引在外人才通过投资、技术服务、入股等形式返乡创业。研究制定激励奖励政策，创新优化各类乡村农业科技和管理人才发展环境。对长期在基层工作且业绩优异的农业科技人员、农技推广人员、卫生专业技术人员、乡村学校教师等，加大奖励、表彰力度，让各类乡村农业科技和管理人才能够安心留下来，扎根乡村、服务"三农"。

（二）加大乡村农业科技和管理人才引进培育力度

创新开展各种引才聚才活动，探索开辟乡村农业科技和管理人才

引才专场，提升乡村振兴战略招才引智精准化服务，广泛汇聚各类农业科技和管理人才参与乡村振兴。创新乡村农业科技和管理人才评价机制。结合分类推进职称制度改革，建立健全"定向评价、定向使用"的基层高级专业技术职称制度，推行乡村农业科技和管理人才直评直聘政策，鼓励乡村农业科技和管理人才参与乡村振兴。探索开发适合乡村农业科技和管理人才的专业职业能力考评项目，开展专项职业能力考评工作。

（三）鼓励引导乡村农业科技和管理人才干事创业

实施新一轮就业创业政策，大力支持乡村农业科技和管理人才干事创业。实施高校毕业生就业创业促进计划。建立完善乡镇基层事业单位实行总量管理、动态调整、统筹控制的专业技术岗位管理办法。鼓励支持事业单位专业技术人员到乡村基层挂职、兼职和离岗创业。继续开发大学生基层（乡村）服务岗位，做好高校毕业生"三支一扶"计划招募工作。深入开展"专家服务基层"活动，加大各类乡村农业科技和管理人才服务基层力度。尤其是要围绕年轻人做文章。当前，大多数地方在产业基础、政策投入和扶持措施上都很到位。但是，一些年轻人在外面务工学习多年，准备回乡创业，虽然有市场、有产业、有资金，仍不敢付诸行动。分析原因，多数是对自己的经验、技术、运作能力信心不足。这其实与当地是否深入开展了针对青年人才的农业科技和管理知识培育有关。凡是产业发展好的地方，都是各类乡村农业科技和管理人才中的青年人才在其中发挥了主力军作用。因此，青年人回乡创业，地方党委政府要及时跟进，有针对性地开展培训培育，鼓励各类乡村农业科技和管理人才中的年轻人大胆试、大胆闯。

（四）抓好乡村农业科技和管理人才典型选拔

出台乡村农业科技和管理人才评价激励办法，深入研究扶持乡村农业科技和管理人才发展的政策措施，培育一批乡村农业科技和管理人才发展领军人物。创新职称评价机制，树立扎根乡村干事创业的鲜明导向。考虑到乡村专业技术人员受专业技术水平、工作条件等限制以及考虑到各类乡村农业科技和管理人才在职称评审中处于弱势的情况，在卫生技术、中小学教师等行业建立"定向评价、定向使用"的乡村高级职称制度，特别是乡村农业技术中初级职称制度，可以实行单独标准、单独评审的定向评价，评价标准突出乡村特点，不唯论文、唯学历，重点考核在服务"三农"和技术推广等方面的工作实绩，进一步提高乡村工作年限的评价权重，评价结果仅限乡村定向使用、离开无效，鼓励各类乡村农业科技和管理人才扎根乡村、长期奉献。

（五）营造良好的乡村农业科技和管理人才发展软硬环境

目前乡村整体上还存在各类优质资源匮乏、发展机会不均等、持续发展空间受限等问题，吸引各类乡村农业科技和管理人才扎根农村的动力不足等情况。因此，要在乡村农业科技和管理人才发展的政策扶持、子女教育、人才培训学习等方面进行科学配套，解决实际问题，营造优秀乡村农业科技和管理人才争相到农村创业创新的良好氛围。尤其是要针对不同年龄段的乡村农业科技和管理人才的需求，从资金扶持、营商环境、政治经济待遇、后勤保障等不同方面下足功夫，切实为他们提供政策环境支持，创造优良环境给乡村农业科技和管理人才发展创造更大空间。

（六）注重吸引城市涉农科技和管理人才流向农村

农业农村领域服务构建新发展格局，要更加注重引导城市涉农科技和管理人才下乡创业带动农民增收，吸引城市人群下乡扩大乡村消费。一是要引进一批涉农规划、文化创意、乡村旅游、产业开发等方面的科技和管理专家人才，带动产业振兴、农民增收，进而带动农村消费业态转型升级。二是建立引才留才的良性机制。立足实际引进各类乡村农业科技和管理人才，根据乡村产业基础和资源禀赋，把引才与产业发展、美丽乡村建设、脱贫攻坚等有机融合、一体考虑，确保各类乡村农业科技和管理人才引进来就能真正发挥引领作用。强化扶持留才，对引进的各类乡村农业科技和管理人才给予资金扶持和经费补助，在政治待遇、生活条件上给予支持，增强他们的身份感、归属感、获得感。加强与高校合作，共建大学生社会实践基地、乡村振兴工作站，定期开展社会实践、创业沙龙等活动，吸引优秀年轻高校人才创新创业。三是加大城市涉农科技和管理人才下乡创业扶持。按照"一村一品""多村一品"的理念，鼓励城市高端涉农科技和管理人才牵头或参与创办农业专业合作社、家庭农场，发展特色农业产业，带动村集体和群众增收致富。重点解决好用地难题，允许村庄整治、宅基地管理等节约的农村建设用地，通过土地入股、公开转让的方式，优先保障农村创业项目发展。四是推动文旅康养等城市消费落户乡村。鼓励引入各类乡村农业科技和管理人才中的文旅团队，在保留村庄原有风味的基础上，挖掘民俗文化，注入艺术元素，让乡村焕发新活力，扮靓乡村面貌。通过出台乡村新产业、新业态的指导名录等，鼓励乡村旅游、乡村文创、乡村研学、乡村直播带货等新产业、新业态在乡村留得下、有成长、提品质、见收益，助推城市人群的消费能力引流到乡村。

山东乡村职业技术培训发展报告

徐加明[*]

摘　要：人才是实现乡村振兴的第一资源。乡村职业技术培训是乡村人才振兴的重要环节。2019 年以来，山东省着力优化乡村职业技术培训的制度体系、社会氛围和生态环境，建立和完善乡村职业技术培训机制，加快对新型职业农民、科技人才、乡土人才等各类人才的培育。开展精细化培训，实施定向培养计划，激发"存量"人才潜能。依托科研院所、农广校等教育资源，强化乡村职业技术培训。对农业技术人员和农村各类实用技术人才，实施乡村科技人才培育工程。加强乡土人才技能培训和示范，增强乡土人才创新创造创业能力，发挥乡土人才在技艺传承、产业发展等方面的带动作用。切实提高村民职业技能和经营能力，为乡村振兴注入现代生产元素和人力支撑。

关键词：乡村振兴；职业技术培训；乡土人才；发展

随着工业化城镇化的快速推进，大量青年外出打工、经商，村庄发展的"人才荒"问题日益突出。2019 年以来，山东贯彻习近平总书记重要指示精神，高度重视乡村人才振兴，牢固树立"人才第一资源"理念，把人力资本开发放在首要位置，积极开展乡村职业技术培训工作，建机制、搭平台、优环境，多措并举，努力推进乡村职业技术培训工作，强化乡村振兴的人才支撑。

---

　*　作者简介：徐加明，中共山东省委党校（山东行政学院）经济学教研部，教授。

一、山东乡村职业技术培训发展基本情况

（一）健全和形成了较为完善的乡村职业技术培训推进机制

进一步健全和完善了乡村职业技术培训的评价、激励机制，明确落实培训主体责任，保证各项政策任务落地见效。从政策制定、落地实施、流程简化、服务提升等多方面，鼓励支持乡村职业技术培训。

一是落实终身职业技能培训的相关制度，鼓励支持对乡土技能人才培训。临沂市兰陵县突出抓好本土人才培育，制定出台《关于实施乡村振兴"鸿雁工程"的意见》[①]，从粮食作物、蔬菜（大蒜、牛蒡）、林果、花卉、食用菌种植高手，畜禽、水产养殖能手，农业小微企业、农民合作社、家庭农村、专业大户等农业经营和产前、产中、产后中介及技术服务人才中，发掘和培养更多"土专家""田秀才"，打造一支技能出众、示范突出的"鸿雁"人才队伍。将"鸿雁"教育与新型职业农民培训结合，在学员遴选上将符合条件的"鸿雁"人才全部纳入培训班次，在后续跟踪服务上特别关注"鸿雁"人才发展成长情况。每年不少于2次组织50名左右"鸿雁"到省内外高等院校、科研院所、规模新型农业经营主体开展主题培训，促其提升境界、开阔视野、提高技能。举办乡村振兴"鸿雁大讲堂"，把课堂设在田间地头、蔬菜大棚、养殖区域、农业设施、农产品加工车间等，让群众"电视机前有课堂、出门就是练兵场"，真正把"鸿雁"人才的技术、技能优势转化为生产优势，及时传播给广大农民群众。打造乡村振兴"鸿雁示范区"，以10个"鸿雁"人才产业为平台，精心打造一片示

[①] 临沂乡村振兴典型案例（一）兰陵县实施"四雁工程"助推乡村振兴的创新实践，临沂市人民政府，http://www.linyi.gov.cn/info/5207/275002.htm。

范方、一个样板田或一个精品间，吸引普通农民与"鸿雁"人才抱团发展，形成规模化、产业化农业，不断提高农产品产量和质量，增强农产品市场竞争力。建立乡村振兴"鸿雁联系户"长效机制，"鸿雁"人才至少自主选择与自己产业相同或相近的 5 个农户作为常态化联系户，帮助解决技术、信息方面的难题，实现"1+N"共同发展。在带动农民致富、服务农业生产等方面作出突出贡献，且群众认可度高的"鸿雁"，优先推荐为各级优秀共产党员、劳动模范等先模人物；对个人申请加入中国共产党的列为党组织重点培养对象；个人自愿到书记助理、主任助理或村民小组长等岗位锻炼的，作为村（居）"两委"后备力量重点培养；积极推荐政治素质好、参政议政能力强的"鸿雁"作为各级"两代表、一委员"人选，列席有关会议；每年举办一次"鸿雁"技艺技能大赛，对优胜者授予"兰陵乡村之星"称号，并给予 1 万元奖励。每年开展"十强鸿雁"选树工作，给予入选者 1 万元奖励。

二是坚持引资引技引智和加强培训并重，强化涉农科技高校毕业生引进，并及时跟进培训农村实用技术和管理知识，将乡村人才引进培训纳入重点项目计划。完善农技人员省、市、县三级培训体系，有计划、分层次、分区域、分批次培训农技人员、技术指导员和特聘农技员，突出抓好农村转移劳动力培训，大力开展农村转移劳动力职业技能和创业能力培训，依托专业培训机构，线上线下同步发力。淄博市注重加快推进乡村本土人才学历提升、新型职业农民培育、专业技术人才知识更新等工程，截至 2020 年 7 月累计培训各类乡土人才、新型职业农民 9600 余人次、基层农技推广人员 3700 余人次；开展"村村都有好青年"选培工作，选树乡村"好青年"2931 名。东营市搭建培训载体，让乡土人才"强"起来。坚持分类别、分层次培训，实施新型职业农民培育工程，截至 2019 年，已累计培训 1121 人。实施乡村实用人才培育工程，对农村劳动力、高校毕业生、退役士兵等群体开展实用技术培训，截至 2019 年，累计培训 1.1 万人。实施"村村都有好青年"选培计划，截至 2020 年 7 月选树各级"好青年"5077 名，评选东营市青年人才创新创业及农业新技术示范基地 17 家。推荐利津县劳动就业训练中心获评省级乡村振兴专业技术人员继续教育基地，山东蓝海生态农业有限公司获评省级乡村振兴专家服务基地。

（二）注重因地制宜，培训实效日益凸显

乡村职业技术培训坚持走群众路线，在摸清群众培训需求的基础上，真正解决问题。让本村党员、种植大户、蔬菜购销大户、蔬菜加工企业等具有一线操作经验的能人走上讲台，将产业政策、生产技能通过接地气的方式讲给农民听，解决农民的燃眉之急。有针对性地为农民提供通俗易懂的对口服务，让农民能快速地掌握技术要领。在培训课程设置方面，以农民在生产过程中面临的实际问题为导向，开设相关课程，实现培训师资"点题选人"、对号入座。坚持将"干什么学什么"与"缺什么补什么"相结合，突出"自主选学"。群众白天当农民、晚上进学堂，可以随时当面请教师傅，或是电话、微信联系师傅。济南市注重聚焦乡村发展需求，大力实施乡村人才培训工程。一是抓好新型职业农民培育。实施新型农业经营主体带头人轮训、农业经理人培养和现代青年农场主培养三大计划，截至 2020 年 7 月全市培训新型职业农民 3000 多人。二是抓好农村实用人才培育。实施市级农业专项技术培训计划，截至 2020 年 7 月培训农业技术骨干、渔业管理技术人员等 236 人次。三是抓好农技人员继续教育培训。完善农技人员省、市、县三级培训体系，有计划、分层次、分区域、分批次培训农技人员、技术指导员和特聘农技员，截至 2020 年 7 月已累计培训700 多人次。四是抓好农村转移劳动力培训。大力开展农村转移劳动力职业技能和创业能力培训，依托专业培训机构，线上线下同步发力，截至 2020 年 7 月已累计培训农村转移劳动力 5.4 万人次。青岛市连续

7年将高素质农民培育列入市办实事，截至2020年7月已累计培训33万人次，轮训新型农业经营主体带头人和现代青年农场3683人次；建成省级服务乡村振兴继续教育基地2个、省级专家服务基地3家、市级乡村振兴专家工作站20家，建立庄户学院、田间学校234家，培养出曹村草莓合作社王倩、怡禾家庭农场王志涛等一批"绿领创业达人"。创新开发10多项具有本土特色的专项职业能力考核项目，2019年开展农村劳动力向非农产业和城镇转移培训2.3万人次。

（三）农业人才的常规培训得到加强

一是组织开展涉农专业技术人才培训，聚焦乡村发展需求，大力实施乡村人才培训工程。抓好农村实用人才培育，实施农业专项技术培训计划，培训农业技术骨干、渔业管理技术人员。烟台市探索乡村本土人才培育模式，实施新型职业农民培育工程，培育爱农业、懂技术、善经营的新型职业农民，打造乡村振兴的中坚力量。莱州市仓东村和西尹家村，分别以发展金实仓廪田园综合体项目以及被列入国家级重点研发计划的韭菜种植产业示范园为契机，实施新型职业农民培育工程，将智慧农业、电商服务融入传统农业，分类型、分层次培养新型职业农民。2019年开展农民技能培训16次、800多人次，现有新型职业农民200多人、农业专技人员11人。莱州市小草沟村探索乡土特色技能人才培育。创新开发多项具有本土特色的专项职业能力考核项目，助推乡村技能人才队伍建设，发展苗木培育种植，培养出苗木技师15名、技师26名、助理技师及技术人员41名，90%的农民成为有一技之长的"土专家"。二是强化农民教育培训。面向家庭农场、农民合作社、小微农企和农业社会化服务组织带头人，实施新型农业经营主体带头人轮训计划和现代青年农场主培养计划。三是实施乡村人才定向培养计划。东营市广饶大王镇始终秉持"不拘一格降人才"理念，立足本土，依托东营科技职业学院、全国青年彩虹工程创新创业学院东营分院、基层党校教学网络等"两院一网络"，围绕壮大新型经营主体、农业绿色发展、农产品质量安全等为职业农民量身打造精品课程，为全镇培育 45 名县级及以上首席技师、12 名乡村之星，其中，1 人获评全省首批高级职称农民；建设"红立方"党群服务中心，打造集"孵化、服务、辐射"于一体的"青年创客"梦想空间，为青年才俊创新创业提供平台，先后吸引 2 个创业团队入驻、孵化 1 家企业，其中华胜创业团队自主研发的"山东智慧农业云平台"系统，获得"东营光谷未来杯"创新创业银奖和最具创新人气奖，并得到推广应用；定期举办"青年企业家论坛""企业家南北对话"等活动，为青年企业家、南北企业家搭建思想碰撞、交流对话的全新平台，将南方先进理念带到大王镇，引导更多工商资本注入农业，锻造了一支敢为人先、担当奉献、拼搏进取的农民企业家队伍。

（四）乡村职业技术培训工作环境明显好转和优化

一是创新乡村职业技术培训评价制度，积极开发具有地方特色的专项职业能力考核项目，并做好农村人才评价与认定工作。二是完善乡村职业技术培训留人机制，推进改革乡镇基层事业单位专业技术岗位管理制度，在岗位设置、职称评聘等方面向乡村职业技术培训人员倾斜。推行"定向评价、定向使用"的基层高级专业技术职称制度和乡镇专业技术人才直评直聘政策，鼓励城市专业人才参与乡村职业技术培训。三是通过宣传引导、以才育才的方式，激活本土农民内生动力。适应乡村振兴的需要，从种植养殖大户、家庭农场主、农业企业骨干和返乡创业的新型农业经营主体带头人中优选培训对象，培训"本土能人"带动提升农民素质，为乡村振兴提供动力引擎。淄博市博山区中郝峪村幽幽谷公司人才培训基地就是一个成功案例，多位返乡有志青年在培训基地的培养之下成立了自己的公司，开始为乡村振兴贡献着各自的力量。如公司副总经理张猛，从云南丽江退伍之后，选择回到家乡发展，在公司的指导下，独立研发出幽幽谷八大美食体验项目，通过把老百姓的"农家饭"转化为旅游产品来增加游客体验度。如今他已跟随公司的脚步，带着成熟的"郝峪模式"走进了河北秦皇岛，帮助当地的农村运营相关的乡村旅游产业项目。中郝峪村现已将 20 多位返乡大学生培养成为了周边村镇公司的部门经理、总经理；将 30 多位退役军人培养成为了拓展项目带队教练、项目总负责人；解决了村周围 260 多位返乡农民工的就业问题，真正实现了周边返乡青年的就业梦想。通过以才育才的方式，"老人"带"新人"，中郝峪村的人才队伍越来越壮大。四是积极搭建乡村职业技术培训人才集聚平台。为充分发挥高层次专家智力资源对乡村职业技术培训的支撑作用，引导高层次专家对接乡村职业技术培训的发展需求，搭建对接支撑专家服务乡村职业技术培训的重要载体和平台。

（五）围绕补齐人才存量短板，乡村职业技术培训范围大幅度拓展和提升

一是大力培养新型职业农民。2019 年，山东省争取 1 亿元中央资金，实施农业经理人培养和新型农业经营主体带头人轮训，分类型、分层次培训高素质农民 3.5 万人，造就了一批"土专家""田秀才"。[①]把乡土人才培育作为山东省终身职业技能培训的重要内容，开展就业创业培训 77.9 万人次。二是大力培养创业人才。2019 年，山东省为 137 万农村转移劳动力提供就业创业服务，举办专场招聘 1273 场，培训 13 万人次，向 2.9 万人提供维权和法律援助服务。截至 2020 年第三季度末，山东省共有农民工总量 2344 万人，占全国 8%，农村劳动力外出就业人数达 1004 万人，就业形势总体稳定。2019 年培训贫困村女致富带头人 1000 余人次，培训省派第一书记帮包村"两委"成

---

① 山东：聚焦乡村人才振兴努力为打造乡村振兴齐鲁样板提供坚强的人才支撑，闪电新闻，http://sd.iqilu.com/v7/share/article/6904225.

员和创业致富带头人 1256 人次，党员干部、致富能手带领村民干事创业、脱贫攻坚的水平不断提升。三是大力培育青年学生。2019 年省内技工院校招收农村生源学生约 13.5 万人，占总人数的 89.6%。逐步提高农村和贫困地区学生升入重点高校比例，对建档立卡的贫困家庭学生，专项计划招录贫困生 1170 人，重点高校招收农村和贫困地区学生专项计划招生 943 人，地方高校招收农村学生专项计划招生 1660 人。扩大公费师范生、公费医学生、公费农科生招生规模，2019 年录取公费师范生 5000 人、公费医学生 1300 人、公费农科生 360 人。推进 22 所技工院校规划建设了涉农学科专业或开设特色工艺班，定向培养乡土人才。

二、山东乡村职业技术培训发展存在的主要问题

乡村职业技术培训的各项任务主要是围绕壮大乡村人才"三支队伍"建设展开，即壮大新型职业农民队伍、乡村专业人才队伍、农村创新创业人才队伍。目前，工作中还存在一些困难和问题：

一是对乡村职业技术培训人才队伍建设的重视程度不够、紧迫感不强。虽然各市级层面已经出台了相关意见和措施，但有效的协调运行机制尚不健全，相关职能部门对推进乡村职业技术培训的人才队伍建设的思想还不够解放；对乡村职业技术培训人才队伍建设的相关重点任务的责任主体尚不明确、经费保障尚不配套、政策体系尚不完善。

二是乡村职业技术培训不接地气，参训农民积极性不高。在乡村职业技术培训工作中，一般都是想方设法邀请农业专家前来授课，但大多数村民对此不感兴趣，有些农民反映讲得太专业，听不明白，不接地气。再加上村民思想比较保守，愿意按照自己的一套老路子、老经验走，参加培训的农民积极性不高。

三是乡村人才培训投入不足、针对性不强。乡村技能人才培养投

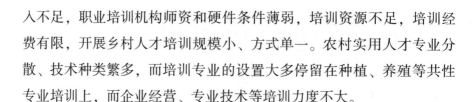

入不足，职业培训机构师资和硬件条件薄弱，培训资源不足，培训经费有限，开展乡村人才培训规模小、方式单一。农村实用人才专业分散、技术种类繁多，而培训专业的设置大多停留在种植、养殖等共性专业培训上，而企业经营、专业技术等培训力度不大。

三、山东乡村职业技术培训发展的建议

人才振兴是乡村振兴的活力之所在，乡村职业技术培训是关键。乡村人才振兴，眼睛不能只盯着外面的世界，还要立足脚下的土地，培养"本土能人"。大力实施新型职业农民培育、农业专业技术人才培育、"三乡"人才培育工程，推动科教兴农、人才强农、新型职业农民固农，努力培养造就一支懂农业、爱农村、爱农民的"三农"人才队伍。

（一）明确职责，推进乡村职业技术培训人才集聚

要按照顶格协调推进要求，对照国家"三农"工作各项任务部署，明确乡村人才振兴工作专班涉及乡村职业技术培训发展的职责，在乡村人才振兴工作专班办公室运行机构、专班运行规则、重点任务责任分解等方面，确保专班工作发挥出相应的乡村职业技术培训人才集聚效应。精准服务，加大乡村职业技术培训人才引进。创新开展招才引智活动，探索开辟乡村职业技术培训人才的引才专场，提升乡村职业技术培训发展招才引智精准化服务。适应疫情防控常态化和经济发展时代特点，拓展网络化培训，采取线下培训与线上培训相结合，利用"互联网+教育培训+农业"的模式，充分发挥乡村职业技术培训作用。利用农民培训微信公众号、职业农民培训专家群等平台，为农民提供种苗管理、技术咨询、新技术推广、病虫害防治服务，让每一个有培训需求的农民足不出户就能学到最先进的农业知识。

（二）导向引领，创新乡村职业技术培训人才评价机制

结合分类推进职称制度改革，建立健全"定向评价、定向使用"的基层高级专业技术职称制度，推行乡镇乡村职业技术培训人才直评直聘政策。探索开发适合乡村职业技术培训人才的专业职业能力考评项目，开展专项职业能力考评工作。建立完善乡镇基层事业单位实行总量管理、动态调整、统筹控制的专业技术岗位管理办法，鼓励支持乡村职业技术培训人才在基层发展。

（三）典型带动，抓好乡村职业技术培训人才选拔

出台乡村职业技术培训人才发展评价激励办法，研究扶持乡村职业技术培训人才典型的政策措施，培育一批乡村职业技术培训人才典型。拓宽人才培育师资渠道，大力挖掘乡土存量人才，充分激发"土专家、老把式"农业生产实践优势，建立乡村振兴"土专家、老把式"人才库，通过对"土专家、老把式"的系统培训，让其在原有基础上得到全面提升，使其既有实践能力，又有广阔视野，为进行涉农人才的定向培养，提供强有力的人才支撑。要坚持以史鉴人、以文化人、以情感人；要深入贯彻绿色发展理念，强化与农业龙头企业、农业园区、农民合作社、特色村镇等建立长期合作关系，高标准打造现场教学点，从基层党建、现代农业产业发展、传统文化教育等主题设计现场教学专线，把培训课堂搬到现代农业生产的田间地头、搬到农村改革发展的第一线，让亲历者讲述经历、实践者讲经验、研究者讲理论，让广大学员看活现场，学真经验。

（四）创新管理，注重提升培训实效

向管理要质量，精心做好培训服务保障工作。培训班要配备专职班主任，从学员报到，直到培训结束，全程做到"三跟四查"（跟班

听课、跟班考察、跟班就餐，查考勤、查纪律、查饭菜质量、查作息时间），不让学员因任何问题影响学习效果。坚持落实教学效果评价机制，请学员对每堂课、每次现场教学从各个方面作出评价，随时对教学组织管理进行修正，最大限度保证教学培训效果。建立学员培训档案，采取一人一档、一事一记的方式，坚持跟踪问教，对培训过的学员，定期进行回访问效，让学员"回头看"找短板，根据反馈结果改进培训方式，尽最大力量让学员学得会、用得上，在发展实践中体现教学实效。

（五）立足省情优势，注重培训的实效性

乡村振兴，人才是活力。乡村振兴这篇"大文章"亟待广大人才大施所能、大展才华、大显身手。乡村，也始终是各类人才干事创业、发挥才能、实现作为的广阔天地。山东省要围绕省情特点，不断创新提升培训模式，提升办学能力和影响力，大力开展对农业农村干部、农村实用人才、新型职业农民和扶贫干部等的培训，注重培训的实效性，为打造乡村振兴齐鲁样板贡献力量。全国农业看山东，山东省要依托现代农业资源优势，紧贴农村发展需要，分类设置培训专题、培训模块，大规模培养农村干部和农村实用技能人才。注重培训与深入开展技术和项目合作相结合，不断延伸学习效能链条，力求学员不仅学好、学会，更要活学、活用。不断加强师资队伍建设，培训师资既要有"上接天气"的国外优秀人才、国家部委、科研院所及高校的专家学者，又要有"下接地气"的涉农负责人、农村党支部书记、致富带头人和技术能手，这样有助于学员提升理论素养，增强感性认识。要着眼于创新师资管理模式，本着理论和实践相结合、专家学者和乡土人才相结合的原则，从高等院校选聘"上接天线"的专家、学者担任客座教授，从"下接地气"的基层党组织书记、致富带头人、技术能手中选聘兼职教师，采取理论辅导、现场教学、经验分享、研讨交

流等培训方式，开展专业化、特色化、实效化培训。坚持"农村发展难点在哪，培训重点就跟进到哪"的原则，改变"一盘菜待尽天下客"的常规培训方式，针对不同受训需求开展"菜单式"精准施教，设置现代农业、强村富民、村级治理、美丽乡村、精准扶贫、农村党建等培训专题。

山东乡村返乡人才发展报告

徐加明[*]

摘　要：为促进乡村返乡人才发展，山东省多方营造良好的发展环境，使乡村成为返乡人才茁壮成长的沃土。乡村振兴，人才是关键。2019 年以来，山东在金融服务、用地用电、子女就学、社会保障等方面给予乡村返乡人才更多政策支持，为返乡人才搭建干事创业的平台，以乡情乡愁为纽带，鼓励当地的在外工作人员以各种方式反哺家乡，加强对返乡人才培育培训，不断创新乡村返乡人才发展激励机制，稳定乡村返乡人才发展预期。针对山东乡村返乡人才发展方面存在的一些问题和不足，坚持问题导向，创新工作举措，紧抓"引""育""留"三个关键环节，着力促进乡村返乡人才发展工作再上新台阶，努力让更多返乡人才扎根基层、服务农村，让乡村成为返乡人才干事创业的广阔天地。

关键词：乡村振兴；返乡人才；发展环境

2019 年以来，山东省贯彻落实习近平总书记关于打造乡村振兴齐鲁样板的重要指示批示精神，牢牢把握农业农村优先发展总方针，在推进乡村振兴过程中，立足齐鲁实际，围绕推动乡村返乡人才发展环境，深化改革，创新机制，着力加强农村人力资本开发，为打造乡村振兴齐鲁样板提供了人才支撑和智力保障。

---

* 作者简介：徐加明，中共山东省委党校（山东行政学院）经济学教研部，教授。

一、山东乡村返乡人才发展现状

（一）制定出台了乡村返乡人才发展政策

山东省先后制定出台了一系列促进乡村返乡人才发展的相关文件和政策措施，政策落实更加积极、更加开放、更加有效，人才政策新优势不断集聚。通过倾斜用编进人计划，加强基层人才队伍建设，用编进人计划向基层农技人才、农村中小学、农村医学等领域倾斜，让更多人才流向乡村、扎根基层。围绕发展现代农业新技术、新产业、新业态、新模式，积极搭建各类创新创业平台，充分发挥平台的集聚作用，促进乡村返乡人才发展。强化下乡、返乡人才就业创业扶持，出台实施稳定和扩大就业新政，形成具有地方特色就业创业政策，实现城乡一体、同城同待遇。青岛市制定政策大力培育乡村返乡人才发展，在卫生行业率先推行"定向评价、定向使用"的基层高级专业技术职称制度和乡镇专业技术人才直评直聘政策，深化城乡医院卫生支农行动，截至 2020 年 7 月选派 226 名医生参加卫生支农工作，实现了对口帮扶镇街卫生院全覆盖；开展首批青岛市基层农技推广人才（公费农科生）定向培养行动；全面推行科技特派员制度，截至 2020 年 7 月新选派第六批青岛市科技特派员 263 名；2020 年组织首届"青岛市乡村振兴工作先进集体和先进个人评选表彰"活动，以市委市政府名义表彰 50 个先进集体和 100 个先进个人。青岛市坚持城乡一体，推动实现返乡人才就业创业各项政策城乡同待遇；搭建平台促"双创"，截至 2020 年 7 月全市建成 35 个国家级"星创天地"，24 个全国农村创新创业园区（基地）。发起优秀人才"回引计划"，截至 2020 年 7 月回引返乡创业优秀人才 3905 名，扶持返乡创业人员 2266 人，发放创业扶持资金 2234.6 万元。莱西市实施"归莱"计划，截至 2020 年

7月扶持返乡创业人员832人，发放创业补贴1037.3万元。淄博市博山区中郝峪村重视返乡人才建设，出台优厚的引才待遇，吸引大批年轻人返乡创业，蹚出了一条"利用农村闲置资源让全村村民入股，实现共同发展、共同富裕"的"郝峪模式"。"郝峪模式"作为全国乡村旅游扶贫改革创新经典案例，在内蒙古、重庆、河北等地推广并取得良好成效。威海市实施职称岗位"扩容"，让更多乡村返乡人才获得晋升机会。根据威海市经济社会发展及实施乡村振兴战略的实际需要，分别确定了2022年、2028年、2035年专业技术岗位等级结构比例阶段设置目标，并于2019年提前将2022年的阶段目标设置到位，打破了以往乡镇事业单位"零正高"专业技术岗位的状况，首次设置正高级岗位59个，副高级岗位由102个增加到130个，中高级专业技术岗位占比由35%提高到60%，其中中级岗位由526个增加到931个。荣成市人和镇镇属事业单位在此次岗位设置调整中，专业技术岗位数从原来的2个副高级岗位、11个中级岗位，调整到1个正高级、2个副高级和17个中级岗位，中高级岗位数增加了7个。

（二）多方开展创业指导工作，成效凸显，吸引各类乡村返乡人才干事创业

在完善农村创业体系、培育"双创"主体、打造创业平台、强化政策服务等方面，山东省建立健全了协同推进体系，为促进乡村返乡人才发展不断注入源头活水。继续实施高校毕业生"三支一扶"计划，吸引高校毕业生到农村从事支教、支农、支医和扶贫工作。定向招录农技推广人才，贯彻落实加强基层农技推广人才和基层农技人员定向培养的政策措施，定向招录公费农科生，引导他们与区县签订了定向培养协议。引进农科专业人才团队，按照"一产业一团队"模式，由国内顶尖专家领衔，组建了创新创业团队，吸引更多农业技术领域高端人才团队服务农村发展。为符合条件的农民工提供小额担保

贷款、一次性创业补贴等政策扶持。强化社保支持，实施全民参保计划扩面专项行动，引导乡村自由职业者、职业农民参加职工基本养老保险，鼓励中高级新型职业农民以个人身份缴纳城镇职工养老保险。

枣庄市着力培养乡村人才振兴"好头羊"。一是实施乡土人才培育示范计划和农村实用人才培育工程，精心培育，建设职业农民队伍，2019 年培训 7000 余人次。枣庄职业（技师）学院被认定为省级专业技术人员（乡村振兴）继续教育基地，通过该继续教育基地，实施了新型农民技能提升计划，2019 年，枣庄市在山东省公共就业和人才服务系统登记参培农村劳动力 12098 人，完成年度计划的 153.1%。二是精准选育，推动人才向乡村流动。实施各类人才培养工程，圆满完成 2019 年度高校毕业生"三支一扶"招募工作。发挥乡村人才示范带动作用，59 人获"枣庄市乡村之星"称号，34 人获"齐鲁乡村之星"称号，培训女企业家及农村妇女致富带头人 120 人。市中区齐村镇乔屯村炻陶大作坊负责人项彪，本科毕业于北京第二外国语学院，作为齐村炻陶的第六代传人，通过"互联网+销售"模式，现拥有淘宝店 4 个、外贸网店 2 个，年销售额达 400 万元。薛城区周营镇新农民创业园计划总投资 1000 万元，规划面积 300 余亩，致力于建设集人才培育、网络销售、产品展示、物流运输于一体的乡村产业发展平台，已签约企业 24 家、入驻 20 家、开设淘宝店铺 40 余家。三是招才引智，壮大乡村人才力量。2019 年，枣庄与青岛农业大学合作，在山亭区建立鲁南乡村振兴研究院，与山东农业大学合作建立乡村振兴博士工作站，在枣庄职业学院成立乡村振兴学院。柔性引进农业类高层次人才 23 人，组织 4 名专家申报省泰山产业领军人才工程高效生态农业创新类人才计划，1 人成功入围。峄城区创新开展农村公共资源共享行动试点，实施"乡村公共资源共享领航英才"计划。"领航英才"经评审遴选、综合考察、组织公示、研究审定、发文公布等程序审定，实行动态管理（管理期 3 年），按审定等次分别给予 30 万元、10 万元、

6万元的资金补助。对于已确定的10名候选人，将按照审定等次落实资金补助120万元，进一步激发了各类乡村返乡人才的创业、创新热情。日照市精准对接返乡人才需求，把教学班、培训班开到田间地头，开在农业产业链上，让更多的"土专家""田秀才""农创客"成为乡村振兴的领头雁。注重从返乡人才中培训新型职业农民，2020年开设"农民工学堂"36个，评选"农民工返乡创业之星"10名；选树"好青年"8000余人，其中有8人被评为山东省乡村"好青年"。成功承办2019年全省农民职业技能大赛，有7人获奖，其中1人获得茶叶炒制一等奖，23家新型农业经营主体被授予"山东省农民乡村振兴示范站"。

（三）乡村返乡人才发展激励机制初步形成，运行平稳

山东省各市地都增设了乡镇高级专业技术岗位的规定和基层专业技术职务资格评审办法，对基层专业技术人员进行单独评价，打破专业限制，克服唯学历、唯论文等倾向，提高工作实绩、业务能力和基层工作年限等评价权重，畅通了基层人才职称评审通道，促进了乡村返乡人才发展。引导专业技术人员到涉农领域挂职或参与项目合作。实施高校毕业生基层成长计划，引导青年人才向基层流动、在一线成长成才。鼓励高校毕业生回到农村，从事农村管理、支农、支教、支医、扶贫及其他涉农服务工作，为乡村基层人才队伍注入了新鲜血液。济南市大力开展评先树优活动，树立返乡人才支持乡村振兴的鲜明导向。一是开展"齐鲁乡村之星"考核评选工作，2019年11人推荐入选"齐鲁乡村之星"，累计发放奖励资金75万元。二是在全市开展"寻找最美农技员"活动，并积极向省里推荐人选。三是评选乡村"好青年"5500余名，8人获评省级"好青年"。组织乡村"好青年"代表参加省电视台《锵锵新农民》和《12396科技热线》的节目录制，取得了良好社会反响。东营市坚持创新引领，"跳出"传统职称评定模式，在全省继续开展职业农民职称评定试点工作，2018年共评

出"全省首批"初级职称 24 人，中级职称 60 人，填补了农民专业技术能力评价的制度空白。2019 年，东营市继续拓展深化，在全省率先开展职业农民高级职称评定试点，侧重实际传授带动能力，将授课答辩作为评定的关键内容，共评出全省首批职业农民高级职称 11 人，在全省推广典型经验做法。同时，东营市坚持重在使用原则，将"如何用""用得好""留得住"贯穿职业农民职称评定始终，2020 年出台了《职业农民"头雁"引领计划实施方案》，重点在培养、使用、激励上下功夫，形成了"以评为基础，以用为关键"完整的职业农民职称评审制度体系，截至 2020 年 7 月共 178 人次获评职业农民职称。威海市科学设置职称评聘条件，引导更多优秀人才流向紧缺岗位。在教育、卫生系列高级职称评审中，强化乡村和薄弱地区工作经历，将中小学教师到农村学校、薄弱学校任教一年以上的经历、城市医生到农村医疗卫生机构服务累计满一年以上的经历，作为申报高级职称的必要条件，引导城镇教师、城市医生通过交流轮岗、巡回医疗等方式到乡村服务。威海市开通乡镇人才职称评审"绿色通道"，乡镇专业技术人员从事专业技术工作 10 年以上申报中级职称、20 年以上申报副高级职称、30 年以上申报正高级职称，可不受单位岗位结构比例限制，评审通过即可聘用，目前已有 148 人享受"直评"申报政策。对申报乡村急需紧缺且国家实行以考代评职称的，进一步放宽条件，允许符合岗位条件的专业技术人员，按照每门科目低于当年国家考试合格线 5 分以内的标准参加竞聘，已有 3 名乡镇专业技术人员在参加中级岗位竞聘时享受了"降分福利"，并全部通过竞聘。

（四）乡村返乡人才创业平台实现了区域全覆盖

为加强乡村返乡人才创业培训，山东省先后制定出台了相关职业技能培训制度，鼓励开展"互联网+职业培训"，切实提升乡村返乡人才的技能素质和就业能力。为加快建设农民创业孵化示范基地、示范园区、生态农业园区、特色专业市场等农村特色创业孵化平台，山东省建设一批田园综合体、农业专业合作社，打造返乡农民工综合性创业基地，进一步助推返乡农民工创新创业。各地以不同形式举办助推乡村振兴职业农民创业大赛，发掘农村创业人才，营造浓厚创业氛围；评选乡村返乡人才创业模范，发挥典型引领示范作用，鼓励更多能人带技术资本返乡创业。济南市注重发挥省会人才资源优势，引导鼓励专家在服务乡村振兴中实现更大作为。一是开展专家志愿服务活动。济南市组织实施"乡村振兴专家服务行动"，截至 2020 年 7 月组建了 148 名专家为骨干的服务团队，深入各区县开展服务乡村振兴志愿行动，完成农业专业技术培训 381 场，直接受益群众达 1 万多人次。二是开展科技文化卫生"三下乡"活动，现场解答农业科技问题，截至 2020 年 7 月发放农业科普读物 2000 余册，发布农业主推技术 107 项，服务农民 1.8 万人。三是发挥乡村振兴继续教育基地作用。济南市技师学院等 2 家单位被评为省级服务乡村振兴继续教育基地。济南市在全省率先设立市级服务乡村振兴继续教育基地 23 家，制定了《济南市专业技术人员继续教育基地管理办法》，该办法在政策扶持、项目支持、师资队伍建设、资源整合、经费资助等方面给予了支持。四是探索设立市级乡村振兴专家服务基地。济南市制定了《济南市乡村振兴专家服务基地建设管理办法》，"山东亿安生物工程有限公司"等 11 家单位被评为"市级乡村振兴专家服务基地"，并给予 20 万元资助，专家服务基地先后组织了 6 批次专家深入农村为农民排忧解难、提供技术支持。

（五）为乡村返乡人才成长铺平了道路

促进乡村返乡人才稳定发展，首先是要让乡村返乡人才有稳定的家庭生活，这是事业发展的重要保障，是乡村留住人的一个重要因素。在乡村振兴实践工作中，一方面，山东省各地积极帮助乡村返乡人才在农村安家立业，解除其后顾之忧，让乡村返乡人才安心坦然地"留下来"。另一方面，要帮助乡村返乡人才制定职业规划。乡村返乡人才大多都是学成归来的大学生、退伍军人以及返乡创业的有志青年，应该结合各地产业发展实际情况，为他们的发展做好职业规划，帮助他们实现自己的梦想。济南市积极拓展人才发展空间，让乡村基层人才留得住、发展好。一是强化职称支持，全面提高基层事业单位高级职称岗位比例，增加高级岗位数量。截至2020年7月，高级岗位比例由7%提高到10%，高级岗位数量由2307个增加到3221个。建立职业农民职称制度，对从事种植养殖、农产品加工、农村电商等工作的农民骨干开展职称评定，让更多"土专家"和"田秀才"脱颖而出，填补了农民不能评职称的历史空白。推进实施"定向评价、定向使用"的基层职称制度，对基层医生、教师等人才实行单独分组、单独评审、单独发证，为人才扎根基层托好底。截至2020年7月已有410名专业技术人才在基层取得了职称。二是强化创业支持，对返乡农民工开展创业指导，为符合条件的农民工提供小额担保贷款、一次性创业补贴等政策扶持。推出"出彩家庭贷"，截至2020年7月发放贷款9511万元，扶持518名农村妇女创业。三是强化社保支持，实施"全民参保计划扩面"专项行动，引导乡村自由职业者、职业农民参加职工基本养老保险，鼓励中高级新型职业农民以个人身份缴纳城镇职工养老保险。枣庄市山亭区徐庄镇藤花峪村紧紧抓住国家农村综合性改革试验试点的机遇，为确保青年人才"下得去、干得好、留得住"，在全区成立了首家村级社团组织——"山亭区藤花峪村青年创业联合会"，厚植创新创业乡村沃土，激发青年筑梦前行力量，引导青年人才由远离家乡的"离家雁"、短暂停留的"淘金客"真正转变为心系故乡、致力乡村振兴的"自家人"，逐步探索出一条以打造村级社团平台为载体，以组织返乡青年抱团发展农村电商为纽带，以带动村民增收致富为目的的实践之路。临沂市兰陵县实施"归雁工程"，制定出台

《中共兰陵县委关于实施乡村振兴"归雁工程"的意见》，鼓励在外人才回乡创新创业。兰陵县在全县各级各单位开展在外高层次人才信息征集工作，建立在外高层次人才数据库，通过微信、微博、公众号等新媒体，外地商会等社团组织广泛宣传"归雁工程"的政策措施。通过在广播电视台、今日兰陵、兰陵党建等媒体设立"归雁人才"风采专栏，大力宣传"归雁人才"创新创业先进典型、先进经验，充分发挥先进典型的示范带动作用，努力营造鼓励、支持回乡创业的良好氛围。通过以产业选人才，确立特色高效种养业、农产品精深加工业、农产品仓储物流业、生态休闲农业、乡村旅游业等重点领域，从政策、资金、用地、用电等方面给予发展支持，推动"归雁人才"积极投身现代农业发展。实行"一个项目一个专班、一个人才一名领导干部帮扶"的机制，由项目所在地党（工）委明确一名副科级干部靠上联系；实行"全程服务"，县直有关单位根据职能，在手续办理上提前介入，集中办理；通过优化社会保障，"归雁人才"子女选择在县中小学（幼儿园）就读的，优先为其协调办理入学手续；县人民医院设立"归雁人才"就医绿色通道。在兰陵经济开发区规划"归雁人才"创业园，设立"归雁人才"创业服务中心，让更多"归雁人才"拎包入驻。

二、山东乡村返乡人才发展存在的主要问题

山东省乡村返乡人才发展方面虽然取得了一定成绩，但也存在一些问题和不足，主要体现在以下几方面：

一是基础设施和社会公共服务相对落后，导致乡村返乡人才往往稳不住、留不下。由于历史欠账较多，大部分村庄的基础设施建设和公共服务还相对落后，农村道路、供排水和教育、卫生、文化等问题，依然是制约农村引才、育才、用才、留才的瓶颈，导致乡村返乡人才

往往稳不住、留不下。同时，农村青壮年劳动力流失严重，农村空心化现象日益明显，乡村发展人才青黄不接、后继乏人，乡村人才的数量和专业技术难以支撑乡村振兴战略的需求，导致乡村返乡人才队伍相对孤立，发展信心不足。

二是由于相关政策掣肘，导致乡村返乡人才层次偏低、不愿扎根农村问题比较突出。由于近些年缩编、政策性安置压力等，进入涉农部门的乡村返乡人才越来越少，农业技术推广队伍几乎是只出不进，专业服务辐射范围窄，缺少一批能够长期扎根农村、从事农村技术研究推广的"土专家""田秀才"。同时乡村人才振兴还存在着基层人才队伍老化、新型职业农民总量不足等问题，尽管一些地区为实现农产品安全配备了一些先进的检测设备，但技术人员缺乏，无法充分发挥设备的作用。

三是乡村返乡人才培训培育力度不够。近年来，有文化、懂技术、会经营的新型职业农民数量偏少，能够承接网络经济时代旅游文化产业、新业态等方面的电商产业的复合型人才更少。"谁来种地""谁来经营""谁来管理"的问题成为当前农村的突出矛盾，因此加强对乡村返乡人才的培训培育尤为必要。关于乡村返乡人才培育，目前还未出台具有可操作性的具体扶持政策，并且存在多头管理，协调难度大，培训的针对性、实用性不强等问题，不利于乡村返乡人才培育工作的开展。同时，培训机构办学水平参差不齐，市场不规范，缺少综合培训，实效性、针对性、系统性不强。

四是涉农教育资源发挥作用不够，没有针对返乡人才发展设计的课程。山东省职业院校多、实力强、基础好，农村实用人才、技能人才、管理人才培养资源得天独厚，这是山东省乡村返乡人才发展的坚实基础和有力支撑，但涉及乡村返乡人才发展的培训课程和教育理念的针对性不够。而且，山东当前职业院校涉农类学科比较分散，专业多而不强，缺乏集聚、融合效应，有的院校涉农类专业被边缘化，学生报考学习的积极性不高，为社会培养涉农人才的作用发挥不够好，导致涉农毕业生返乡创业积极性不强。

三、山东乡村返乡人才发展的对策和建议

实施乡村振兴战略，要把人力资本的开发放在首要位置，要紧扣乡村人才振兴重点任务，紧抓"引""育""留"三个关键环节，坚持问题导向，创新工作举措，着力抓好乡村返乡人才发展工作，努力让更多返乡人才扎根基层、服务农村。

（一）加强基层党组织建设，凝聚返乡人才发展

加强农村基层党组织建设，凝聚人心，促进返乡人才发展。一是要优化提升乡村返乡人才的整体素质，为农村基层党组织建设注入活力。要注重把返乡人才培养成为致富能手，把致富能手中的优秀分子发展成为党员，把致富能手中的骨干党员培养成为村后备干部，把表现突出的村后备干部选拔成为村党支部班子成员，打造素质过硬"领头雁"。村庄发展得好不好、村民富不富，关键要看基层党支部强不强。乡村要振兴，选好用好"两委"班子至关重要。二是要全面打通城乡之间人才双向流动通道，鼓励熟悉"三农"、了解互联网市场信息、热心农村发展的能人、年轻人，回到乡村发挥作用，带动乡村发展。选择合适的干部下派也是建强乡村人才队伍的重要路径，要加大宣传引导，把重要性、必要性和政策要求讲到位，鼓励符合条件的优秀干部踊跃报名、建功农村。尤其要注重吸引高校毕业生、农民工、机关企事业单位优秀党员干部到村任职，选优配强村党组织书记。同时，要进一步完善村干部收入和晋升措施，让他们工作有门路、有待遇，干得好有奔头，确保村干部既能"选得出"也能"留得住"。要细化选派标准，实现人岗相适，如有些村党组织软弱涣散，可选派开

展党建工作的"专家";有些村具备发展电商的资源基础,可选派懂互联网经济的"骨干"。三是要拓宽基层选人用人渠道,健全从优秀村党组织书记中选拔镇街领导干部、考录镇街机关公务员、招聘镇街事业编制人员制度。加大在优秀青年农民中发展党员力度,建立农村党员定期培训制度。总之,注重乡村基层党组织建设,凝聚人心,关键一环就是推进返乡人才优化管理,带动镇村干部队伍素质整体提升,充分发挥镇村干部队伍作为乡村振兴组织者、领头人的战斗堡垒作用。

(二)政策引领,灵活多样培养、使用返乡人才

坚持从实际出发,树立柔性引才理念,通过兼职聘用、周末工程师、技术咨询、挂职锻炼等多种灵活方式,不拘一格,促进各类涉农科技和经营管理人才愿意返乡,为乡村振兴服务。通过成立人才联谊会等多种形式,打好"乡情乡愁"牌,吸引海内外离土人才、青年大学生等回乡发展。注重做好现有人才和本土人才的挖掘、培育工作,加快扶持培养一批农业职业经理人、经纪人、乡村工匠、文化能人、非遗传承人等。加强农村教师、医护人员、文化工作者等各领域专业返乡人才队伍建设,提升乡村教育、文化、医疗等事业的整体水平。支持地方高等学校、职业院校综合利用教育培训资源,灵活设置专业(方向),创新返乡人才培养模式,强化乡村专业人才培养。组织开展对基层专业技术返乡人才的"定向评价、定向使用",提高工作实绩、业务能力和基层工作年限等评价权重,畅通基层返乡人才发展空间。

(三)努力提高乡村返乡人才素质和能力

加强对返乡人才培育,帮助他们不断更新知识、理念和技能,提升整体素质。完善以公益性教育培训机构为主体,农业龙头企业、农民专业合作社多种资源参与的"一主多元"培训体系,增强对返乡人才培训的针对性和实用性,努力提高返乡人才素质,把他们打造成发

展现代农业的主力军。鼓励返乡人才带头创办家庭农场、农民合作社等各类新型农业经营主体。推动成立农业技术服务合作社，为培养返乡人才提供发展平台，既让返乡人才有组织、有业务、有收入，能扎根乡村，又有助于带动更多渴望学习技术、掌握技能的村民参与进来、成长起来。支持返乡人才申报农村实用人才专业技术职称，让更多返乡人才在乡村振兴战略的实施中获益，实现自己的梦想。

（四）优化乡村返乡人才工作生活环境

以社区化发展为方向，坚持因地制宜、循序渐进地推动适度集中居住，积极推动农村基础设施提档升级，加快农村公路、供水、供气、环保、电网、物流、信息、广播电视等基础设施建设，稳步有序推进农村人居环境突出问题的治理，重点围绕解决农村洗澡难、如厕难问题，改善乡村返乡人才的居住环境，努力打造乡村宜居宜业环境。实施数字乡村战略，开发适应"三农"特点的信息技术、产品、应用和服务，注重为乡村返乡人才创业就业提供保姆式精准服务和有品质的生产生活条件，让优秀人才返乡能够"能发展""创得好""留得下""可持续"。

（五）创造返乡人才聚集的创业环境

形成良好的创业环境才能使农村成为返乡人才茁壮成长的沃土。要在金融服务、用地用电、教育培训、社会保障等方面给予乡村返乡人才更多政策支持。结合农村集体产权制度改革，把集体经济股权作为吸引人才、留住人才的激励机制，允许农村返乡人才持有股份，以改革红利增强人才下乡返乡动力。以乡情乡愁为纽带，鼓励当地退休人员、"带货"高手、法律专家以投资兴业、营销服务、法律援助等各种方式反哺家乡。支持返乡人员以入股、合作、租赁、协作的方式，开发闲置农房，发展休闲民宿、农村养老等经营性活动。完善高等院校、科研院所的专业技术人才到乡村和企业挂职、兼职或离岗创新创业的支持制度，保障其个人权益，尽可能解除其后顾之忧，引导返乡人才利用专业优势推进农村现代化建设。要从市县区层面，积极创造条件，设立创业孵化园区，依托乡镇、行政村就业和社会保障服务中心设立返乡创业服务窗口，为返乡创业者提供政策咨询、工商登记、融资贷款等"一站式"服务。要让更多返乡人才"愿意来""留得住""干得好""能出彩"。

（六）构筑返乡人才成长发展的长效机制

从长远来看，如何让返乡人才安心留在乡村、打造一支留得住的人才队伍是实现乡村人才振兴的关键所在。要构筑返乡人才成长发展的长效机制，为乡村振兴打造强力引擎。首先要让返乡人才的产业发展有方向、收入有保障、生活有品质，通过"产业"和"家业"两旺，使他们能扎根农村，安心创业。要持续增加返乡人才收入，就必须减少农业产业面临着的自然风险、品质风险、市场风险、信息风险等众多风险。同时，返乡人才创业一般资金投入较大，亟须构建风险防范机制化解、规避上述创业风险等，都需要从体制机制等方面进行创新突破，构建返乡人才成长发展的长效机制，让人才返乡创业之路越走越宽，让人才返乡创业能获得可持续发展。

（七）拓展返乡人才发展政策扶持的深度和广度

在农业基础设施建设、信用合作和职业农民贷等资金借贷、生产技能培训、蔬菜销售、蔬菜精深加工等农业生产性服务方面，构建更加完善的政策扶持体系，为返乡人才发展营造了良好的软硬环境。尤其要注重在金融服务、用地用电、社会保障等方面给予更多政策支持。

（八）以特色优势产业吸引优秀人才返乡创业

坚持以产业吸引人才、以人才促进产业，形成"产业集聚人才"

和"人才引领产业"良性互动。乡村人才振兴，要突出以特色优势产业吸引优秀人才返乡创业，只有产业发展起来，才能为农村青年人才提供有足够吸引力的创业就业空间，才能扭转农村人才向城市单向流动的态势，聚合起乡村振兴的强大力量。各级党委政府要注重把资源、项目向农村一二三产业融合发展倾斜，一方面要争取中央财政扶持资金支持，另一方面要充分利用第一书记帮扶、乡村振兴服务队等契机，深入开展良种培育、病虫害防治、绿色产品生产等产学研合作，通过这些措施，畅通各类返乡人才干事创业渠道，为优秀返乡人才提供广阔的发展平台。

结　语

人才是乡村振兴的"活力之源"。人才兴则乡村兴，人气旺则乡村旺。只有培养一批技术过强、管理过硬的脱贫致富领路人、基层组织带头人，吸引留住一批热爱乡村、扎根乡村的"创客"、精英，让有志于振兴乡村的人才脱颖而出、奋发有为，让他们在农村广阔大地上绽放人生精彩，齐鲁大地的广袤田野就一定会焕发出更多生机活力，乡村振兴齐鲁样板才能谱写出更壮丽华美的篇章。首先是要不断强化乡村振兴人才专班作用。充分发挥乡村人才振兴工作专班在统筹谋划、综合协调、整体推进、督促落实等方面的牵头作用。严格落实月调度、季汇报制度，对重要部署、重点任务实施效果不定期抽查督导，强化跟踪问效，确保各项任务落到实处。其次是聚焦乡村人才振兴重点工作，加大人才引进力度，创新柔性引才机制，吸引更多高层次人才到乡村创新创业。为了使人才"育得强""引得来""留得住""用得好"，要从顶层设计上进一步推进完善"1+3+N"系列政策，① 为乡村

---

① 打造乡村振兴齐鲁样板，这 12 个经验值得一看，大众网，https://sd.dzwww.com/sd-news/202101/t20210117_7616202.htm。

振兴提供人才支撑。截至 2020 年底，山东省已有 2224 名新型职业农民通过评审取得职称，有效激励"田秀才""土专家"脱颖而出。[①] 最后加强省市县区联动。目前，各市均已成立乡村人才振兴专班，继续深入探索建立省市县区联动、协同配合工作机制，及时挖掘基层的典型经验和创新举措，总结提炼一批可复制、可推广的乡村人才振兴的路径模式。

参考文献

［1］习近平．决胜全面建设小康社会夺取　新时代中国特色社会主义伟大胜利——在中国共产党第十九次全国代表大会上的报告［M］．北京：人民出版社，2017.

［2］山东省农业厅．山东省乡村振兴战略规划（2018—2022 年）［EB/OL］．（2020-05-13）［2020-05-16］．https：//www. sdaeu. edu. cn/xczxyjy/ilpo11023/1464. htm.

［3］山东省农业厅．山东省农业农村厅——新型农业经营主体和服务主体高质量发展规划（2020—2022 年）［EB/OL］．山东省农业农村厅官网，http：//nync. shandong. gov. cn/zwgk/zcwj/zcfg/202012/t20201204_3478622. html.

［4］全国干部培训教材编审指导委员会．决胜全面建成小康社会［M］．北京：人民出版社，党建出版社，2017.

［5］汪恭礼．乡村振兴战略背景下壮大集体经济的思考［J］．国家治理，2018（3）：13-16.

［6］王曙光，郭凯，兰永梅．农村集体经济发展及其金融支持模式研究［J］．湘潭大学学报（哲学社会科学版），2018，42（1）：74-78.

［7］新华社．中共中央　国务院印发《乡村振兴战略规划（2018—

---

① 书写农业强农村美农民富的亮丽答卷，大众网，https：//sd. dzwww. com/sdnews/202101/t20210117_7616198. htm。

2022年）》［EB/OL］.（2018-09-26）［2020-12-01］. http：//www. gov. cn /zhangce/2018-09/26/content_5325534. htm.

［8］中共中央办公厅　国务院办公厅印发《关于促进劳动力和人才社会性流动体制机制改革的意见》［EB/OL］. 中华人民共和国中央人民政府网，http：//www. gov. cn/zhengce/2019-12/25/content_5463978. htm.

［9］关于山东省2019年国民经济和社会发展计划执行情况与2020年计划草案的报告［R/OL］.（2020-03-25）［2020-12-01］. http：//fgw. shandong. gov. cn/art/2020/3/25/art_91433_8952237. html？xxgkhide＝1.

［10］中共山东省委关于贯彻落实《中国共产党农村工作条例》的实施意见［EB/OL］.（2020-03-27）［2020-12-01］. http：//www. juzhaoudj. gov. cn/third_1. aspx？txtid＝821.

案例篇
Case Report

内容提要

　　山东是个农业大省，省内既有山、水、林、田、湖在地形地貌上的差异，也有东、中、西部乡村地域特色和发展程度上的很大不同。近年来，在山东省委、省政府的坚强领导下，全省上下齐心协力，充分发挥农业大省的优势，坚持农业农村优先发展，把实施乡村振兴战略作为新时代"三农"工作的总抓手，聚焦聚力"五大振兴"，以人民为中心，以农民为主体，不断深化认识、强化措施、统筹谋划、勇探新路，高标准推进农业农村现代化，全省乡村正在发生积极深刻的变化，全力完成"乡村振兴的齐鲁样板"重要政治任务，全力写好新时代现代化强省建设的"三农"篇章，山东乡村振兴的实践经验愈加丰富。

　　从山东省乡村振兴典型案例反映出的经验来看，一是靠改革创新绘就乡村振兴新画卷。兰陵县代村作为全国文明村，通过走新型集体化道路，让土地"生金流银"，通过党建引领"三产"融合，促经济、纳贤才、育新风，实现五大振兴，探索形成了乡村振兴的代村模式。二是靠党建引领打造乡村振兴领头雁。邹城市钢山街道后八里沟村整合村里资源，走集体经济发展道路，坚持支部引领与群众主体相统一；坚持物质文明和精神文明相统一；坚持群众致富与集体增收相统一。三是靠社会化服务推动农业高质量发展。山东思远农业开发有限公司积极探索设施农业服务发展新模式，以标准化生产、全过程服务、信息化支撑为核心特征，构建"标准化智慧农业+社会化服务"体系。加快推进数字技术与农业生产、经营、管理、服务深度融合，为农户提供产前、产中、产后全方位保姆式智能化农业生产技术支持和服务，推动了设施蔬菜产业转型发展，提升了农业生产经营服务水平，在农业社会化服务和标准化建设方面发挥了显著引领作用。四是立足产业谋发展。沂南县依汶镇南栗沟村曾经是省定扶贫工作重点村，该村依靠发展现代蔬菜产业，走出了一条脱贫致富并开启乡村振兴新征程的华丽"蝶变"之路。五是打造农业产业园区推动全产业链和集群发展。山东鑫诚现代农业科技有限责任公司利用农业优势，向"农业+旅游""农业+康养"融合发展要效益，通过土地流转、提供就业等方式，带领村民脱贫致富，为现代农业发展作出了有益探索。

改革创新绘就乡村振兴新画卷

——山东省兰陵县代村推动乡村振兴的改革与实践

丁萃华　任传玲[*]

摘　要： 山东省兰陵县代村是全国文明村，在支部书记王传喜的带领下，走新型集体化道路，让土地"生金流银"，通过党建引领"三产"融合，促经济、纳贤才、育新风，实现五大振兴，探索形成了乡村振兴的代村模式。该村成功推进乡村振兴的密码可以总结为：核心在于旗帜引领，前提在于头雁高飞，关键在于产权改革，底蕴在于精神滋养，基础在于依靠群众，美好在于不忘初心。

关键词： 新型集体化；"三产"融合；党建

山东省兰陵县代村是山东打造"乡村振兴齐鲁样板"的生动范例和成功样本。2018年3月，习近平总书记在参加十三届全国人大一次会议山东代表团审议时，对兰陵县代村推动乡村振兴的实践给予充分肯定。乡村振兴的代村模式，蕴含着沂蒙精神改革创新的红色基因，在沃野平畴与田园诗话间书写了独特的发展篇章，代村模式的经验可借鉴、可复制、可推广，为构建乡村振兴完整的认识论和方法论，提供了具有代表性的实践支撑。

---

　* 作者简介：丁萃华，中共山东省委党校（山东行政学院）社会和生态文明教研部，副教授；任传玲，中共兰陵县委党校，副校长、正高级讲师。

一、从筚路蓝缕到锦绣乡村

山东省兰陵县代村，现有村民 1200 余户，3800 多人，村域面积 3.6 平方千米。革命战争时期代村是"红色堡垒村"，陈毅、粟裕曾在这里设立指挥所，指挥著名的"鲁南战役"，英雄的"戴家村连"在这里阻击了进犯临沂之敌，策应了宿北战役。然而，20 世纪 90 年代的代村，没能跟上市场经济发展的形势，村办企业经营管理不善，导致村集体负债 380 多万元，成了一个远近闻名的散乱村、上访村。

1999 年 4 月，王传喜当选为代村党支部书记、村委会主任，代村在"头雁"王传喜的带领下，发展集体经济，进行产权改革，推动"三产"融合，着力破解代村发展难题。经过 20 余年的发展，代村从负债累累的"脏、乱、穷、差"村蜕变成远近闻名的乡村振兴示范村，全村社会总产值 36 亿元，村集体纯收入 1.5 亿元，村民人均纯收入 7 万元，实现了产业、人才、文化、生态和组织的全面振兴。代村先后获得"全国文明村镇""中国美丽乡村""山东省先进基层党组织"等荣誉称号；代村带头人王传喜被授予"全国劳动模范""全国优秀共产党员""时代楷模"等荣誉称号，并当选为党的十九大代表，《人民日报》《光明日报》等先后进行了宣传报道。2018 年 3 月 8 日，习近平总书记在参加十三届全国人大一次会议山东代表团审议时对代村推动乡村振兴的实践给予充分肯定。

代村推动乡村振兴的改革与实践，像一部生动的"微缩影像"，绘就了一幅美丽的现代版"富春山居图"，成为打造乡村振兴齐鲁样板的"排头兵"，充分印证了中国共产党矢志不渝带领群众脱贫致富奔小康的"追梦"历程。

二、乡村振兴的代村模式

自 1999 年以来,代村走新型集体化道路,让土地"生金流银",通过"三产"融合、广纳人才、培树新风、"三生三美"、党建引领,实现五大振兴,探索形成了乡村振兴的代村模式。

(一)新型集体化:让土地"生金流银"

土地流转对于农村经济发展尤为关键。王传喜上任后以重整土地为突破口,破解代村发展难题,让土地为群众"生金流银"。当时代村耕地分配严重不均、零散经营。2000 年初,代村重新丈量全村土地,制定了土地调整方案,每户土地由原来的十几块调整到每户两块,为代村盘活土地资源打下了基础。2005 年,代村着手把全村土地流转到村集体,统一运作土地。一是村民以地入股,土地所有权归集体所有,承包权稳定在村民手中,经营权由村集体统一经营,共同抵御市场风险,年底按不低于股价标准进行分红;二是确权不确地,只确定土地股权,不确定土地位置,实行动态管理,保障村民每年都有稳定增长的经济收入;三是村民入股后,优先安排在村营企业就业,村民既是股东又是经营者;四是出台粮食、副食及生活必需品由村集体统一免费供给政策,坚持补助标准只升不降,让村民吃下"放心丸"。2013 年下半年,中央政策研究室调研组三进代村调研土地制度改革情况,并将代村经验写进了党的十九大报告。代村的这一创新实践,正是 2019 年 1 月《中共中央 国务院关于坚持农业农村优先发展做好"三农"工作的若干意见》中关于深化农村土地制度改革的生动写照。

(二)"三产"融合:开启产业振兴新引擎

代村一直把发展集体经济作为重点,培育形成了现代农业、文化旅游、商贸物流、建筑装修、文化教育、卫生康养六大支柱产业，走强村富民、共同富裕的集体化发展之路。代村成立了"山东新天地现代农业开发有限公司"这一集体股份制企业，采取长线、中线、短线"三线结合"融合发展。一是把现代农业、乡村旅游作为长线去培植。从2013年开始，相继建设占地万亩的油菜花基地、千亩荷花湿地，打造了蔬菜园艺馆，连续举办七届中国兰陵（苍山）蔬菜产业博览会；自2019年起，着眼打造农业全产业链，建设兰陵农企园。二是把发展商贸物流作为中线目标。代村靠近城乡接合部，借助县城批发市场拆迁的有利时机，建设了千亩万户的大商城，增加集体收入，促进群众就业。三是把房地产开发、建筑施工作为短线来支撑中长线建设。代村不断完善的"三产"融合，是农业产业化的升级版，为布局"新六产"提供了宝贵经验。

（三）广纳人才：领跑人才振兴加速度

"群雁高飞头雁领，乡村振兴靠人才"，代村依托兰陵县以头雁、归雁、鸿雁、雁阵为主要内容的"四雁工程"，出台一系列正向激励机制和长效引导机制。发挥"头雁"效应，时代楷模王传喜当好领头雁，打造坚强"两委"班子，建设过硬队伍；加强与在外人才的联络沟通，推动"归雁"回流筑巢；通过"三引一促"引来大批高科技人才在代村安家落户，被中国农科院、山东农科院列为科研联系点，被省委党校列为科研教学基地，被山东省作协列为创作基地；培养种植能手、经营好手，打造技能出众、示范突出的"鸿雁"队伍；培育和提升一大批新型农业经营主体，大力发展合作社，形成"群雁齐飞"的乡村振兴图景。目前，代村本地村民共有3600多人，除此之外在代村工作生活的外地人有4000多人，吸引回村和引进的大学生200多人，提高人的素质，激发人的潜能，让农民成为有吸引力的职业，让农业成为有奔头的产业，让乡村成为城里人向往的地方。

（四）培树新风：凝聚文化振兴大合力

代村曾是鲁南战役的临时指挥部，秉持沂蒙精神的红色基因，代村创办了"新代村"报，树典型扬正气，培育文明乡风、良好家风、淳朴民风，形成了"爱国爱村、大气谦和、朴实守信、勇于拼搏"的"代村精神"；代村每年开展好婆婆、好媳妇、好党员、好村民代表、"星级文明户""创业之星"等评选，树典型扬正气，形成了谦虚厚道、忠诚实在、乐于助人的淳朴民风。在代村，兰陵博物馆集中展现了兰陵的传统历史文化；"中国知青村"对梁家河窑洞等全国比较有代表性的知青旧居进行了还原和集中展示；"印象代村"展现脱贫攻坚的生动实践；"百年大党·风华正茂"蔬菜园艺馆展现了我们党不断前进的光辉历程。代村以理念、信念的强大内核引领激情奋斗的精神力量，以改造乡村的奋斗实干精神，凝聚起乡村文化振兴大合力。

（五）"三生三美"：勾勒生态振兴美画卷

在生态振兴方面，代村始终秉持保护土地"三不"政策：不出卖一寸土地、不破坏一分耕地、不乱划一户宅基地。从 2005 年起，代村就着手谋划旧村改造，探索确立了"边安置边开发、先安置后拆迁"以及"评估补偿、低价安置、按需分配"的思路，按照因户制宜、按户施策的原则，不搞"一刀切"、不搞大拆大建，分 8 批次完成了旧村改造，建设住宅楼 65 栋共计 2000 多户，小康楼 170 户，两处老年公寓 200 户。村集体投入补贴 2 亿多元，2015 年底全村居民搬入新居，零占耕地、零投诉，累计节省建设用地 600 余亩。曾经有人扛来 200 万元现金，想在代村上一个污染项目，王传喜让人家把钱扛走；南水北调工程需要代村的 70 亩地建污水处理厂，王传喜二话没说，马上答应："这是国家工程，要服从大局。"2002 年开始，王传喜带领代村，规划建设了"代村农业科技示范园"，引进一批合作社、农业企业进入园区，进行规模化经营，现代农业发展有了雏形。2012 年规划建设全国第一家国家农业公园，实现了生态农业和现代农业的融合，成为了生产美、生态美、生活美"三生三美"融合发展的乡村振兴排头兵。

（六）党建引领：打造组织振兴强堡垒

"领头雁"体现出先进性和示范性。1999 年，王传喜同志刚上任时，代村的一些老书记及村里的离任村干部曾对他持怀疑态度。但是，王传喜意志坚定地接手乱摊子，126 张债务传票没有吓住他；村庄治安乱、财物失窃问题没有难住他；调地受阻、妻子甚至以喝农药相威胁也没有动摇他；旧村拆迁改造没有困住他；他牢记责任、顶住压力，敢于担当、攻坚克难，一心为公、不徇私情，带头向全村党员群众"约法三章"：村里工程绝不许亲朋好友插手、惠民政策绝不因沾亲带故徇私、干部选用绝不让直系亲属沾光。如上所述，王传喜身上体现了"领头雁"的先进性和示范性。

基层党组织成为坚强战斗堡垒。代村"两委"班子坚持与时俱进地学习，跟上不断发展的形势，上级每出台一个政策，他们都仔细研究、认真琢磨、找突破点、找与村庄发展的结合点，土地流转、建立农业示范园、建设商城、举办菜博会……每一次都是他们善于抢抓机遇、研究政策的结果。在班子建设中，王传喜注重把品德过硬、能力又强的党员吸收进村委会，现任班子成员几乎都是致富带头的能人，带领群众共同富裕。在调整土地、旧村拆迁、文明治安等工作中，党员干部冲在前，起到了很好的模范带头作用。20 余年来，村"两委"历经六次换届，除两人到龄退休外，其他"两委"成员均连选连任。截至 2018 年底，代村党支部升格为村党委，下设 1 个村党支部、4 个企业党支部，形成了党委领导下多元融合的组织体系和领导合力，为代村发展提供了坚强的组织保证。

三、经验启示

乡村振兴代村模式，有着丰富的实践经验，其发展密码可以梳理为：核心在于旗帜引领，前提在于头雁高飞，关键在于产权改革，底蕴在于精神滋养，基础在于依靠群众，美好在于不忘初心。这也启示我们，乡村振兴选好领头雁发挥基层党组织的坚强堡垒作用是核心，找准适合自己的产业定位发展壮大集体经济是关键，坚持农民主体地位实现共建共治共享是根本。

（一）选好"领头雁"，发挥基层党组织的坚强堡垒作用

无论是从党的初心与使命来看，还是从推进的乡村振兴经验来看，选好"领头雁"，加强农村基层党组织建设，在乡村振兴的过程中都具有核心性、基础性的作用。实现乡村振兴，关键在党，没有强有力的基层党组织，乡村振兴所蕴含的美好愿景就难以落地，代村发展模式充分印证了"领头雁"及基层党建所起到的基础性作用。在王传喜身上，我们可以解读出作为"领头雁"所具备的优秀因子：信念坚定的政治品格、干事创业的担当精神，心系群众的为民情怀、以身作则的高尚情操。在代村基层党组织身上，我们可以解读出基层党组织是推动乡村振兴的"一线指挥所"，对村庄的发展起着举旗定向的作用。代村之变，彰显了一位"领头雁"的责任与担当，也体现了一个基层党组织筚路蓝缕的改革创新之路。

（二）构建彰显地域特色的产业体系，发展壮大集体经济

产业兴旺是乡村振兴的重点，代村的发展得益于集体经济的壮大。一是把本地优势、本地经济实力和市场发展趋势综合起来考量，找准

适合自身的产业发展定位和产业布局。二是借助市场和政策机遇，循序渐进地推动产业升级，实现"三产"融合。三是通过党支部带领创办合作社，实现土地、资本、产业的良性互动。兰陵县在 2018 年推出的"雁阵工程"，重点发展合作社特别是党支部领创办合作社等新型农业经营主体，激活农村各类资源要素。党支部领创办合作社采取"支部+合作社+农户"的模式，抱团取暖、抱团发展，增强市场主体优势，实现与企业的有效对接，推动集体增收和群众增收。目前，兰陵县党支部领创办合作社已形成燎原之势，总计达到 390 多家，这对于其他县区乡村振兴的推动具有样本意义。

（三）坚持农民主体地位，实现共建共治共享

乡村振兴的根本在于农民，发展的目的也在于农民。从代村实践看，乡村振兴有序推动了村民向市民、股东、主人的三个转变，既共享了发展红利，也扩大了发展共识，村民的养老、医疗、教育等都体现了普惠制的社会福利。一是住房按需分配；二是每年拿出 500 余万元用于养老、助学、医疗大病救助；三是每年的收益余出 30% 分股，让村民变股东，年终时家家发红包，村集体给村民分红；四是多形式解决就业。以践行为民"初心"实现了群众对村集体定位目标、信念价值、制度规范的高度认同，切实构建了以党建为引领、群众共建共治共享的发展新模式。

乡村振兴的代村模式是具有样本意义的中国农村小康之路、农业现代化之路、乡村振兴之路、基层成功治理之路。借鉴代村发展的实践经验，通过选好"领头雁"发挥基层党组织的坚强堡垒作用，通过产业振兴实现共同富裕，通过尊重农民主体实现共建共治共享，是我们推动乡村振兴的一个重要参考。在乡村振兴的征途上，各地可充分参考、吸纳代村发展模式和兰陵县出台的助推乡村振兴的"四雁工程"，为打造各具特色的现代版"富春山居图"而不断努力。

党建引领促发展 乡村振兴
"领头雁"

——钢山街道后八里沟村乡村振兴案例

丁萃华*

摘　要：邹城市钢山街道后八里沟村是全国文明村，在支部书记宋伟带领下，整合村里资源，走集体经济发展道路，从集体企业酱菜厂、水泥制品厂发展到鑫琦集团，经济效益明显提升。后八里沟村集体经济发展壮大之后，回馈社会、精准惠民，成为乡村振兴的典范，成功的基本经验：一是坚持支部引领与群众主体相统一；二是坚持物质文明和精神文明相统一；三是坚持群众致富与集体增收相统一。

关键词：集体经济；精准服务；党建引领

邹城市钢山街道后八里沟村现有居民及工商业户 5000 余户、1.6 万余人。2012 年邹城市成立第一个村级党委，下设 3 个支部，党员 105 人。近年来，钢山街道后八里沟村党委坚持以基层服务型党组织建设为统领，充分发挥战斗堡垒作用和党员先锋模范作用，将基层党建与各项工作有效衔接，推动了全村经济社会的全面发展，后八里沟村先后荣获"全国文明村""中国美丽乡村""全国民主法治示范村""中华孝善模范村""山东省先进基层党组织""山东省廉政建设先进

* 作者简介：丁萃华，中共山东省委党校（山东行政学院）社会和生态文明教研部，副教授。

单位""山东省干事创业好班子"等荣誉称号。

一、主要做法

（一）新班子，新干劲，聚民心，强党建

一是凝心聚力强班子。2005 年之前，后八里沟村里没收入、村干部没形象、村民不信任，喝酒骂街、打牌赌博、打架斗殴、不孝顺父母等现象时常发生，是有名的穷村乱村。2005 年，以宋伟为班长的第八届"两委"班子上任后，多次召开领导班子会、村民代表会、村民大会，解放思想，更新观念，决心彻底甩掉后八里沟村贫穷落后的帽子。新班子从村民看得见摸得着的实事上做起，坚持"书记当好领头雁，党员充当主力军，同心同德带领全村村民奔小康"的工作思路，从返乡大学生、致富能手中选出工作能力强、具有开拓精神的同志充实党员队伍，进一步选齐配强村"两委"队伍。充分发挥村级配套组织作用，建立了完善党建、维稳、计划生育、经济发展、民生服务等工作机制，形成了"以制度管人、按规章办事"的良好工作氛围。新班子成员每年都为村里办成几件大事要事喜事，而且能把每件事都办到老百姓的心坎上。经年累月，久久为功，用看得见摸得着的实绩，赢得了群众的信任和上级的褒奖。

二是创新载体抓学习。结合"两学一做""不忘初心、牢记使命"等主题教育活动，严格执行"三会一课"和党员活动日制度，组织全体党员深入学习党的十九大和习总书记系列重要讲话精神，进一步强化党员队伍思想政治建设。同时，每年组织村干部、党员、村民代表到华西村、南山集团、新加坡等国内外先进地区学习，经常性组织开展重温入党誓词、爱国主义教育等活动，进一步提高了党员队伍服务发展、服务群众的综合素质。

三是精诚团结促和谐。健全完善"四议两公开"机制，将党的建设与村民民主自治结合起来，坚持"党组织是方向，村委会是核心，党员是骨干，村民是主人翁"的思路，集思广益，民主治村，保证村级决策程序正当、群众满意。同时，结合村级"三个全覆盖"、干部联户、精准扶贫等工作，实行网格化小组管理机制，由党员和村民代表任组长和成员，把全村划分为十个小组，每组每年经费3万元，分别为40余户村民服务。每位网格员采取入户走访、谈心谈话、志愿服务等形式，全面掌握村民基本情况，实时反馈村民诉求，及时解决村民困难，真正形成了"村民服务村民、村民管理村民、村民影响村民、村民教育村民"纵横交叉、统一管理的体系。

（二）党建引领，创新驱动，激活集体经济发展活力

一是统筹谋划找路子。2005年新一届"两委"班子上任后，深入实地调研，广泛征求意见，结合实际厘清了集体经济发展方向。2006年，后八里沟村创办了第一个集体企业酱菜厂，随后成立了水泥制品厂，赢得村集体经济发展的"第一桶金"。

二是抢抓机遇求突破。2008年，后八里沟村紧紧抓住新型农村社区建设的有利时机，多方筹集2亿元建设完成15万平方米的鑫琦社区，并依托旧村改造节约的土地资源开发房地产，2009年成立了村集体企业——鑫琦集团，鑫琦集团下设房地产开发、建筑安装、物流商贸、酒店宾馆等七个全资子公司，建成农贸大市场、汽车配件美容城、美食烧烤城、幼儿园、养老中心等持续服务性产业，逐步形成了集幼儿教育、青年创业、老年服务于一体的集约化产业链。目前，鑫琦集团拥有固定资产40亿元，固定员工1000余人，季节性用工3000余人，村民年人均收入4万元，村集体经济进一步发展壮大。2017年，成立股份经济合作社，为全体村民和员工配发股份共计12亿元，平均每户家庭分到股值400万元左右，年终参股人员按股领取分红，实现

人人是主人、年年有分红。

三是瞄准方向创新路。坚持"长远发展、面向全国"的发展目标，后八里沟村在原有房地产、建筑等传统产业的基础上，紧紧跟随省委、省政府新旧动能转换思路，倾力发展互联网+商业服务、教育、养老产业等新兴产业，规划打造了集医疗、养老、教育、商业+旅游为一体的服务业功能区、以葡萄酒文化为主导的美丽乡村生态文体小镇产业区、与科研院所联合打造了自有的产品制造产业开发区三大产业功能区。2020年投资15亿元建设成26万平方米的商业综合体，已全面开业；投资10亿元与北京大学联建邹城市第一所从幼儿园至高中的高等寄宿制学校，其中小学和幼儿园已完成建设；出资5亿元建设了8万平方米的医养康养为老中心；出资10亿元建设3000亩的葡萄酒文体小镇，已完成规划设计。创新购物模式，将"智慧+互联网+现场体验+娱乐"嵌入鑫琦国际广场，加速五星级酒店的建设进度。以鑫琦国际广场、烧烤城、孝善公园为基础，组团打造夜间经济示范区，带活夜间经济。2020年，为整合旅游资源、满足出行游客个性化旅游需求，全面提升城市全域旅游发展，后八里沟村与市委市政府合作，成立了邹城市孟子故里文旅融合发展中心，助力打响"孟子故里·儒风邹城"品牌。

（三）乡风文明，服务精细，全力提升村民幸福指数

一是文明创建树新风。大力开展移风易俗、道德模范评选活动，引导村民树立文明新风尚。成立后八里沟村文艺表演队伍，组织开展丰富多彩的文艺活动。2007年，积极开办"村民夜校"，在村民上夜校学习提升素质的基础上，寻找经验、创新模式，号召"人人是学员、家家出老师"，实现村民教育村民、村民影响村民；创办村报《鑫琦之声》，家家悬挂《宋氏祖训》，户户安装学习小广播，人人传唱《孝德歌》；设置《后八里沟村丑善评议榜》公示好人好事、坏人

坏事；每年暑假组织青少年和初高中生赴北京、西柏坡等地开展爱国主义教育等。后八里沟村着力提升村民文化素养投资70万元为每户村民配发价值1500元的书橱，同时集体发放书款补助，要求每户村民每年至少购买30—50本书籍。坚持以孝治村、以德育人、以经济强村。2017年后八里沟村与山东卫视签订战略合作协议，举办首届"孝行齐鲁·大爱山东"重阳节公益晚会，该村被授予"山东省敬老文化教育示范基地"荣誉，被省老龄委授予"山东省敬老文化教育示范基地"荣誉称号，成功打响了"中华孝善模范村"的名号。

二是精细服务惠民生。坚持"节节有福利、月月有活动"。后八里沟村每月为60周岁以上老人发放价值300元的营养品和生活用品；每月两次免费为辖区老人理发刮脸，每年享受5000元的保健敬老金；每年重阳节组织全辖区老人大联欢，发放慰问品；年满70周岁的老人过生日的时候，村集体入户走访慰问并赠送精美礼品；春节组织老人看大戏，为儿童发压岁钱；儿童节举办文艺活动，为儿童发服装及学习用品；每年向考入大专院校的学生每人发放8000—20000元现金奖励。全年用于村民福利和各项活动资金3000余万元。村集体股份制改革在股权设置中专门设立抚幼股、养老股、保健股、贡献股，让家长有多余的资金投入到子女的教育中，让老人老有所养，让外聘员工暖心扎根。成立全市第一个村级武装部，将全村20—40岁年轻人整装入编，集中开展应急抢险、值班巡逻等工作，投资300余万元打造智慧社区服务平台，安装了800多个高清摄像头，在小区大门进出口安装人脸识别系统，跟踪到所在楼道和单元，实现一键管理，全辖区时时监控，已经连续15年未发生刑事治安案件。设有大数据服务平台，如居民网上购物、物业服务等，让业主不出家门即可实现订餐、购物、报修、医护急救等多种便捷服务。

三是回馈社会显担当。后八里沟村出资1000万元，设立山东省首家精准扶贫救助基金；投资3000万元建设鑫琦公园公益广场，铸造全国最高的毛主席铜站像，成为开展党建工作的新阵地；出资 4000 万元建设党史村史教育展览馆，教育村民不忘历史、奋发前进；出资 60 万元参与启动市扶贫基金成立；为省老龄事业促进基金会捐款 400 万元；先后组织开展"鑫琦助学"、关心救助特困家庭、"唱响邹城"、为病困儿童募捐等大型爱心公益活动，走访慰问外乡镇因病致贫家庭、留守儿童、孤寡老人。2020 年，为助力邹城打赢新冠肺炎疫情防控阻击战，村集体向市慈善总会捐款 500 万元。

二、经验启示

后八里沟村党委充分发挥基层党组织的战斗堡垒作用，始终坚定不移地听党话、跟党走，下定决心带领全体党员在新时代走在前列、干在实处，带领群众共同富裕，总结经验启示如下：

一是坚持支部引领与群众主体相统一。党支部始终坚持建强基层堡垒、激发党员作用、尊重群众主体地位。一方面，强化党组织自身建设，选好领头羊，打造硬班子；另一方面，创新领导机制和工作方法，将组织振兴与乡村振兴各类主体有效联结。

二是坚持物质文明和精神文明相统一。乡村振兴既要追求物质条件改善，也要追求精神面貌改善；既要富口袋，也要富脑袋。乡村振兴要紧紧抓住"人"这个关键因素，充分发挥群众的主体力量，激活乡村振兴的内生动力。

三是坚持群众致富与集体增收相统一。党支部使群众和集体共享发展成果，建立起经济利益共同体，尤其通过农民入股形成了长期稳定收益，在发展壮大集体经济的同时，也推动形成了"共建共治共享"的乡村善治格局。

加强农业社会化服务 推动农业高质量发展

——淄博市思远公司推动农业高质量发展助力乡村振兴案例

曹 露[*]

摘 要：山东思远农业开发有限公司积极探索设施农业服务发展新模式，以标准化生产、全过程服务、信息化支撑为核心特征，构建"标准化智慧农业+社会化服务"体系。加快推进数字技术与农业生产、经营、管理、服务深度融合，为农户提供产前、产中、产后全方位保姆式智能化农业生产技术支持和服务，推动了设施蔬菜产业转型发展，提升了农业生产经营服务水平，在农业社会化服务和标准化建设方面发挥了显著引领作用。

关键词：标准化；数字化；农业社会化服务

党的十九大报告提出"实施乡村振兴战略"，指出：农业农村农民问题是关系国计民生的根本性问题，必须始终把解决好"三农"问题作为全党工作重中之重。要坚持农业农村优先发展，按照产业兴旺、生态宜居、乡风文明、治理有效、生活富裕的总要求，建立健全城乡融合发展体制机制和政策体系，加快推进农业农村现代化。可见，解

---

* 作者简介：曹露，中共山东省委党校（山东行政学院）社会和生态文明教研部，副教授。

决"三农"问题始终是党和国家关注的焦点，也是国家兴旺民族复兴的根基，更是实施乡村振兴战略的根本指向。随着时代的发展，传统农业已经无法适应社会发展的进程，山东思远农业开发有限公司因时而为，积极探索设施农业服务发展新模式，以标准化为基础、以市场需求为导向，大力发展特色农业，延伸产业链条，依托信息化、数字化技术，走现代化特色农业发展之路，有力地提升了现代农业发展水平，开拓了科技支撑乡村振兴的新路途。

山东思远农业开发有限公司（以下简称"思远农业"）成立于2004年，是农业产业化省级重点龙头企业、国家级农民合作社示范企业。思远农业致力于发展中国现代农业，使其绿色、高效和可持续发展，经过不懈努力，思远农业已发展成为集技术研发、绿色农产品生产、技术服务、农产品流通、农业投入品供应于一体的社会化服务机构，先后被确定为全国农村综合改革标准化试点单位、国家现代农业标准化区域服务与推广平台承建单位、全国农村创新创业孵化实训基地、山东省农业生产性服务省级示范组织、山东省"互联网+现代农业"培育型科技创新企业。目前，思远农业组织化建设、标准化生产、专业化服务、职业化培训、信息化平台、品牌化运营与农业生产技术标准体系、农业服务标准体系、农业服务管控标准体系所形成的"六化三标准"社会化服务模式已经在全国范围内得到了普及，成功推广到了全国13个省市的107个加盟分社，设立了4105个村级服务站，服务于全国20万户标准化社员。随着乡村振兴战略的深入推进，思远公司固本培元、守正创新，通过构建标准化生产、全过程服务、信息化支撑模式，发挥了"三农"问题稳定器和压舱石的作用，增加了农户收入，打造了乡村振兴和社会经济发展新引擎。

一、思远农业推动农业高质量发展助力乡村振兴的实施路径

（一）以标准化生产为主导，助力农业绿色发展

乡村振兴战略的实施，极大地催生了农村发展的内生动力。思远农业积极探索全程农业服务模式，从农业生产入手，探索建立了三大标准服务体系，帮助生产者实现高产量、高品质、高效益，促进了设施农业经营模式产供销一体化，大力推动了设施农业规模化、标准化发展。思远农业先后与中国工程学院、山东省农科院、青岛农业大学等高校和科研机构联合，针对农业生产、服务、管理、监管等关键环节，构建了农业生产技术标准体系、农业服务标准体系、农业服务管控标准体系"三大标准体系"，同时研发了"7F精细化管理"技术标准，在现代特色农业发展中，依托标准化的设施、土壤、种苗、栽培、环境、肥水、植保管理等要素，确保农业生产的安全、绿色、生态。当前"7F精细化管理"已经被应用到番茄、黄瓜等20余种作物的标准生产过程。在此基础上思远农业建立了较为完善的服务及管控体系，采用基础标准42项、服务保障标准119项、服务提供标准103项、岗位工作标准43项，实现了"时时有控制、处处有规范、岗岗有标准、事事有流程"，夯实了设施蔬菜产业全程社会化服务的标准基础，极大提升了标准管理水平。

（二）抓住农业产业链关键节点，解决农户后顾之忧

乡村振兴，产业兴旺是基石，为更好地凝聚乡村强大内生力量，思远农业在实施特色农业发展过程中，高度重视农户"种"和"卖"两个维度，牢牢抓住农业发展全产业链关键节点，解决农户的后顾之

忧。一是构建服务网络，依托农村合作社，形成"总社—分社—村服务站—标准化社员"四级服务网络，把分散种植的农户组织起来。通过严格管控和高质量服务，全程为社员提供标准化的生产指导和服务。通过统一标准，按标服务，农药、化肥、用工等支出减少15%—30%，每亩节约成本1300余元；产量增长20%—50%，每亩收入增长10000余元，大大提高了生产效率。二是统一品牌推广服务，拓宽销售渠道，打通农产品销售最后一千米。创建蔬菜品牌"思远庄园"，实行绿色农产品统一包装、统一形象、统一加工并全程追溯销售。充分利用互联网优势，建立线上"思远商城"，依托电商平台推销特色农产品，实现年销售额突破2400万元；同时线上模式又为小农户开拓了订单销售、农超对接等路子，通过产供销一体化，实现了小农生产与大市场的有效对接，解决了传统资源开发滞后、营销途径滞后的问题，增加了农民收入。

（三）强化创新驱动，构建科技支撑体系

思远农业聚力"数字新动能"向农业全产业链延展，加快推进数字技术与农业生产、经营、管理、服务的深度融合，打造"标准化智慧农业+社会化服务"体系的思远版本。一是构建数据智能管理系统。加快基础数据采集，目前已配备智能感知、检测、监控等设备20多套，已完成1.6万个设施大棚、173家固定蔬菜交易市场以及97个流动交易市场的数据采集、定位工作。二是加快数据分析管理。思远农业通过大数据管理中心、可视化农业数据展示平台，实现物联网设备实时采集、互联网数据定向抓取，对产业园面积、空间分布、质量、种植类型及种植管理信息等大数据进行汇总，搭建了农产品生产、土壤监测、农情监测、质量安全检测、病虫害监测、物联网管理等数据库。三是加快数字应用场景植入，积极推进大数据、云计算、人工智能在设施农业全产业链的应用，对集生产经营、投入品使用、培训服

务等为一体的经营主体基础信息数据资源进行采集，提供大数据管理、共享和分析服务。四是依托"互联网+"，打造思远数字农业 3.0，将具现代特色的智慧化农业的关键、要害数据联系在一起，变"田边指导"为"线上答疑"。研发物联网管理 APP"齐稷通"、智能化服务管理 APP"齐稷汇"和设施大棚数据采集 APP"小稷云"，对"农保姆"标准化智慧农业服务 APP 进行升级完善，实现全程标准化服务从线下到线上的大跨越。通过 APP 及时掌握并分析蔬菜大棚、蔬菜交易市场经营状况，完善蔬菜种植大数据资料，进而促进了现代信息技术与农业的深度融合发展。同时，利用在线交易平台进行销售推广，配合完善的物流配送体系保障，打造出体系化的现代农业销售新模式，推动现代农业产业的可持续健康发展。

（四）强化人才培训，支撑数字农业持续发展

人才振兴是推动乡村振兴跨越发展的关键所在。思远农业秉持"乡村振兴，思远在行动"的原则，积极作为。一是积极推行作物专家、运营经理、客服专家、技术指导员、后台支撑协同保障"五维一体"的服务模式，实施"7+12"标准服务工作法，为种植户进行贴身指导。变"田间课堂"为"线上教学"，为"三农"发展提供人才保障。二是发挥"农保姆农学院"、利用微信群方便、快捷的优势加强线上学习。在思远农业的不断努力下已构建 2100 余个不同地区、不同作物的微信群，入群农民达 21 万余人，实现每年线上培训指导 320 余万人次。三是依托"线上线下"混合培训模式，持续培养智慧农业管理、线上营销和拥有专业技术知识的各类人才，提升了农民的文化素养和技术水平。近年来，思远农业在全国 13 个省举办田间课堂、农民夜校等农业技术培训班，同时组织新型农业经营主体开展现场观摩，培训菜农 136 万余人次；录制相关教学片 2800 余部；发行《思远蔬菜科技报》58 期 110 余万份；印发标准化明白纸 360 余万份、口袋丛书

5万册，为加强农业数字人才队伍建设提供了有力的支撑。

二、思远公司以农业高质量发展助力乡村振兴的启示和思考

山东思远农业开发有限公司积极探索设施农业服务发展新模式，坚持以标准化、数字化、信息化、智慧化为引领，依托科技创新引领农业农村现代化，加快构建"标准化智慧农业+社会化服务"体系，为社员提供产前、产中、产后一条龙服务，为设施农业发展注入了强大的动力，夯实了乡村振兴的发展基础。今后，思远农业还需从以下几个层面继续努力：

一是加强企业集群发展，推进特色农业产业化，根据现代农业、特色农业的发展需求，注重产业转型升级，进一步加强技术、资金方面的投入力度，促进农产品附加值的提升，构建创新型产业集群，以思远力量，带动农户和周边地区实现现代特色农业发展。形成新业态引领型和片区化聚合型等多形态的经营发展模式，从而形成真正意义上的系统化、规模化的特色农业产业集群，助力乡村振兴。

二是不断完善特色农业产业链，促进"三产"融合发展，不断拓展产业发展空间。加强特色农业产业基地配套设施建设，拓展发展功能，转变传统销售方式，形成良好的种、产、销一体的产业链，不断提高生产效益，催生更多高质量特色农产品，助力山东特色农业的发展，促进农户收入的增加。

三是加强品牌建设力度，实施品牌引领战略。要提升现代特色农产品质量，发挥品牌带动效应，就要依据大的市场环境，积极发展绿色农业，塑造绿色农业新形象、新品牌，扩大农产品竞争优势。培育"三品一标"品牌，生产具有思远文化和山东地理特色的安全优质的农产品，从而带动特色农业快速发展。

立足产业谋发展 党建引领
强村富民

——山东省沂南县依汶镇南栗沟村脱贫致富案例

袁桂海 李彦芳 麻曰余*

摘 要：沂南县依汶镇南栗沟村曾经是省定扶贫工作重点村，是山东省委组织部选派第一书记任职村，依靠发展现代蔬菜产业，走出了一条脱贫致富并开启乡村振兴新征程的华丽"蝶变"之路。其成功的基本经验是：以党建引领为核心，凝聚强大正能量；加快改革创新，促进蔬菜种植产业高质量发展；规范市场，引导蔬菜交易良性运转；夯实基础，为强村富民开辟新格局。

关键词：党建引领；组织力；改革创新

南栗沟村位于山东省临沂市沂南县依汶镇驻地东南 9 千米处，有村民 976 户 2602 人，中共党员 96 名，村"两委"成员 7 名，是省定扶贫工作重点村，也是山东省委组织部选派第一书记任职村。2014 年有建档立卡贫困户 141 户共计 233 人，贫困发生率为 9%，集体收入 7000 元。全村有耕地 2137 亩，主要用于种植小麦、玉米、红薯、花生等作物。部分农民以传统方式建立的小拱棚种植蔬菜，

---

* 作者简介：袁桂海，沂南县委党校，副校长、高级讲师；李彦芳，沂南县扶贫开发领导小组办公室，高级农艺师；麻曰余，沂南县依汶镇扶贫开发领导小组办公室，副主任、高级农业经济师。

由于技术含量低，导致利润较小，大部分青壮年劳动力外出务工。村庄道路、办公场所、学校等基础设施配套条件差，房屋老旧，是一个三面环山、一面临水的贫困村。村集体经济基础薄弱，党支部带动村级经济发展能力不足。

脱贫攻坚工作开展以来，南栗沟村干部群众积极响应上级号召，在党组织领导下自力更生、艰苦奋斗，山村焕发了勃勃生机。2017年，山东省委组织部选派的第一书记入驻南栗沟村后，着力加强基层党组织的力量，团结带领村支部班子，统筹利用党组织、市场、群众和政策"四股力量"，调动起各方面资源与积极性，发展了以种植有机黄瓜、芹菜、莴苣等优质蔬菜为主导的现代种植产业。集体经济收入、群众的经济收入都迈上了一个大台阶。目前，南栗沟村贫困人口已全部实现脱贫，贫困发生率由2014年的9%降为零，村集体收入达到60万元，村民人均收入达到15620元，实现了贫困村的"蝶变"。村容村貌发生了巨大变化，大街小巷干净整洁，治理后的河道形成了亮丽的风景线。党群服务中心运行有序，配备了卫生室、幸福院、富民讲堂、农家书屋、文化广场、篮球场等设施，极大程度上方便了村民，丰富了群众的精神文化生活。高效蔬菜园区内的一排排双膜双结构大棚，种满了黄瓜和莴苣等有机蔬菜。蔬菜交易市场里菜农忙着卖黄瓜，商户忙着装车。脱贫攻坚振奋人心的宣传画、标语口号随处可见，以群众喜闻乐见的形式传播党的好政策和乡风文明。南栗沟村党支部被评为"五星级党组织""沂南县先进基层党组织"，支部书记解忠士当选为沂南县第十三次党代会代表。2018年山东省省委副书记杨东奇批示："南栗沟村脱贫振兴的做法很有典型意义，以党组织为核心的'四股力量'，形成了乡村振兴的合力，改变了村的面貌，发生了积极变化，其做法值得学习借鉴。"

一、南栗沟村实施脱贫攻坚推动乡村振兴的主要做法

（一）党建引领，凝聚脱贫攻坚强大正能量

1. 发挥第一书记作用，加强基层党组织建设

针对村党支部组织涣散、软弱无力的现状，2017 年山东省省委组织部选派第一书记车元章到村赴任，他以加强党组织建设为帮扶突破口，打造过硬党支部，建立了一个特别能战斗的"两委"班子，组建了一支永不离开的工作队。在充分调研全村基本情况的基础上，车元章书记以理顺村庄治理机制为工作"牛鼻子"，把发挥村党组织的核心作用和党员群众的主体作用有效融合，作为抓党建、促脱贫攻坚、促集体增收、促乡村振兴的关键。

2. 建立规范的运行机制，提升班子活力

村"两委"班子在第一书记指导下建立了"党支部强化引领，村民委员会、村务监督委员会、扶贫理事会、红白理事会、孝心养老理事会积极发挥职能作用"的"1+5"工作架构，邀请德高望重的老党员、老干部和年轻党员参与村务工作、监督村"两委"日常公务，从而把他们紧密团结在党组织周围，凝聚起干事创业的巨大力量。规范的运行机制，保证了村领导机构高效、有序运行，迸发了蓬勃的活力，达到了"村治"和"自治"的有效结合。

3. 严肃党内政治生活，调动村干部和村民的积极性

（1）以抓党内政治生活为切入点，调动村干部工作主动性。抓好党建各项规定动作，推行村干部年度述职制度，督促村干部履职尽责。召开党员大会，村支部书记解忠士带头，全体班子成员向大会进行述职，按照要求重点报告一年来的工作成绩，说明当前存在的问题，以

及今后努力的方向。参与述职的村"两委"成员都感受到了实实在在压力，觉得工作无成绩无法向组织交代，无颜见"江东父老"，大家以压力为动力，主动作为、积极作为，带领村民发展生产，脱贫致富。

（2）充分发扬民主，调动村民参与村务治理的积极性。借鉴革命战争年代山东根据地"三三制"基层抗日民主政府"豆选"做法，在年度述职结束后，由村民以"豆选"法对村干部进行测评。根据被测评人数，在隔壁房间摆放一排玻璃瓶，分别在每个玻璃瓶上挂有一名被测评村干部的照片，参与测评的人员每人发两颗花生米，按照顺序一个一个进屋，认为谁工作出色就把花生米放进挂有该村干部照片的瓶子里。通过民主测评，村民以朴实管用的方式评定认可村干部政绩，提高了群众参与村务治理的积极性，督促了村干部有效履职、规范履职。

4. 提升组织力，发挥党员的先锋模范作用

过硬的党员队伍是村庄发展的关键，只有把组织力提升起来，党员群众参与进来，才能达到事半功倍的效果。南栗沟村将加强党员教育管理作为提升党员队伍素质、培养后备干部、凝聚工作合力的抓手，通过规范"三会一课"、主题党日，修订《村干部公约》、外出参观学习等措施，有效激发了党员参与村务工作的积极性，党员的主体意识不断增强，先锋模范作用得到有效发挥。例如王桂录、刘京武、解杰立三名老党员，最大的 78 岁，最小的 65 岁，在省派第一书记的带动下，他们三位同志自愿到工地计数量、算工时、看设备、做监工等，不向集体要一分钱，力所能及地为全村事业发展默默奉献、增光添彩，充分发挥了党员的先锋模范作用。他们的事迹为村民赞许，成为大家学习的榜样。同时，党支部注重培养后备人才，着力为村干部队伍注入新活力。近年来，新发展党员 1 名，培养入党积极分子 6 名，培养后备干部 3 名，为村庄发展提供了人才支撑。

（二）改革创新，促进蔬菜种植产业高质量发展

南栗沟村是传统的大棚蔬菜种植村。村"两委"立足传统优势，汇聚村民共同参与合力谋发展，大力发展大棚蔬菜种植，把发展蔬菜种植产业作为脱贫致富的主要抓手。

1. 深化农村土地改革，打造高标准蔬菜园区

在第一书记的带领下，南栗沟村深化农村土地改革，实行土地所有权、承包权、经营权"三权分置"，以每亩每年 1000 元的价格实现土地流转 275 亩。对流转的土地实行集中管理使用，利用各类涉农资金 290 万元，高标准打造蔬菜种植园区，并配套建设硬化道路、沟渠、蓄水塘和大棚内水肥一体化设施，引入网络设备带动发展智慧农业。配套后的土地以每亩 1500 元的价格反包给大棚种植户经营。通过土地改革创新，村集体年增收 10 万元，同时解决了部分年轻人想种大棚但地块太小没法建大棚，想承包别人的土地但别人又不放心的窘境，让想种大棚的有地种，不想种大棚的把土体经营权流转出来，收取年租金获得收入。

2. 引进先进技术，促进蔬菜产业提质增效

为解决菜农思想保守、缺乏技术、种菜方式落后而导致蔬菜产量小且质量不高的问题，蔬菜产业园采用新技术，建成双膜双结构温室大棚 56 个，高效日光温室大棚 4 个，4800 平方米联栋温室大棚 1 座。统一采购优质蔬菜新品种，年产黄瓜、芹菜、西红柿等蔬菜 500 多万斤。园区集生产、采摘、示范于一体，在助推产业振兴发展、增加集体和群众收入、帮扶贫困群众等方面发挥了重要作用。其中，种植大户刘京庆承包了 6 个大棚，发展了育苗和采摘产业，经营规模翻了一番，一个大棚的年收入达 15 万元。目前，蔬菜园区二期工程 40 多个高标准大棚正在建设中。

3. 利用政策带动项目投资，促进农民增收

（1）利用上级扶贫资金建设高标准蔬菜大棚。利用第一书记专项

扶贫资金建设了2个大棚，利用扶贫产业资金建设了4个双模双结构大棚，6个大棚每年收入的承包费共计12万元。在村"两委"统筹下，做好大棚的监管维护工作，让一次性拨付的政策性资金得到充分利用，长期发挥效益。

（2）利用金融支农惠农政策为村民提供贷款支持。在党支部发动和高标准蔬菜产业园区示范带动下，村民纷纷将传统小拱棚改造为新式温室大棚。同时，为帮助村民建设大棚实现脱贫致富，"富民发展贷"以集体授信的方式为每户农户提供5万—20万元的贷款，共为缺乏生产经营资金的91户农民办理了613万元贷款，为14个贫困户办理了扶贫小额信贷50多万元。通过"1+1>2"的扶贫滚雪球效应，撬动了社会投资1000多万元，再加上蔬菜产业发展的良好势头让每个贷款的村民充满信心，干劲十足，激发着每位村民的内生动力，"我要干"的闯劲油然而生。

（3）利用光伏扶贫政策助推精准脱贫。利用村南的荒山斜坡，县财政投入850万元，安装了1.2兆瓦的联村光伏扶贫电站。2018年6月已并网发电，南栗沟村分配电200千瓦，年均收益达3万元，40%用于村集体发展公益事业，60%用于无劳动能力的贫困户脱贫。为激励村民参加劳动获得收入，根据村内公益事务需求和弱劳动能力贫困户身体状况、个人特长，合理灵活设置卫生保洁、光伏看护、"三无"失能特困人员照料、治安调解、政策宣传等公益岗位，实行岗位补贴发放制度，目前已为124名贫困人口累计发放光伏收益6万余元。

（三）规范市场，引导蔬菜交易良性运转

1. 引入市场机制，建立规范的蔬菜批发交易市场

2018年6月，在第一书记带动下，村"两委"筹集和吸引社会资本500万元，流转土地50亩，建立了南栗沟村蔬菜批发交易市场。村委会引入市场机制，以每年35万元的价格承包给本地蔬菜经销大户经

营，并对交易市场的管理运营进行全程监督。为保障菜农的收益和当地蔬菜经销户的利益，要求入驻市场的商户必须预先缴纳保证金，有多少资金就收购多少蔬菜。目前，南栗沟村蔬菜销售价格好、交易快、市场规范、高效运营，克服了之前菜农被刻意压价，收购商拖欠菜款甚至携菜跑路等坑农害农的小市场弊端。随着园区规模的不断扩大，西红柿、芹菜、生菜等蔬菜的产量也连年突破新高。目前，南栗沟村蔬菜批发交易市场收购的沂南黄瓜，已销售到了上海、南京、广州等南方市场，影响力越来越大。

2. 完善蔬菜产业发展服务设施

为促进蔬菜特色产业的长远健康发展，南栗沟村建设了 6000 平方米的蔬菜批发交易大棚、800 平方米的便民服务中心、收储 400 吨蔬菜的冷库、800 平方米的扶贫车间、800 平方米的沿街楼、采摘园、电商服务点等配套服务设施。建成后的扶贫车间以每年 6.6 万元、冷库以每年 10 万元的价格承包给租户，大大增加了集体收入。在市场的推动下，南栗沟村农产品初加工、休闲农业、电商销售、现代物流、餐饮、住宿、农村金融、农资销售等新业态如雨后春笋般发展起来。

（四）夯实基础，为强村富民开辟新格局

1. 建设综合性服务中心，打造村民文化阵地

2018 年 10 月，南栗沟村投入 366 万元建成了 1260 平方米功能齐全的党群服务中心，内设 136 平方米的卫生室、60 平方米的农民书屋、136 平方米的富民讲堂，同时有配套建设 3300 平方米的文化广场。南栗沟村还投资建设了一座高 4 层、1178 平方米的综合教学楼，设置流动科技馆，配备多媒体设备、数字电影机等基础设施一应俱全。村民的精神文化生活越来越丰富，部分群众组建了广场舞队，晚饭后可以去跳跳舞、打打羽毛球来锻炼身体。农业技术人员通过富民讲堂为村民讲授蔬菜种植生产管理知识。镇卫生院送医进村，村民不但能

够在本村卫生室看病，还能使用医保实时报销，十分便利。基础服务设施的提升，使村民办事有阵地、求知有去处、娱乐有场所。在服务中心，村委会开展了表彰"新考取大学生"，评选"优秀共产党员""美丽家庭""好媳妇""好婆婆""最美村民"等系列活动，全村树立起了乡村文明的新风尚，富起来的村民有了新时代的精气神。

2. 改善村庄生态环境，提升村民文明程度

自 2017 年以来，省派第一书记车元章为提升南栗沟村整体面貌积极协调争取各项资金，新修南栗沟村直通县城公路 10 千米，行程比之前缩短了 12 千米。扩建原出村路为长 2 千米、宽 8 米的沥青路并进行沿路绿化，群众喜称"汶南高速"。村内道路实现"户户通"，水泥路硬化到门口，边边角角用砖石铺装，村内主干道两边安装路灯，修建花池，增加绿植，实现四季常青。对"垃圾河"栗沟河进行了清淤，沿河建设了梯级水坝，打造了 3 处河边小景点，供村民休息娱乐。实行"路长"制度，每个"两委"成员都包一段路，督促路边的住户打扫卫生、清理杂物，对乱摆乱放、乱搭乱建的现象及时制止纠正，确保村内道路干净整洁。

二、脱贫致富成功经验及乡村全面振兴的努力方向

南栗沟村依靠发展现代蔬菜产业，走出了一条脱贫致富且开启了乡村振兴新征程的华丽"蝶变"之路。在这个过程中，一方面"要我富"的外部帮扶力起到强大推动作用，另一方面在党支部带领和种植大户的示范下，激发了全村"我要富"的内生动力。

（一）南栗沟村脱贫致富的基本经验

1. 抓住了党建引领这个核心

（1）第一书记发挥了帮扶引领的巨大推动作用。南栗沟村是山东

省省委组织部选派第一书记任职村。第一书记车元章发挥自身优势，帮助该村打造了过硬党支部，理顺了村"两委"管村治村的治理体系，汇聚党组织、市场、群众和政策"四股力量"，广泛调动各种积极因素，统筹利用各种资源，团结全村党员干部实现了强村富民的目标。省委组织部长王可先后两次到南栗沟村调研脱贫攻坚工作，对南栗沟村的脱贫工作给予了极大的支持，提出"大家要好好干，有什么问题就提出来，我们共同帮助解决"。这无疑给发展中的南栗沟村在乡村振兴道路上添加了一台"助推器"。

（2）基层党组织发挥了强大战斗堡垒作用。首先，以解忠士为书记的党支部，在脱贫攻坚战中锤炼出了一个坚强有力的"铁班子"，带出了一支过硬的党员队伍。村级事务管理科学、机制灵活规范，班子活力不断迸发，党的组织力大大提升。其次，老党员和部分年轻党员积极参与村务管理和项目建设，无私奉献、尽职尽责，发挥了党员的先锋模范作用，引领村民听党话跟党走，在实干中实现了脱贫致富。

2. 抓住了产业振兴这个关键

密切联系本村土地肥沃、灌溉便利，适合发展蔬菜种植的实际，把村民熟悉的传统蔬菜种植产业进行提档升级、做强做大，实现了规模化发展、集约化经营，村集体和村民双双增收、互利共赢，享受到了蔬菜产业发展规模效应带来的红利。

3. 突出了配套服务这个重点

为方便菜农销售，增加收入，建立了蔬菜批发交易市场，引入适应现代发展的灵活机制对交易市场进行科学管理，并对运行情况进行全程监督，菜农的收益和当地蔬菜经销户的利益得到了充分保障。同时，配套建设了蔬菜批发交易大棚、便民服务中心、冷库、扶贫车间、沿街楼、采摘园、电商服务点等便利服务设施，形成了最远辐射上海、南京、广州等大城市的蔬菜交易基地。

4. 瞄准了高质量发展这个目标

克服技术含量低、种植方式落后的弊端，深化农村土地改革，打造高标准蔬菜园区。采用先进种植技术，促进蔬菜产业提质增效的同时，向高质量发展迈进，把南栗沟村发展成为重要的蔬菜生产基地。

（二）南栗沟村实现乡村全面振兴的努力方向

1. 着力强化党的建设，推动组织振兴

省派第一书记任期结束后，要继续发挥县派第一书记的作用，整合多种资源，在现有良好基础上推动全村各项事业持续深入发展。加强党支部建设，配强支部班子，选好有担当、有能力、有作为、有信仰的支部书记，着力培养乡村振兴的"领头雁"。充分发挥党支部战斗堡垒作用，不断提升党的组织力。注意培养"两委"后备干部，保证乡村建设事业长远发展后继有人。

2. 做优做强蔬菜产业，促进产业振兴

对标现代市场需求，引进最新技术，大力发展智慧农业，继续提高蔬菜质量和产量。引进高端蔬菜品种，发展高附加值有机蔬菜产业种植。以蔬菜种植产业为龙头，带动林果、蔬菜深加工、蔬菜交易等产业发展，推动产业发展多元化。

3. 抓好生态环保工作，实现生态振兴

做好蔬菜产业环保工作，统一到有资质、信得过的农资市场购买农药、化肥，确保农资质量安全，生产过程中要科学用药、科学施肥，确保蔬菜品质。南栗沟村三面环山，一面靠水，要保护好山林，投入人力物力绿化荒山，因地制宜种植经济林，发展林果产业。保护好全村的母亲河——栗沟河，按照要求净化处理生产、生活污水，做到达标排放。整治村内汪塘沟渠，建成绿水长流、青山常在的美丽乡村。

4. 丰富村民精神文化生活，推进文化振兴

充分利用农民书屋、富民讲堂、文化广场等文化阵地，发挥流动科技馆、数字电影机、广场舞队的作用，创新方式方法，经常性地把村民召集起来，排练广场舞、播放群众喜闻乐见、积极向上的视频短

片，聘请专家和技术人员讲授蔬菜种植管理知识、健康卫生保健知识，在潜移默化中提高村民文化水平，提升群众文明程度。继续开展表彰"新考取大学生"，评选"优秀共产党员""美丽家庭""好媳妇""好婆婆""最美村民"等系列精神文明创建活动，大力弘扬社会主义核心价值观，树立乡村文明新风尚，引导村民在"口袋富"的同时实现"脑袋富"，彰显新时代的精气神。

5. 培养新时代职业农民，促进人才振兴

利用各项涉农政策，加大培养新式职业农民力度，让农民掌握现代种植、养护、管理等各种农业技术。政府根据产业发展规划加大力度引进人才，让有文化、有抱负、爱农村、懂农业的高校学生、返乡创业青年及离退休党员干部等各类人才根植基层，在乡村振兴的大舞台上施展才华。发动乡镇农技人员下沉，每周定期入村"蹲点"开展技术帮扶、技能培训等工作，帮助村民由传统农民向职业农民转变，实现乡村人才振兴。

农业园区建设助推乡村产业振兴

——山东鑫诚公司发展现代农业助推乡村振兴案例

丁萃华　周会荣*

摘　要：山东鑫诚现代农业科技有限责任公司利用农业优势，向"农业+旅游""农业+康养"融合发展要效益，通过土地流转、提供就业等方式，带领村民脱贫致富，为现代农业发展做出了有益探索，也为企业带动乡村振兴提供了样板。

关键词：产业融合；技术创新；农民培训

山东鑫诚现代农业科技有限责任公司（国有参股企业）位于滨州市惠民县麻店镇街北赵村以北，成立于 2012 年，占地 15000 亩，计划投资 16.7 亿元，截至目前已投入资金 9.5 亿元。该公司以农业现代化种植为基础，建有 2000 亩通过欧盟认证的有机梨园；25000 平方米荷兰智能温室；400 余亩日光温室大棚；6000 余亩经济林。该公司利用农业优势，向"农业+旅游""农业+康养"融合发展，与中国健康管理协会、人民健康系统工程、著名的韩国鲍巴斯医院和日本介护事业联合会合作医养结合健康养老项目，结合圣哥帝湾温泉水世界、梦幻花房、萌宠乐园等旅游景点，形成了独具特色的旅游园区。最终将打造成集现代高效农业、循环农业、创意农业、农产品深加工、休闲旅

---

* 作者简介：丁萃华，中共山东省委党（山东行政学院）校社会和生态文明教研部，副教授；周会荣，惠民县委党校，讲师。

游、医养结合生态养老、温泉养生、亲子度假、科普教育、智慧娱乐、奥特莱斯于一体的综合性园区。

一、主要做法

（一）坚持规划引领

2012 年园区建设之初，董事长赵成山瞄准高端市场，坚持绿色、生态、高效理念，确立了将鑫诚农业着力打造成为山东省农业科技示范园区、山东省现代化良种繁育基地、黄河三角洲机械化生产示范基地和黄河三角洲优质种苗扩繁基地，争创国家级农业综合标准化示范区和最终建成集观光旅游、生态养老、温泉养生、房车露营、智慧娱乐、亲子度假和科普教育于一体的田园综合体小镇的中长期目标。

（二）创新驱动发展

科技强则农业强，科技兴则农业兴。鑫诚始终坚持农业与科技融合发展。从引进现代化农业机械、建设日光温室、推广物联网技术应用到广泛应用水肥一体化设备、建设荷兰智能温室、实现计算机智能化种植的实践，不断加大人才引进力度，与多位院士、多名高校和科研院所的专家学者开展合作，共同研发高新技术十八项、申报专利十项，设立山东鑫诚束怀瑞院士工作站，建立了山东财经大学乡村振兴调研基地、山东财经大学教学基地等科研基地。鑫诚现代农业通过科技创新，研发出适合本地种植的新品种，实现科技与生产力对接，带动了周边地区农业发展。

打造新产业。示范园以打造"新六产"、转换新动能为方向，通过打造新产业，开发新技术，培育新业态，开创新模式，积极推进林果苗木、设施农业、科研培训、品种繁育、物流加工、休闲养生和生态旅游七个功能区建设，集观光旅游、生态养老、温泉养生、房车露营、智慧娱乐于一体的田园综合体小镇初步建成。同时，不断深化与中国农业大学长期战略伙伴的关系，持续推进一二三产融合，采用冷链运输方式进行物流配送，减少中间流通环节，降低社会流转费用，既让居民吃上了放心菜，又提升了蔬菜生产的标准化、产业化水平，提高了优质蔬菜的普及率、初级农产品的附加值，增强产业链的延伸，形成"从田头到餐桌"的完整产业，实现第一、第二、第三产业深度融合、协调发展。

开发新技术。着力开发新技术，利用无土栽培技术种植的水培韭菜已获得"韭菜新型DFT多层栽培方式"发明专利，并取得无公害产品认证证书；按照绿色标准种植优质"馨蜜一号"甜瓜，糖度达到18%—21.5%，获得世界吉尼斯纪录；早熟、晚熟的葡萄新品种可分别在五一及春节前后上市；2017年新建高标准可拆装新型日光温室37个以及2万平方米智能联动温室、1200亩新梨七号，全部采用水肥一体化节水灌溉技术，节水30%以上，节肥20%以上；按照绿色认证标准种植的黄瓜、西红柿、甜瓜、葡萄等16种果蔬已获得农业部颁发的绿色认证证书。

培育新业态。示范园围绕林果苗木、设施农业、科研培训、品种繁育、物流加工、休闲养生和生态旅游七大功能打造六大板块。热带水果观光区引进香蕉、柠檬、火龙果、菠萝等数十个南方优质热带水果品种；珍稀苗木观赏区种植濒临绝迹的对节白蜡、紫荆、樱花、金叶榆等80多个名贵绿化苗木品种，面积达3300余亩；林下种养殖示范区种植食用百合、金银花、黑墨豆等名贵中药材，同时在示范区养殖鸡鸭鹅等家禽，家禽以金银花花叶和天然虫草为食，形成了种养一体化高效经济林模式；设施农业展示区建有2万平方米智能联动温室；瓜果采摘园占地面积200亩，种植红梨、苹果、晚秋黄梨等数十种珍稀果品；畜牧养殖区养殖特种乌骨肉羊，其羊肉制品已获得无公害产品认证。

开启新模式。深入挖掘农业潜力,以农业文化旅游为主线,通过培育农业新模式,使传统农业不断向休闲农业、循环农业、创意农业、智慧农业迈进,使古老农业重新焕发出勃勃生机。一是开启"农业+养老"新模式。围绕培育医养结合新模式、新业态,建设养生养老农业休闲示范区,重点打造养生养老服务中心、康复中心和医疗院。目前,已建成养老公寓及综合楼13.1万平方米,可为3000名老年人提供绿色天然、环境优美、设施先进的生态养老服务,实现了园居生活与优质医疗资源的有效整合。二是开启"农业+教育"新模式。围绕发展素质教育,不断加大社会实践类课程的开发和实施力度,完成青少年素质教育基地建设,积极推进鑫诚现代农业室内恒温水上训练中心项目建设,已完成水上设备安装、屋面保温施工、景观绿植施工及相关配套设施的建设,面向全县及周边市县各大中小学开设暑、寒假水上训练课程,不断提升青少年的素质教育。三是开启"农业+商贸"新模式。围绕奥特莱斯交易区规划,采用意大利风格设计,采用国际先进购物理念的购物小镇模式,引入超过百家国际著名品牌,并配套餐饮、娱乐等各种设施,带给购物者全新的购物体验,让购物者能在中国买到真正便宜的国际大牌商品。配套建设火车餐厅,引入意大利设计理念,全面提升顾客饮食品质和饮食体验。

推进文旅融合。大力发展康养、乡村旅游,先后引进了余梦孙院士人民健康系统,成立了睡眠中心、中医康复中心;建立了圣哥帝湾温泉水世界,引进了奥特莱斯意大利风情购物小镇,形成集吃、住、行、游、购、娱于一体的旅游度假园区,以旅游观光带动帮包村集体经济,为群众增收致富起到了示范带动作用。

(三)衔接产业政策

鑫诚现代农业积极落实国家乡村振兴战略,顺应农业供给侧结构性改革，最大限度享受了国家惠农政策，如农业支持保护补贴政策、农机购置补贴政策、农机深耕整地作业补助政策、测土配方施肥补助政策、化肥农药零增长支持政策等。同时，主动对接京津冀协同发展，在农产品供应、科技成果转化、生态建设、生活必需品供应等方面实现协作共赢。

（四）打造品牌效应

品牌是重要的无形资产，品牌化是农业市场化与产业化进程中的一种必然。鑫诚先后与鑫荣懋、OLE、盒马鲜生等多家商超合作，打造黄河三角洲区域精品生鲜供应基地，努力形成行业产品品牌，成为品质标杆，严格把控种苗选择、肥料使用、病虫害治理、农残检测等环节，实现从农田到餐桌全过程严格管理。坚持高品质、品牌化发展让我们打造出了消费者信得过品牌，树立了诚信的公司信誉，提高了公司美誉度，赢得了更广阔的市场，同时，先后获得了齐鲁放心果品品牌、中国名特优商品认定、山东省知名农产品企业产品品牌等荣誉称号。通过粤港澳大湾区"菜篮子"供销平台，分多批次向粤港澳大湾区供销西红柿、黄瓜、菠菜苗；与深圳市茂雄实业有限公司达成试单协议，为广州市昇永农业有限公司供应链下单供货，同时为快马鲜生（深圳）等三家公司组织订单，通过订单农业实现了企业和农户的双赢双保障，让农民"手中有订单，种养心不慌"。

（五）创造社会效益

鑫诚农业充分发挥自身优势，特别注重创造社会效益，带领群众发家致富，通过土地流转、提供就业、代养乌骨羊等方式，带领贫困户增收，为村创造集体收入，使群众走上了脱贫致富的道路。一是园区土地流转为群众每年每亩带来1200斤小麦的固定收益，到园区务工的每名劳动力每月还能收入2000元左右；林下经济产业链和机械化生产基地为群众增收致富起到了示范带动作用。二是发展项目带动致富，投资 1300 万元建设乌骨羊养殖基地 80 亩，可采取"公司+农户"的模式，通过"供种、养殖、回收"的方式，帮助群众增加收益。三是带动村集体增加收入。流转土地 9000 余亩，主要涉及五牌、岭上孙、街北赵、堤口刘等 15 个自然村。通过土地流转，为周边群众每年带来固定收益外，优先聘用出租土地的农民到园区务工，不断增加农民收入。

（六）引进前沿技术

园区坚持绿色、生态、高效理念，以产业报国、惠及"三农"为己任，将目光锁定高标准、智能化的荷兰现代农业，斥巨资引进国际最先进的农业技术设备，打造了国内首家智慧生态农庄——风车农庄。

在发展设施农业的同时，鑫诚还积极探索大田果蔬机械化种植模式。园区投资 2000 万元从荷兰、丹麦等国家进口自动化设备，又投资 1200 万元，按照欧盟有机标准将 1200 亩土地全部深翻 80 厘米，利用内蒙古天然有机肥和优质菌剂对土壤进行改良，确保梨品纯正鲜美；园区充分利用背靠黄河、地处黄河三角洲腹地的天然优势，推广应用配方施肥、水肥一体化、林下覆草、果园三防网技术，发展自根组合砧苹果、百亩珍珠油杏、"沂蒙双红"极晚熟优质大型桃、红梨果园、光果树等，建立起千亩优质果品采摘观光区，把园区打造成为滨州的果盘子。

（七）培育专业人才

高科技的背后是人才的支撑，鑫诚之所以在短时间内凸显如此高品位的集聚效应，得益于与中国农业大学专家博士团队和荷兰智能农业专家技术团队的精诚合作。2014 年 12 月，鑫诚院士工作站科研基地正式落成，现有院士 2 人、专家教授 8 人、研究生 12 人、本科生 18 人，形成了产、学、研、用协同创新基地，构建起"科技研发、种苗培育、种植生长、蔬菜采摘"等一体化技术核心，为现代农业大发展提供了强大有力的技术保障。

鑫诚始终以项目为重点，不断引进国际高端技术、拓展国际国内市场，在加快推进田园综合体建设步伐的同时，积极吸纳高级技术型人才，组建自己的专业队伍。公司现有固定职工 150 人，其中高级技术人员 20 人、专业技术人员 15 人。

（八）践行企业责任

鑫诚公司通过惠民县高效特色农业发展项目、惠民生态循环农业示范等项目，对贫困户开展精准帮扶；通过专业技术人员开展种植技术服务，免费指导周边村民经济作物栽植、病虫害防治、间作套种等先进技术，为发展现代农业提供了强有力的技术支撑。为支援新冠疫情防控工作，鑫诚向惠民县慈善总会、滨州市中心医院等单位捐款捐物达 60 余万元，率先推出"致敬逆行者"活动，向全国的医务工作者、人民警察、消防官兵推出疫情后景区免票优惠措施，响应"致敬逆行英雄后盾行动"，向山东援鄂医务人员赠送爱心慰问卡。

二、启示和思考

鑫诚现代农业示范园成立八年来，持续立足农业，创新发展思路，取得了一定的经济效益和良好的社会效益，为现代农业发展作出了有益探索，也为乡村振兴提供了样板。

1. 强化顶层设计

政府支持、政策引领是现代农业发展的重要保障。政府要加强农业的顶层设计，以机制助开发，以标准促提升，以政策优环境，深入落实乡村振兴战略，推动传统农业与休闲农业、创意农业、乡村旅游的深度融合。以农村一二三产业有机融合为中心，以优势产业适度规模经营为切入点，实施"美丽生态田园建设工程"，着力拓展新旧动能转换的内涵和外延，着力打造特色鲜明、环境优美、绿色高效、彰显文明的示范样板，以此引领、带动农业的全面发展和整体提升。

2. 实施品牌战略

品牌发展是现代农业发展的重要支撑。要大力提升农产品品牌建设，培育具有影响力的区域公共品牌和具有知名度的企业品牌、著名商标与"三品一标"质量品牌，千方百计扩大名牌产品在国内国际市场上的知名度，让特色农产品卖得更好、卖得更贵。要把发展"文化农业"作为现代农业有力抓手，将农业产业演变为具有较高文化含量和文化价值的新型业态，利用文化效应最大限度地提升农产品附加值和竞争力。

3. 搞好农民培训

现代农民是现代农业发展的终极主体。要进一步加大农民就业创业技能培训，支持服务农民转业、就业、择业，让农民就业活跃起来；要围绕提高农业生产效率和市场竞争力，按照推进农业经营规模化、发展产业化、服务社会化、市场国际化，让农民、农业产业组织起来；要全力实施全国农技推广补助项目和新型职业农民培育工程；要培养一支懂农业、爱农村、爱农民的"三农"工作队伍。

4. 培育专业人才

促进农村一二三产业融合发展同样离不开人才的支撑。新时代的乡村是大有可为的广阔天地，需要一大批懂农业、爱农村的专业人才。因此必须积极培育一批掌握现代农业生产技术和农业产业发展规律、懂管理善经营的高素质人才。首先要多渠道培训农村基层的种养能手、家庭农场主、农民合作社等群体，开拓其思路，增长其眼界，立足农业农村，作一篇大文章。其次要充分利用大中专院校农业类专业的教育资源，吸引在城市受过系统教育的大中专毕业生、种养能手、在城市务工的青年农民等回到农村大显身手，带动乡村振兴。

山东乡村振兴大事记

2019 年

1月18日　《中共山东省委　山东省人民政府关于坚持农业农村优先发展进一步做好"三农"工作的实施意见（2019年1月18日）》印发，对标全面建成小康社会"三农"工作必须完成的硬任务，从打造乡村振兴齐鲁样板、深化农业供给侧结构性改革、坚决打赢脱贫攻坚战、提升乡村治理水平和加强农村基层党组织建设等方面提出34条意见。（《大众日报》2019-04-28）

3月14日　山东省农业农村厅联合山东省财政厅印发《关于开展农业产业强镇示范项目储备工作的通知》，该通知指出要以农村供给侧结构性改革和新旧动能转换为主线，以产业融合发展为路径，以乡土经济、乡村产业为核心，以农业产业强镇示范建设为载体，以资金资源统筹、投融资机制创新为动力，推动农业转型升级，加快农业领域，推进产业全面振兴，带动农村全面进步、农民全面发展，打造乡村振兴齐鲁样板。（山东省农业农村厅2019-03-14）

5月7日　山东省财政厅会同中共山东省委农业农村委员会办公室出台《山东省乡村振兴重大专项资金管理暂行办法》，明确乡村振兴重大专项资金的预算编制审核、资金分配使用和资金管理监督要求，为规范和加强乡村振兴重大专项资金管理，集中财力支持实施乡村振兴战略提供有力的制度保障。（山东省财政厅2019-06-10）

5月9日　全省乡村生态振兴工作专班第一次会议召开。会议对农村人居环境整治、农业绿色发展、乡村生态保护与修复等工作作出明确要求，并审议通过《乡村生态振兴工作专班工作规则》和《乡村生态振兴重点任务落实与调度台账》。（山东省生态环境厅 2019-05-10）

6月1—2日　中共山东省委、山东省人民政府举行山东省推进乡村振兴暨脱贫攻坚现场会议。会议现场观摩，解剖麻雀，谋划措施，狠抓落实，对抓好乡村振兴和脱贫攻坚工作进行再动员、再推进。着力解决好基层党组织建设、资金投入、土地盘活和人才引进等九个方面的问题。（山东省农业农村厅 2019-06-03）

6月6日　中共山东省委农业农村委员会办公室、山东省农业农村厅和山东省财政厅联合下发《关于深入推进涉农资金统筹整合扎实开展乡村振兴齐鲁样板示范区创建工作的通知》。通知要求要按照"产业兴旺、生态宜居、乡风文明、治理有效、生活富裕"总要求，以前期实施的乡村振兴重大项目为基础，以涉农资金统筹整合为支撑，以示范区创建为载体，统筹规划，集聚资源，强化指导，探索建立乡村振兴新机制、新模式、新路径，统筹推进区域产业振兴、人才振兴、文化振兴、生态振兴、组织振兴，努力在乡村振兴建设进程中创造经验、树立样板。（山东省农业农村厅 2019-06-11）

7月30日　中共山东省委农业农村委员会出台《关于加快推动乡村振兴和巩固提升脱贫攻坚成果的支持政策》，该支持政策作为山东省有关乡村振兴和脱贫攻坚方面的重要政策文件，坚持问题导向、改革创新，围绕村庄规划、合村并居等10个方面，制定24条具体政策破解制约乡村振兴的"人、地、钱"难题。（山东省农业农村厅 2019-07-30）

8月14日　山东省农业农村厅印发《山东省2019年农业脱贫攻坚"百日行动"工作方案》。该方案指出要紧盯"黄河滩"，聚焦"沂蒙山"，锁定"老病残"，对扎实做好农业脱贫攻坚工作、巩固脱贫成果，提升贫困农户脱贫致富能力，推进脱贫攻坚与实施乡村振兴战略衔接制定15条重点措施，并对具体工作安排进行部署。（山东省

农业农村厅 2019-08-14）

8 月 23 日　山东省生态环境厅、山东省住房和城乡建设厅、山东省农业农村厅和山东省财政厅联合印发《山东省农村生活污水治理行动方案》，按照"因地制宜、注重实效，突出重点、梯次推进，政府主导、社会参与，生态为本、绿色发展"的原则，对全省所有行政村进行生活污水治理。到 2022 年，全省 50% 以上的行政村完成生活污水治理任务；到 2025 年，全省 90% 以上的行政村完成生活污水治理任务的目标，以推进农村生活污水治理，补齐农村人居环境短板，加快建设美丽宜居乡村。（山东省生态环境厅 2019-09-04）

9 月 17 日　中共山东省委员会、山东省人民政府在菏泽召开乡村振兴调度推进工作会议，深入分析菏泽市及各县区发展的短板瓶颈和潜力优势，研究解决问题的措施办法，激励广大干部群众解放思想、凝聚共识、干事创业，努力在乡村振兴上实现新突破，在推动菏泽高质量发展上迈出新步伐。（《大众日报·新锐大众》2019-09-18）

10 月　山东省委组织部、中共山东省委机构编制委员会办公室、山东省人力资源和社会保障厅等 11 部门联合印发《关于鼓励引导人才向基层流动的若干意见》，推动各类人才向基层一线特别是重点扶持区域流动，培养造就一批规模宏大、留得住、用得好的基层人才队伍，构筑人才向基层流动"强磁场"。（山东省人力资源和社会保障厅 2019-10-29）

10 月 28 日　中共山东省委组织部、山东省农业农村厅等 10 部门联合出台《关于扶持发展村级集体经济的意见》，从发展路径、政策扶持、组织保障三方面提出 16 条举措，并组合推出土地、财政、金融、人才等方面扶持政策，多渠道增加村集体和农民收入。确保到2020 年，全省基本消除集体经济空壳村，村级集体经济收入全部达到 3 万元以上；到 2022 年，10 万元以上的达到 50%。（山东省农业农村厅 2019-11-26）

12月12日　农业农村部与山东省签署部省合作框架协议，共同推动打造乡村振兴齐鲁样板，加快推进现代农业产业园、海洋牧场、潍坊国家农业开放发展综合试验区、中日韩现代高效农业示范园建设等各项工作，推动农业高质量发展，探索实践乡村振兴具体路径和机制办法。（中华人民共和国农业农村部2020-12-13）

12月31日　山东省教育厅、中共山东省委机构编制委员会办公室、山东省发展和改革委员会等11部门联合印发《山东省关于推进乡村教育振兴的实施意见》。该意见指出，到2022年，达到乡村中小学校（含幼儿园，下同）布局合理，办学条件达标，经费保障机制健全；城乡师资配置基本均衡，乡村教师结构更加优化、素质显著提升；学校精细化管理水平提高，学习和生活环境整洁美丽；乡村教育教学质量有效提升，形成鲜明教育特色的标准。到"十四五"末实现乡村教育学校规划布局优化、办学条件优良、教师素质优秀、校园环境优美、教育水平优质的"五优"目标。（山东省教育厅2020-01-07）

2020 年

1月6日　山东省人民政府印发《山东省促进乡村产业振兴行动计划》，提出实施乡村产业平台构筑、融合推进、绿色发展、创新驱动、主体培育、支撑保障"六大行动"，确保到2025年乡村产业振兴取得重大突破；到2030年，乡村产业体系更加完善，全省半数以上乡村基本实现农业现代化。（山东省人民政府2020-01-10）

1月20日　中共山东省委、山东省人民政府印发贯彻落实《中共中央　国务院关于抓好"三农"领域重点工作确保如期实现全面小康的意见》的实施意见，围绕高质量打赢脱贫攻坚战和对标全面小康"三农"领域突出短板等提出26条意见。（《大众日报》2020-02-11）

2月20日　中共山东省委、山东省人民政府印发《贯彻〈中共中央、国务院关于建立健全城乡融合发展体制机制和政策体系的意见〉

加快推进城乡融合发展的实施意见》，从推进城乡要素融合、服务融合、设施融合等五个方面提出 20 条具体措施，加快推动已在城镇就业的农业转移人口落户，促进城乡融合发展，提升城镇化发展质量，打造乡村振兴齐鲁样板。（山东省人民政府 2020-03-03）

2 月 27 日　中共山东省委办公厅印发贯彻落实《关于加强和改进乡村治理的指导意见》的实施意见，从加强农村党组织建设、增强村民自治组织能力、推进乡村法治建设、实施德治乡村培育行动等六个方面提出 20 条意见，加强和改进全省乡村治理工作。（山东省人民政府 2020-02-27）

4 月 29 日　山东省农业农村厅印发《关于开展省级农业产业强镇示范创建行动的通知》。该通知指出要打造镇域乡村产业发展平台，培育壮大乡土经济、乡村产业，形成主导产业突出、产业链条完整、创新创业活跃、产村产城一体的镇域经济发展新格局，助力打造乡村振兴齐鲁样板。（山东省农业农村厅 2020-04-29）

6 月 29 日　山东省人民政府新闻办公室召开新闻发布会介绍推动乡村生态振兴，打造绿色宜居山东有关情况。从农村人居环境、农业绿色发展、乡村自然生态保护与修复等方面全面总结前期工作。全省乡村生态振兴 16 项重点任务取得积极进展。（《齐鲁网》2020-06-29）

7 月　山东省财政厅发布山东财金融合支持乡村振兴试点扩围至 32 县。在原有 14 个财政金融政策融合支持乡村振兴试点县的基础上，将章丘区、商河县等 18 个县（市、区）纳入金融试点政策支持范围。通过用足用好 1 万亿元再贷款再贴现政策，强化"政银保担"业务合作，鼓励新增县创新乡村振兴专属信贷产品等措施，引导金融资源向乡村振兴领域聚焦，助力打造乡村振兴齐鲁样板。（山东省财政厅 2020-08-27）

8 月 25 日　全省乡村人才振兴工作推进暨"乡村振兴合伙人"现场会召开。省市乡村人才振兴工作专班聚焦聚力乡村人力资本开发，大力推进制度创新、流程再造，打出一套建机制、强制度、提质效、优环境的政策组合拳，乡村人才振兴工作取得阶段性成果。(《济宁日报》2020-08-26)

8月 山东省财政厅调整优化政府债券资金投向，持续加大对农林水利领域重点项目投资，加快补齐"三农"领域基础设施短板。累计发行涉农领域政府债券314.52亿元，比上年同期增加207.69亿元，集中支持217个重点项目建设。(《鲁网》2020-09-18)

9月 山东省财政厅、邮储银行山东省分行、山东农担公司、山东省投融资担保集团联合印发《关于财政金融政策融合支持乡村振兴战略制度试点的若干措施》，充分发挥邮储银行支持"三农"优势，发挥政府性融资担保机构的增信分险功能，聚焦乡村振兴重点项目和关键领域，加大金融政策支持，构建财政金融深度融合协同支农政策体系。(山东省财政厅 2020-09-21)

9月21—22日 中共山东省委召开全省乡村振兴座谈会，以习近平新时代中国特色社会主义思想为指导，深学笃行习近平总书记关于"三农"工作重要论述和对山东工作重要指示要求，认真总结两年多来的工作，交流实践体会，查摆问题差距，对打造乡村振兴齐鲁样板进行再动员再部署。(山东文明网 2020-09-23)

10月14—15日 山东省乡村振兴现场观摩暨立法座谈会召开，对《山东省乡村振兴促进条例》立法工作进行安排部署。会议强调要聚焦实现乡村全面振兴的薄弱环节和突出短板，回应人民群众关切，加强制度论证和创新，推动地方立法不断迈上新台阶，为全面开创新时代现代化强省建设新局面作出新的贡献。(临沂人大网 2020-10-15)

10月21日 山东省人民政府办公厅印发《关于强化科技创新支撑乡村振兴的意见》，从产业技术创新、科技供给、人才保障等方面，提出18条意见，加快构建适应高产、优质、高效、生态、安全农业发展要求的技术体系，实施精准创新，科技赋能乡村振兴战略高质量实

施。（山东省人民政府 2020-10-23）

11 月 13 日　第三届山东省新旧动能转换国家战略乡村振兴与产业发展论坛在菏举办，从打造乡村振兴齐鲁样板、水果产业、畜牧业、乡村旅游与生态休闲农业发展、全域统筹推进模式等，多维度推进山东省乡村振兴和产业发展工作。此次论坛是山东省智库高端人才工作专项小组、省科协打造的新旧动能转换国家战略"1+M+N"专题峰会的重要板块。（中国山东网 2020-11-13）

12 月 2 日　《中共山东省委关于制定山东省国民经济和社会发展第十四个五年规划和二〇三五年远景目标的建议》印发，聚焦"优先发展农业农村，打造乡村振兴齐鲁样板"，具体部署提高农业质量效益和竞争力、实施乡村建设行动、深化农村改革、实现巩固拓展脱贫攻坚成果同乡村振兴有效衔接等重点工作。（《大众日报》2020-12-05）

致 谢

　　本书的写作得到了山东各级政府及相关部门的大力支持和协助。书中部分资料和数据是在山东农业农村厅调研时获取；部分内容参阅了 2020 年山东多部门联合开展的山东乡村振兴大调研的成果；部分观点参考了 2020 年 12 月在青岛举行的"乡村振兴齐鲁论坛分论坛暨 TOP30 论坛"上发言专家的观点。在此，一并表示感谢！